LES SECRETS DU IIIe REICH

Du même auteur
en poche

De Gaulle et Churchill : la mésentente cordiale, Paris, Perrin, tempus n° 34, 2003.

De Gaulle et Roosevelt : le duel au sommet, Paris, Perrin, tempus n° 136, 2006.

L'affaire Cicéron, Paris, Perrin, tempus n° 310, 2010.

Churchill contre Hitler : Norvège 1940, la victoire fatale, Paris, Tallandier, Texto, 2012.

Hermann Goering : le deuxième homme du IIIe Reich, Paris, Perrin, tempus n° 491, 2013.

Mémoires de guerre, vol. 1 : *1919-février 1941*, Paris, Tallandier, Texto, Mémoires de guerre n° 1, 2013.

Mémoires de guerre, vol. 2 : *Février 1941-1945*, Paris, Tallandier, Texto, Mémoires de guerre n° 2, 2013.

Le Monde selon Churchill : sentences, confidences, prophéties, réparties, Paris, Tallandier, Texto, 2014.

collection tempus

François KERSAUDY

LES SECRETS DU IIIe REICH

PERRIN
www.editions-perrin.fr

Secrétaire générale de la collection :
Marguerite de Marcillac

12, avenue d'Italie
75013 Paris
Tél. : 01 44 16 09 00
Fax : 01 44 16 09 01
www.editions-perrin.fr

ISBN : 978-2-262-05026-9

tempus est une collection des éditions Perrin.

À la mémoire de Felix Kersten,
qui a soustrait plus de cent mille victimes
– dont au moins soixante mille Juifs –
à l'enfer de ce régime délirant.

Introduction

Le but de cet ouvrage n'est pas de faire table rase de tout ce qui s'est écrit jusqu'à présent, ou d'apporter au lecteur des révélations aussi sensationnelles qu'invérifiables. Il est plutôt de revisiter certains épisodes mystérieux de l'évolution du IIIe Reich, en faisant à l'occasion de chaque récit la part de ce qui est avéré, de ce qui est douteux et de ce qui est purement fictif. Pourquoi Hitler a-t-il multiplié les efforts – et les cadavres – pour dissimuler ses origines ? Quel est le secret de l'envoûtement exercé sur les foules par cet artiste peintre au physique ingrat et au discours haineux ? Comment le régime national-socialiste a-t-il pu survivre pendant douze ans, alors que tous ses dirigeants ne cessaient de se combattre ? Que s'est-il vraiment produit durant la Nuit des longs couteaux ? Quelle est la vérité sur l'affaire Rudolf Hess, qui a donné lieu à tant de publications fantaisistes ? Quelle était la nature exacte des relations d'Hitler avec les femmes ? L'amiral Canaris était-il un traître ou un héros ? Qu'y a-t-il de vrai dans les informations contradictoires publiées sur la santé d'Hitler, au vu des notes prises par ses médecins ? Le pari que fait l'auteur est que sur tous ces sujets, les lecteurs trouveront la réalité plus passionnante que n'importe quelle fiction.

Une mode récente – naturellement importée des États-Unis – veut que tout nouvel ouvrage sur un sujet quelconque soit déclaré « définitif ». Par contraste, celui-ci est provisoire ; il tente de reconstituer ce que l'on peut raisonnablement admettre en 2015 sur certaines des affaires les plus controversées du IIIe Reich. Des publications ultérieures, l'ouverture d'archives encore fermées à la recherche, voire de nouveaux témoignages de lecteurs, permettront à l'avenir de compléter ces récits – ou de les invalider sur bien des points.

Enfin, la liste des mystères du IIIe Reich est loin de s'achever avec le présent ouvrage : il resterait à traiter des « armes miracles », des bien étranges relations d'Himmler avec l'occultisme, de l'opération *Pastorius* destinée à détruire l'ensemble de l'industrie américaine, des « conférences de situation » au cours desquelles le Führer élaborait sa stratégie, des mesures extrêmes prises par le régime pour tenter d'assurer le secret de l'Holocauste, du « réduit alpin » qui avait tant inquiété les états-majors alliés, et *last but not least*, des plans du Führer pour le futur ordonnancement du monde une fois tous ses ennemis anéantis…

F. K.

1

Le mystère des origines

« Les gens ne doivent pas savoir qui je suis, ni de quelle famille je proviens. »

Adolf HITLER

Dans son célèbre ouvrage *Mein Kampf,* Adolf Hitler parle beaucoup de lui-même – en fait, il ne fait pratiquement que cela –, mais les indications qu'il consent à donner sur ses origines familiales sont rares et remarquablement vagues : s'il y est bien question de son père, le lecteur ne connaîtra ni le prénom ni le patronyme d'origine de ce « fonctionnaire consciencieux » ; le nom de jeune fille de sa mère, tout comme son prénom, n'est pas davantage mentionné. Enfin, si le futur Führer a des frères et sœurs, ils sont également condamnés à rester anonymes ; tout au plus l'auteur laisse-t-il échapper au détour d'une phrase un « nous, les enfants », qui laisse supposer que le futur sauveur de l'Allemagne et fondateur du Reich millénaire n'était pas un fils unique[1]… La vanité et l'égoïsme démesuré du personnage expliquent naturellement tout cela, mais on peut également y voir dès le milieu des années vingt une volonté de dissimulation

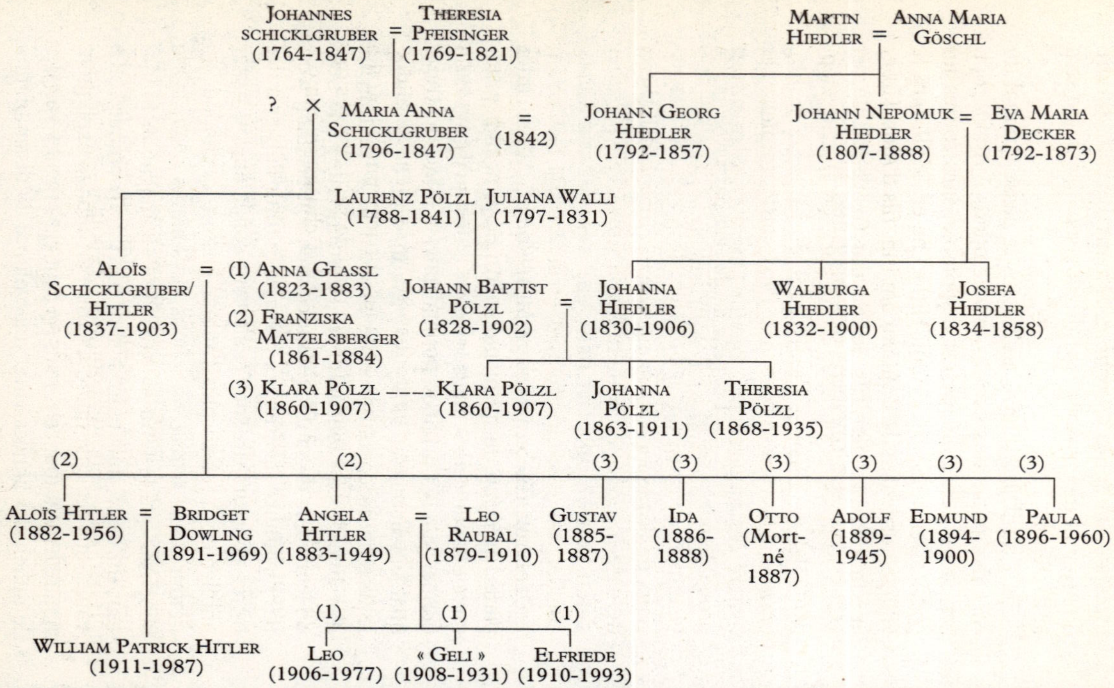
Johannes Schicklgruber (1764-1847) = Theresia Pfeisinger (1769-1821)
Martin Hiedler = Anna Maria Göschl
? × Maria Anna Schicklgruber (1796-1847)
= (1842)
Johann Georg Hiedler (1792-1857)
Johann Nepomuk Hiedler (1807-1888) = Eva Maria Decker (1792-1873)
Laurenz Pölzl (1788-1841) Juliana Walli (1797-1831)
Aloïs Schicklgruber/Hitler (1837-1903)
= (I) Anna Glassl (1823-1883)
(2) Franziska Matzelsberger (1861-1884)
(3) Klara Pölzl (1860-1907)
Johann Baptist Pölzl (1828-1902) = Johanna Hiedler (1830-1906)
Walburga Hiedler (1832-1900)
Josefa Hiedler (1834-1858)
Klara Pölzl (1860-1907)
Johanna Pölzl (1863-1911)
Theresia Pölzl (1868-1935)
(2) Aloïs Hitler (1882-1956) = Bridget Dowling (1891-1969)
(2) Angela Hitler (1883-1949) = Leo Raubal (1879-1910)
(3) Gustav (1885-1887)
(3) Ida (1886-1888)
(3) Otto (Mort-né 1887)
(3) Adolf (1889-1945)
(3) Edmund (1894-1900)
(3) Paula (1896-1960)
William Patrick Hitler (1911-1987)
(1) Leo (1906-1977)
(1) « Geli » (1908-1931)
(1) Elfriede (1910-1993)

forcenée, annonçant prématurément l'extraordinaire monument de mensonges et de faux-semblants que sera le IIIe Reich.

Qu'y a-t-il de si inavouable dans le passé familial du chef des nationaux-socialistes allemands ? Après tout, son arbre généalogique est disponible dans toutes les publications du parti : Adolf Hitler, né en 1889 dans le village autrichien de Braunau am Inn, fils d'Aloïs Hitler et Klara Pölzl ; petit-fils de Johann Georg Hiedler et Maria Anna Schicklgruber d'une part, de Johann Baptist Pölzl et Johanna Hiedler d'autre part. En réalité, pourtant, les choses sont loin d'être aussi simples : car malgré les apparences, Johann Georg Hiedler n'était probablement pas le père d'Aloïs, mais seulement son beau-père... Ainsi qu'en attestent les registres paroissiaux de l'époque, Aloïs était né en 1837 à Döllersheim de père inconnu, et sa mère Maria Anna Schicklgruber s'était mariée cinq ans plus tard avec Johann Georg Hiedler, un apprenti meunier errant qui de son vivant ne reconnaîtra jamais le jeune Aloïs. Ce dernier a d'ailleurs été élevé principalement à Spital par le fermier Johann Nepomuk Hiedler*, frère de Johann Georg, avant de partir pour Vienne à l'âge de treize ans, d'y faire son apprentissage, puis d'entrer à dix-neuf ans au service des douanes autrichiennes – où il a fait une belle carrière, compte tenu de ses humbles origines. Mais c'est à ce stade que les choses se compliquent : à l'automne de 1876, vingt-neuf ans après le décès de la mère Maria Anna et dix-neuf ans après celui du beau-père Johann Georg, le frère de ce dernier, Johann Nepomuk Hiedler, s'est présenté devant le pasteur de Döllersheim en compagnie de trois témoins, pour faire modifier l'acte de naissance d'Aloïs Schicklgruber, âgé de trente-neuf ans à l'époque.

* Avec les trois filles de ce dernier, Johanna, Walburga et Josefa.

LE MONDE DE LA FAMILLE HITLER AU TOURNANT DU SIÈCLE

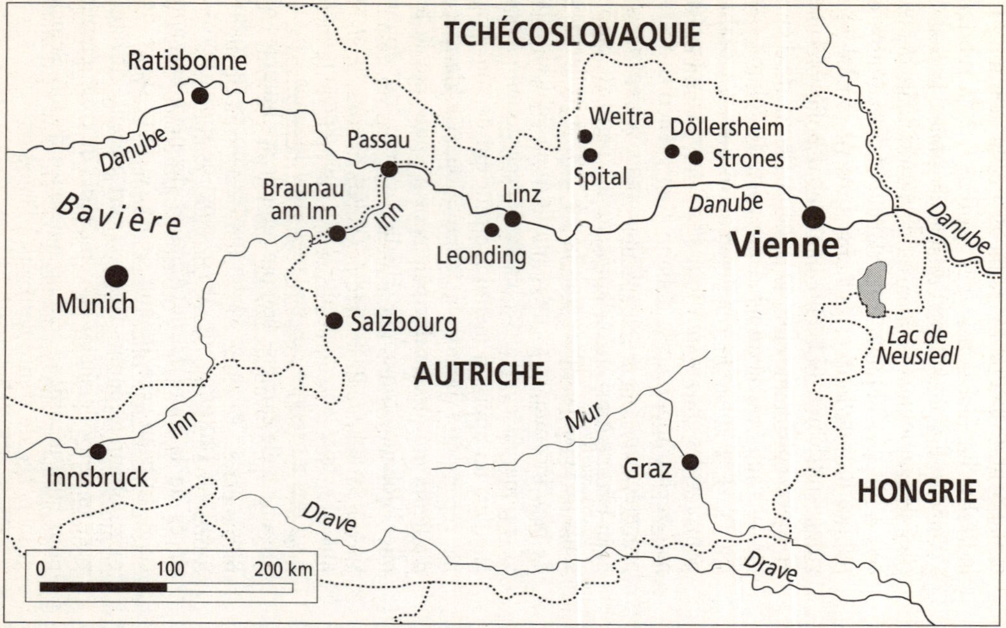

Il s'agissait de rectifications substantielles : le nom de Schicklgruber était barré, de même que la mention « fils naturel », remplacée par « fils légitime ». À la rubrique « Père », restée vide depuis quatre décennies, le pasteur avait inscrit : « Georg Hitler, religion catholique, demeurant à Spital. » Enfin, à la rubrique « Observations », on pouvait lire désormais : « L'homme inscrit comme père, Georg Hitler, qui est bien connu des témoins présents, s'est reconnu comme étant le père d'Aloïs, enfant d'Anna Schicklgruber, et a souhaité que son nom soit inscrit dans le présent registre de baptême, ce qui est confirmé par les témoins présents : Josef Romeder, Johann Breiteneder, Engelbert Paukh[2]. »

Voilà un document remarquable à tous égards : Maria Anna Schicklgruber était rebaptisée « Anna Schicklgruber », Johann Georg Hiedler devenait « Georg Hitler », censé en outre « demeurer à Spital », alors qu'il séjournait depuis dix-neuf ans au cimetière communal ! À la place de « est bien connu des témoins présents », il aurait donc fallu écrire « *était* bien connu des témoins présents » – si tant est qu'il l'ait été deux décennies plus tôt… Les omissions semblaient plus extraordinaires encore : il manquait la date des modifications, la signature du pasteur, et naturellement le paraphe de la mère, décédée en 1847, ainsi que celui du père, disparu en 1857 et qui n'avait jamais de son vivant reconnu – ou même élevé – le jeune Aloïs. Après ce travail de modification notariale que les Autrichiens qualifieraient sans doute de *Schlamperei**, on trouverait difficilement un acte de naissance plus illégal… Mais l'essentiel était acquis : parvenu à sa quarantième année, Aloïs Schicklgruber devenait un enfant légitime et abandonnait son patronyme typiquement paysan, pour se nommer

* Expression populaire d'origine austro-bavaroise, signifiant à peu près « négligence » ou « incurie ».

désormais Aloïs Hitler*. Quant à savoir qui était son véritable père, cela restait naturellement un mystère complet.

Le fonctionnaire des douanes impériales Aloïs étant apparemment un beau parti dans cette région très pauvre de la Basse-Autriche, il s'était marié trois fois : en 1873 avec Anna Glassl**, décédée dix ans plus tard ; en 1883 avec sa maîtresse Franziska Matzelsberger, de vingt-quatre ans plus jeune que lui, et dont il eut deux enfants, Aloïs en 1882 et Angela l'année suivante ; enfin, en 1885, un an après le décès de Franziska, en troisièmes noces avec Klara Pölzl, de vingt-trois ans plus jeune que lui. Mais Klara n'était pas seulement l'ancienne servante de la famille, c'était aussi une petite-fille de Johann Nepomuk Hiedler***, et donc – au moins d'après l'acte de naissance retouché d'Aloïs Schicklgruber-Hitler – sa cousine au second degré. Aloïs a donc dû demander une dispense papale pour l'épouser, ce qu'il a obtenu assez facilement. De cette troisième union sont nés six enfants entre 1885 et 1896 : Gustav, Ida, Otto, Adolf, Edmund et Paula. Quatre sont morts en bas âge, et seuls ont survécu Paula et Adolf, pour le meilleur comme pour le pire…

* Le pasteur avait transcrit « Hitler » au lieu de « Hiedler », sans doute en recopiant un document notarié établi la veille, dans lequel le nom était pareillement déformé. Depuis longtemps dans cette région de Basse-Autriche, les noms de Hiedler, Huedler, Hüttler, Hittler et Hitler étaient utilisés indifféremment. Quant aux raisons pour lesquelles le septuagénaire Johann Nepomuk Hiedler avait fait établir un tel faux en écriture, on ne peut que formuler des hypothèses : voulait-il épargner à Aloïs la honte d'être toute sa vie un enfant naturel ? Tenait-il à en faire son héritier ? Était-il en fait son véritable père ? Toutes les suppositions sont permises.

** De quatorze ans plus âgée que lui, et qui s'en séparera dès 1880, du fait de l'adultère d'Aloïs avec la serveuse Franziska Matzelsberger, future deuxième épouse.

*** Née en 1860, Klara était la fille aînée de Johanna Hiedler, la première fille de Johann Nepomuk.

Klara Hitler s'est occupée avec dévouement de tous les enfants survivants d'Aloïs, avec manifestement un faible pour Adolf. Son époux est décédé en janvier 1903, et elle-même est morte d'un cancer en décembre 1907. Aloïs junior, sans doute maltraité par son père, avait quitté le foyer familial reconstitué dès 1896, tenté sa chance à Vienne, été condamné à deux reprises pour vol en 1900 et 1902[3], et à l'époque du décès de sa belle-mère Klara, il était serveur dans un restaurant de Paris ; deux ans plus tard, on le retrouve dans les mêmes fonctions à Londres, où il épouse en 1910 une Irlandaise, Bridget Dowling, qui lui donne l'année suivante un fils, Willliam Patrick Hitler. Angela, elle, a épousé en 1903 un fonctionnaire des contributions de Linz, Leo Raubal, dont elle a eu trois enfants : Leo en 1906, Angela (surnommée « Geli ») en 1908, et Elfriede deux ans plus tard. Après le décès de sa belle-mère Klara, Angela Raubal a également pris en charge sa jeune demi-sœur Paula, et a connu une existence difficile à Vienne après le décès de son époux en 1910. Quant à l'adolescent turbulent Adolf, il a rompu avec sa famille et mené une carrière de peintre dilettante dans la capitale à partir de 1908, quitté l'Autriche en 1913 pour échapper au service militaire, combattu courageusement dans l'armée bavaroise pendant la Grande Guerre, participé fougueusement à l'agitation antigouvernementale, antisocialiste, anticapitaliste et antisémite de l'après-guerre à la tête du NSDAP, pour mener ensuite le coup d'État manqué de 1923 à Munich. Son emprisonnement subséquent dans la forteresse de Landsberg lui a permis d'écrire *Mein Kampf* et d'y décrire son ascendance avec le flou artistique que l'on sait, de se faire connaître dans toute l'Allemagne et de relancer une carrière politique qui le mènera à la fin des années vingt jusqu'aux portes mêmes du pouvoir. L'histoire de cette ascension, grandement favorisée par la crise économique de 1929, est universellement connue, et certains épisodes en seront relatés dans d'autres chapitres. Mais seule nous importe ici la question des origines familiales, qui va revenir hanter Adolf Hitler deux ans avant qu'il ne devienne le maître de l'Allemagne…

C'est que dans l'intervalle, son demi-frère Aloïs a mené une carrière plus obscure, mais presque aussi mouvementée : il a tenté en vain de s'établir dans l'hôtellerie à Londres et Liverpool, perdu beaucoup d'argent au jeu, et enfin émigré à Munich après avoir abandonné outre-Manche son épouse Bridget et son fils William Patrick. Personne ne sait au juste ce qu'il a fait en Allemagne pendant la Grande Guerre – sa famille moins que toute autre –, mais trois choses au moins sont établies : il s'est lancé dans le commerce des lames de rasoir, il a continué à jouer au casino, et il a épousé une certaine Hedwig Heidemann. Dès lors, étant techniquement bigame, Aloïs a été condamné par le tribunal de Hambourg en 1923*, après quoi il a pu de nouveau vaquer à ses affaires obscures et peu rentables, s'occuper de sa seconde femme Hedwig et de leur fils Heinz**, et bien sûr négliger entièrement sa première femme Bridget et son fils William Patrick.

Mais en 1929, William Patrick Hitler est devenu un grand et beau garçon de dix-huit ans, déjà employé dans une société d'ingénierie londonienne. Bien entendu, il a commencé à s'intéresser à ce père toujours absent, ainsi qu'à cet oncle devenu mondialement célèbre à mesure que son parti multipliait les succès électoraux. En 1929 et 1930, le fils de Bridget Hitler a donc fait deux voyages

* À une peine plutôt légère : huit mois de prison avec sursis et 800 reichsmarks d'amende.

** Né en 1920, Heinz Hitler, le demi-neveu préféré du Führer, s'engagera dans la Wehrmacht, participera à l'opération *Barbarossa* en tant que sous-officier et sera capturé par les Soviétiques en janvier 1942. Envoyé à Moscou, il mourra le mois suivant dans la prison de Boutirki, sans doute sous la torture.

en Allemagne, au cours desquels il a rencontré la seconde famille de son père, sa tante Angela Raubal et sa cousine Geli, ainsi que – très brièvement – son oncle le Führer. Entre-temps, la presse anglaise et américaine, ne disposant que d'un minimum absolu de renseignements sur ce chef de parti maladivement dissimulateur, en est réduite à des improvisations hasardeuses ; c'est pourquoi l'*Evening Standard,* l'*Evening News* et plusieurs journaux américains du groupe Hearst ne sont que trop heureux d'apprendre qu'il existe à Londres des parents de l'« homme qui monte en Allemagne ». William Patrick se prête de bonne grâce à quelques interviews, au cours desquelles il ne dit rien de bien concret sur cet oncle – en fait ce demi-oncle – qu'il connaît moins encore que son père.

Pourtant, les journalistes anglo-saxons savent produire du sensationnel avec peu de choses, Adolf Hitler accorde à la presse étrangère une importance démesurée, et les agences de presse ont immédiatement cherché à le contacter pour obtenir de nouveaux renseignements. Le fils de Bridget Hitler se voit donc convoquer d'urgence à Berlin. Dès son arrivée, il se retrouve face à son père, à sa tante et à Adolf Hitler en personne, qui lui reproche d'emblée ses « confidences » aux journalistes. La suite, William Patrick la racontera neuf ans plus tard en ces termes : « [Hitler] gesticulait violemment des deux bras, ses cheveux pendant en désordre sur sa figure. “Ces gens m'ont posé des questions personnelles ! À moi ! Ma propre famille m'anéantit !” hurla-t-il. Avec quelle prudence n'ai-je pas toujours tenu écartées de la presse ma personne et mes affaires personnelles ! Les gens ne doivent pas savoir qui je suis [...] ni de quelle famille je proviens. Même dans mon livre, je ne me suis pas permis un mot sur ces choses-là. Pas un mot ! Et maintenant, on découvre un neveu ! Un neveu ! On va faire des enquêtes ! On va envoyer des limiers sur la piste de notre passé...” » « Tout à coup, poursuit William Patrick visiblement stupéfait, il se mit à sangloter : oui, il se mit vraiment à sangloter. Il se laissa tomber dans un fauteuil. [...] Ses mains étreignaient sa tête, ses poings tambourinaient contre ses tempes. Et il cria, d'une voix étouffée par les larmes : "Idiots ! Idiots ! Vous trouverez encore moyen de tout détruire ! [...] Je ne pourrais supporter que tout cela soit étalé et débattu ouvertement en public. Ce jour-là, ce sera ma fin. Ce jour-là, je m'envoie une balle dans la tête !" Puis, il devint plus calme ; il vint à moi et se montra très aimable, et même presque affectueux. [...] Je devais retourner à Londres [...] et déclarer à la presse que j'avais été victime de malentendus et que je venais seulement de découvrir maintenant que je n'étais pas du tout le neveu d'Adolf Hitler. Ses yeux ne lâchaient pas les miens ; ils ne suppliaient pas, ils ordonnaient[4]. »

L'authenticilé du récit, publié en 1939, ne fait aucun doute : ce n'est qu'après la guerre que l'on obtiendra d'autres descriptions en tous points concordantes des colères dévastatrices d'Hitler, de ses sanglots et de ses gesticulations ; en outre, seuls des familiers pouvaient savoir à l'époque que le Führer menaçait à l'occasion de se tirer une balle dans la tête*. Mais enfin, Hitler ne se met pas dans de tels états sans raisons sérieuses. Que veut-il dissimuler en l'occurrence ? Le fait d'avoir un neveu anglais n'a après tout rien de déshonorant** et la condamnation de son demi-frère Aloïs pour bigamie est de notoriété publique depuis six ans... Pourrait-il s'agir d'une histoire bien plus ancienne, celle du grand-père paternel inconnu et du père rendu légitime au moyen d'une attestation manifestement illégale ? Mais en quoi cette vieille affaire pourrait-elle lui porter préjudice du point de vue politique – le seul qui importe à ses yeux ?

* On sait qu'il finira par s'exécuter.

** D'autant que ce n'est qu'un demi-neveu, et qu'il est d'ascendance irlandaise.

Nous n'allons pas tarder à le savoir ; mais dans l'intervalle, William Patrick est rentré à Londres, où il a donné à la presse le démenti souhaité par Hitler. Voilà qui déclenche un nouveau torrent de publicité et, les exactions des SA en Allemagne ayant produit en Grande-Bretagne un effet désastreux, le patronyme Hitler acquiert une telle résonance que Bridget et William Patrick perdent simultanément leur emploi. Affublés d'un pareil nom, la mère et le fils sont désormais condamnés au chômage, et leur situation ne risque pas de s'améliorer lorsque Adolf Hitler parvient finalement au pouvoir en janvier 1933. Mais un ami de la famille a demandé aux services juridiques de l'ambassade du Royaume-Uni à Vienne de se procurer une copie des actes de naissance d'Adolf, d'Aloïs et de leurs ascendants : s'il pouvait être officiellement établi que son père et Adolf n'étaient pas apparentés, l'ostracisme qui frappe William Patrick se dissiperait sans délai. Hélas ! L'ambassade ayant fait diligence, les attestations qu'il reçoit sont sans ambiguïté : Adolf et Aloïs sont bien demi-frères, William Patrick est effectivement un parent du Führer, et ce dernier a donc menti effrontément en lui affirmant le contraire. Sur quoi William Patrick, indigné, écrit une lettre à son oncle pour l'informer du fait qu'il est en possession de tous les documents permettant d'établir la vérité sur son ascendance[5]. A-t-il ajouté autre chose, qu'Adolf Hitler pourrait interpréter comme un chantage ? Nul ne le sait, mais cette lettre va immédiatement déclencher une tempête à la chancellerie du Reich.

Après la guerre, l'avocat d'Hitler, Hans Frank, rédigera dans sa prison de Nuremberg des Mémoires intitulés *Im Angesicht des Galgens* (« Face à la potence »). Dans ce livre au titre prémonitoire*, Frank se souvient d'avoir été convoqué par Hitler vers la fin de 1930 : « Me montrant

* Hans Frank, ministre de la Justice du Reich, puis chef du Gouvernement général de Pologne, sera pendu le 16 octobre 1946.

une lettre qu'il avait devant lui, il me dit qu'il s'agissait d'une "écœurante histoire de chantage portant sur ses propres origines, de la part d'un de ses parents les moins recommandables". Si je ne me trompe, le parent en question était le fils de son demi-frère Aloïs Hitler. » Jusque-là, tout concorde, mais d'après Frank, ce jeune homme aurait expliqué à Hitler que la presse s'intéressait beaucoup à un certain aspect de l'ascendance du Führer, « notamment au fait qu'il puisse avoir du sang juif dans les veines, ce qui rendrait difficilement justifiables ses prises de position antisémites ». Une tentative de chantage ? C'est ce que laisse entendre Frank lorsqu'il écrit : « [Hitler] me chargea d'enquêter discrètement sur la question. M'étant renseigné à toutes les sources, j'établis les faits suivants : le père d'Hitler était l'enfant naturel d'une cuisinière nommée Schicklgruber, originaire de Leonding près de Linz, et employée dans une famille de Graz. » Suivent des détails sur la légitimation tardive et passablement illégale d'Aloïs Hitler, que nous connaissons déjà. Mais Frank poursuit : « Le plus étrange dans celle affaire, c'est que la cuisinière Schicklgruber, grand-mère d'Adolf Hitler, était employée par une famille juive du nom de Frankenberger lorsqu'elle donna naissance à son enfant ; et M. Frankenberger a payé à la femme Schicklgruber, pour le compte de son fils âgé de dix-neuf ans environ à cette époque, [...] une pension alimentaire depuis la naissance de l'enfant jusqu'à sa quatorzième année. Il y avait d'ailleurs un échange de lettres suivi entre ces Frankenberger et la grand-mère d'Hitler, d'où il ressortait que les correspondants reconnaissaient tacitement le fait que l'enfant de la femme Schicklgruber avait été conçu dans des circonstances qui rendaient la famille Frankenberger redevable d'une pension alimentaire[6]. » Cette correspondance aurait été détenue depuis des années par une parente de la demi-sœur d'Hitler, Angela Raubal – ce qui expliquerait comment le neveu (en fait, le demi-neveu) William Patrick aurait été mis au courant. On imagine sans peine la réaction d'Hitler. Selon Frank, il a immédiatement nié les faits : « Il savait que son père n'était pas issu d'un commerce entre la femme Schicklgruber et le Juif de Graz. Son père et sa grand-mère le lui avaient dit[7]. »

Si tout cela est exact, il est clair que le Führer a paniqué et improvisé sur-le-champ quelques mensonges pour se tirer d'affaire. D'abord, son père ne lui a sûrement pas dit qu'il n'était pas d'origine juive ; sous le coup de l'émotion, Hitler oublie ce qu'il a lui-même écrit dans *Mein Kampf* : du vivant de son père, il n'a pas même entendu prononcer le mot de juif[8] ! Quant à la grand-mère d'Hitler, elle ne peut pas le lui avoir dit non plus, parce qu'elle était déjà morte depuis quarante-deux ans lorsqu'il est venu au monde… Enfin, il est clair qu'Hitler ne savait rien auparavant de cette affaire de pension alimentaire versée par un Juif – autrement, il n'aurait sûrement pas chargé Frank de s'informer. Prétendre maintenant être au courant pour minimiser l'affaire, c'est mettre le doigt dans un redoutable engrenage. Par contre, si le Führer avait gardé son calme, il aurait demandé à voir cette correspondance – que Frank ne semblait pas avoir en sa possession ; il se serait également souvenu qu'Anna Maria Schicklgruber n'était pas originaire de Leonding, mais de Strones, près de Döllersheim ; il aurait même remarqué au passage que Frankenberger n'avait rien d'un nom juif. Mais nous savons que chez Hitler, l'émotionnel l'emporte souvent sur le rationnel : que cette prétendue ascendance juive soit authentique, ce serait gênant ; qu'elle soit démontrable et rendue publique, ce serait catastrophique…

Hitler a donc continué à suivre de près cette affaire potentiellement explosive. On ne connaîtra sans doute jamais le détail des mesures qu'il a ordonnées pour supprimer les traces de cette ascendance réelle ou imaginaire, mais tout ne passera pas inaperçu. Otto Dietrich, le *Reichpressechef*, pourra ainsi écrire qu'« il était absolument impossible de mentionner en présence d'Hitler le nom de son demi-frère Aloïs Hitler[9] »[*], ce que confirmera la secrétaire Christa Schroeder, en ajoutant que les deux sœurs Angela Raubal et Paula Hitler n'étaient elles-mêmes que très rarement évoquées – généralement sous la désignation peu flatteuse d'« oies stupides[10] ». Mais entre-temps, le premier fils de ce demi-frère a dû se résoudre à émigrer en Allemagne pour éviter de mourir de faim en Grande-Bretagne ; Hitler, après lui avoir écrit qu'il « ne pouvait aider tous ceux qui, par hasard, portaient son nom », a fini par lui obtenir un emploi à Berlin. Mais le neveu par qui le scandale risque d'arriver n'est ni un bourreau de travail ni un intellectuel ; en outre, son emploi est fort mal rémunéré, et il le fait savoir dans de longues lettres à son oncle – qui ne lui répond pas. La Gestapo l'espionne en permanence, et en juin 1934, lors de la Nuit des longs couteaux, il est arrêté par les SS et emmené au sinistre camp de Lichterfelde, où sont exécutés les SA et autres ennemis du régime. Sa dernière heure serait probablement arrivée, s'il n'avait été sauvé *in extremis* par un détail technique : ayant conservé sa nationalité, William Patrick est toujours sujet britannique… et le consul de Grande-Bretagne, alerté, exige sa libération[11] ! Dès lors, Hitler estime sans doute qu'une élimination aussi peu discrète poserait davantage de problèmes qu'elle n'en résoudrait, et le neveu encombrant recouvre la liberté.

À l'automne de 1938, un certain Hansjürgen Köhler quitte secrètement l'Allemagne pour passer en Suisse, et de là en Grande-Bretagne. Ce transfuge est un agent important de la Gestapo, et il a emporté avec lui deux carnets

---

* Aloïs Hitler n'en ouvrira pas moins sur la Wittenbergplatz à Berlin un restaurant fort populaire, qui bénéficiera de la clientèle de tous les hiérarques nazis.

bourrés de notes – sur lesquels il s'appuiera un an plus tard pour écrire deux ouvrages remarquablement documentés, rendant compte de ses missions au service de Heydrich et d'Himmler. Or, l'une d'entre elles concerne une affaire qui nous est familière ; un jour de l'été 1937, Köhler est convoqué dans le bureau de Heydrich, où il est présenté à von Papen, l'ancien vice-chancelier devenu en 1934 ambassadeur d'Allemagne en Autriche. Après le départ de ce dernier, Heydrich met Köhler au courant : « Ce jésuite de Schuschnigg [le chancelier autrichien] veut faire chanter le Führer. Je ne l'en aurais jamais cru capable. Il a un dossier contenant des documents compromettants pour Hitler, et voilà qu'il menace de les publier dans un Livre blanc. » Köhler s'étant enquis de la teneur de ces documents, Heydrich se contente de répondre : « "Cet insolent de Schuschnigg est si sûr [...] de la valeur des éléments de son dossier qu'il en a envoyé une copie à Hitler en personne, par l'intermédiaire de Mussolini. Vous aurez pour tâche [...] de récupérer les originaux des documents contenus dans ce dossier... à n'importe quel prix." "Mais..." "Il n'y a pas de mais. Trois hommes sont déjà morts à cause de ce dossier. Peu importe s'il en meurt douze de plus... Il nous le faut." Il sortit un dossier bleu de son tiroir ; "Asseyez-vous dans mon bureau et parcourez-le, me dit-il. Ces copies sont toutes tapées à la machine, ce qui semble indiquer qu'elles n'ont pas été photographiées. C'est notre seul espoir, parce que sinon, il nous faudra détruire non seulement les originaux, mais encore les négatifs." Je m'assis et commençai à lire. Je précise que je n'ai jamais vu les originaux de ces documents, [...] et je n'ai pas la moindre preuve qu'ils aient été authentiques. Mais ils n'en ont pas moins provoqué un carnage sans précédent[12]. »

Köhler découvre dans le dossier trois séries de documents concernant Hitler. La première avait été réunie par le général von Schleicher, l'ancien chancelier qui avait tenté de s'opposer à la prise de pouvoir d'Hitler. Ces documents concernaient les états de service du Führer pendant la Grande Guerre, et démontraient qu'ils étaient un peu moins glorieux que le prétendait la propagande nazie*. Schleicher sera assassiné le 30 juin 1934, mais les documents de sa collection ne seront pas retrouvés – et pour cause : se sentant menacé, il les avait envoyés au chancelier autrichien Dollfuss. Ce dernier, comprenant la valeur de telles pièces, avait entrepris de continuer la collection, d'où la deuxième série de documents contenue dans le dossier bleu. Dollfuss était parti d'une constatation simple : « Hitler, note Köhler, était déjà depuis longtemps le point de mire de l'intérêt mondial, et pourtant, on savait peu de choses sur lui. Le plus grand mystère entourait la vie privée du Führer, ses relations familiales et ses origines. Le chancelier Dollfuss [...] se mit donc à la tâche. En tant que dirigeant de l'Autriche, il ne lui était pas difficile de réunir des informations sur [...] la famille d'Adolf Hitler, qui était né en territoire autrichien. Grâce aux certificats de naissance, aux fiches de police, aux protocoles, etc., contenus dans le dossier, il était parvenu à reconstituer les diverses parties du puzzle. » Ce que Köhler peut y lire concernant les antécédents d'Hitler est exact, quoique lacunaire : il y a là l'histoire de la petite servante Schicklgruber, de son fils Aloïs qui a été légitimé sur le tard**, etc. Il y a des données

* Ces documents retracent parfaitement le parcours d'Hitler pendant la Grande Guerre, en établissant qu'il servait comme estafette plutôt que comme combattant de choc, et qu'il n'avait pas été jugé souhaitable de lui donner de l'avancement au-delà du grade de caporal – toutes choses qui étaient confidentielles dans l'Allemagne de l'époque. Par contre, les indications concernant l'attribution de la croix de fer de 1re classe au caporal Hitler *après* la guerre seulement sont entièrement erronées.

** Il en ressort que Köhler n'a pas compris les véritables circonstances de cette légitimation. Mais on se souvient qu'il n'a eu que très peu de temps pour prendre connaissance de l'ensemble du dossier dans le bureau de Heydrich.

précises sur les trois mariages successifs d'Aloïs, ainsi que sur les enfants issus de ces mariages*, avec les noms de ceux qui sont morts et de ceux qui ont survécu – dont bien sûr Adolf lui-même. Mais voici que Köhler tombe sur un document explosif, dont il précise une fois encore qu'il ne peut vérifier l'authenticité : « Où la petite servante [la grand-mère paternelle d'Hitler] avait-elle été employée ? Ce n'était pas bien difficile à établir. Depuis longtemps, la ville de Vienne avait institué un système d'enregistrement obligatoire. Les servantes comme les employeurs y étaient astreints sous peine de fortes amendes. Le chancelier Dollfuss put ainsi découvrir sa carte d'enregistrement. [...] Elle avait servi [...] chez les Rothschild... C'est donc probablement dans cette magnifique demeure qu'il fallait rechercher le grand-père inconnu d'Hitler[13]. » Sur ce dernier document, portant en marge un commentaire ironique de la main de Dollfuss, s'achevait le dossier constitué par le chancelier.

Reste la troisième série, celle constituée par Schuschnigg après l'assassinat de son prédécesseur en 1934. « Schuschnigg, écrit Köhler, avait poursuivi la tâche entamée par Schleicher et Dollfuss. Il savait parfaitement que ce dossier avait une importance considérable pour Hitler. N'avait-il pas déjà coûté la vie à deux politiciens éminents ? Et Schuschnigg voulait poursuivre ses investigations dans les voies les plus dangereuses. Sa collection se composait de deux parties : la première comprenait des documents visant à élucider les origines de Johanna Hitler**, la grand-mère [maternelle] du Führer, ainsi que

* Il est même fait état d'une petite Ida Schicklgruber, née du premier mariage d'Aloïs, morte dans l'enfance et enterrée auprès de sa mère. Son nom ne figure dans aucune généalogie publiée à ce jour.

** Johanna *Hiedler*, en réalité. Ces documents devaient apporter la preuve d'une ascendance tchèque, Hiedler étant sans doute dérivé de Hidlar ou Hidlartchek, un patronyme tchèque très banal. Du reste, diverses données concernant les circonstances de l'arrivée des Hitler en Haute-Autriche. La seconde contenait des documents portant sur le mystérieux suicide de la nièce d'Hitler, Geli Raubal. Schuschnigg était parvenu à en découvrir davantage sur cette affaire que tout autre, même s'il n'avait pu en établir toutes les motivations et tous les détails*. » Et Köhler de conclure : « Je dois avouer que j'étais plutôt choqué lorsque je refermai ce dossier[14]. » On le serait à moins… d'autant que la mission de Hansjürgen Köhler consiste désormais à soustraire l'original du dossier au chancelier Schuschnigg.

Alors que l'agent de la Gestapo se met au travail avec l'aide de l'ambassadeur du Reich à Vienne Franz von Papen, on peut se poser quelques questions. Köhler a-t-il inventé toute cette histoire ? Difficile à croire : les renseignements très précis qu'il donne dès 1940 sur le IIIe Reich, depuis les conditions de vie et de mort dans le camp de concentration de Buchenwald jusqu'aux sombres manigances de Goering – en passant par la composition des menus végétariens du Führer –, pourront être vérifiés après la guerre et se révéleront scrupuleusement exacts**. Pourquoi dès lors Köhler aurait-il menti dans cette affaire de dossier ? Mais tout cela ne

---

Nepomuk, que nous connaissons déjà, est incontestablement un prénom tchèque. Tout cela était potentiellement compromettant pour un politicien exalté comme Hitler, qui lançait sans cesse de féroces diatribes contre le « sous-homme slave »… Au printemps de 1934, il s'était déjà quelque peu trahi en confiant à Hermann Rauschning : « Nous avons déjà beaucoup trop de sang slave dans les veines… »

* Voir plus bas, chapitre 5.

** Il en est de même des habitudes de lecture du Führer et du fait, connu seulement de ses proches à l'époque, qu'il avait une mauvaise vue et portait des lunettes. Bien entendu, Köhler se trompe à l'occasion : beaucoup de noms propres sont inexacts ou mal orthographiés, et l'influence qu'il prête à Rudolf Hess dans la hierarchie nazie est considérablement exagérée. Même un agent de la Gestapo bien renseigné ne peut pas tout savoir…

prouve évidemment pas que les documents qu'il contient soient authentiques ; certains le sont manifestement ; d'autres sont plus douteux, même s'ils semblent confirmer sur certains points les propos de Hans Frank ou de William Patrick Hitler ; d'autres enfin les contredisent : que Maria Anna Schicklgruber ait servi à Vienne chez les Rothschild, c'est bien possible – et même certain, s'il y a des attestations officielles en ce sens. Mais voilà qui ne prouverait absolument rien concernant les origines du petit Aloïs, qui aurait aussi bien pu être le fils du chauffeur ou du cuisinier. Tout au plus cela permettrait-il d'établir que sa mère ne servait pas à Graz au même moment, faisant ainsi disparaître la famille Frankenberger et sa pension alimentaire…

Une seule chose est sûre : Hitler veut récupérer l'ensemble du dossier dans les plus brefs délais. Mais il devra patienter ; car si l'on en croit le récit de Köhler, il faudra de très longs mois à la Gestapo et au personnel de l'ambassade d'Allemagne à Vienne pour introduire des agents dans l'entourage de Schuschnigg*. Lorsqu'ils y parviendront enfin – à la veille même de l'Anschluss, alors que Schuschnigg est déjà parti pour Berchtesgaden –, Köhler lui-même se présentera dans le bureau du chancelier pour y collecter le dossier ; mais ce sera pour s'entendre dire que von Ketteler, l'assistant de l'ambassadeur d'Allemagne von Papen, en a pris livraison quelques heures auparavant… Ce dernier remet effectivement le dossier aux autorités allemandes, mais avec un retard de plus de deux heures ; et la Gestapo établit rapidement que ce délai a été mis à profit pour photographier l'ensemble du dossier – ce que l'infortuné von Ketteler paiera de sa vie[15]. Du roman-feuilleton que tout cela ? Peut-être… Mais von Ketteler a bel et bien été

* Puissamment aidés en cela par le décès – accidentel cette fois – de l'épouse du chancelier Schuschnigg.

noyé dans une baignoire, et son corps a été retrouvé flottant dans le Danube quelques semaines après l'Anschluss[16] ; en outre, les explications de von Papen dans ses Mémoires sur ce décès sont pour le moins embrouillées – d'autant qu'il admet avoir chargé von Ketteler de mettre des documents en sûreté[17]. On peut d'ailleurs fort bien comprendre les motivations de von Papen ; n'ayant échappé que d'extrême justesse à la liquidation par la Gestapo en juin 1934, privé de son poste diplomatique après l'Anschluss et obligé de rentrer en Allemagne, il pouvait aisément ressentir le besoin d'une « assurance vie », telle que s'en constituaient assidûment tous les dignitaires allemands dès cette époque*. Si tel était le cas, le calcul se révélera efficace : nommé ambassadeur du Reich à Ankara, Franz von Papen ne sera plus inquiété par la Gestapo et survivra à la guerre.

Les efforts d'Hitler pour couvrir toute trace de ses origines s'arrêteront-ils là ? Nullement. Dans l'Autriche incorporée au Reich après le printemps de 1938, il va remuer ciel et terre pour récupérer tous les documents le concernant. Dès son arrivée à Linz, il exige ainsi que lui soit personnellement remis son dossier militaire. Lorsque les services du gauleiter Eigruber s'avouent incapables de le localiser, Hitler entre dans une rage folle et charge sur-le-champ la Gestapo de le retrouver. Celle-ci commence naturellement par opérer plusieurs arrestations, et procède à de nombreux interrogatoires. Que redoute le Führer de ce dossier vieux d'un quart de siècle ? Il pourrait naturellement comporter des documents concernant les aspects obscurs de son ascendance, ainsi que ses années d'errance à Vienne, son séjour dans des institutions de charité financées par des Juifs, de même que sa comparution à Salzbourg devant le conseil de révision qui

* Voir ci-dessous, chapitre 3.

l'a réformé en février 1914 comme « inapte à porter les armes ». Rien de tout cela ne paraîtrait vraiment compromettant à un homme normal, mais Hitler est-il bien un homme normal ? En tout cas, parmi les personnes assidûment interrogées par la Gestapo se trouve un certain Franz Jetzinger, journaliste et député social-démocrate au parlement régional, qui a lu l'ensemble du dossier six ans plus tôt. Voici les premières questions qui lui sont posées : « Pourquoi avez-vous consulté ce dossier ? Que contient le dossier ? Y a-t-il dedans quelque chose de compromettant pour Hitler ?.... » Et naturellement : « Où se trouve le dossier[18] ? »

L'erreur était sans doute de charger la Gestapo de l'enquête ; elle ne sait pas bien ce qu'elle cherche ni comment le trouver, ses méthodes sont inadaptées à la situation, et sa réputation l'a précédée : ceux qui parlent ne savent pas, ceux qui savent ne parlent pas… et les recherches resteront vaines. Au même moment, par contre, deux autres agents de la Gestapo ont rendu visite au curé de Braunau, lieu de naissance d'Hitler, et se sont fait remettre de force le dossier concernant la demande de dispense faite au pape par le père d'Hitler en 1885… Quelques semaines plus tard, le neveu William Patrick est convoqué à la chancellerie du Reich, où son oncle exige qu'il prenne immédiatement la nationalité allemande. Tiens donc ! Comprenant le danger, William Patrick Hitler quitte furtivement l'Allemagne en janvier 1939*.

Il est clair que le mystère de ses origines n'a cessé de tourmenter le Führer depuis lors. Les fréquentes références dans ses discours à l'« empoisonnement du sang »,

* Il émigrera ensuite avec sa mère aux États-Unis, donnera des conférences sur son oncle, et s'engagera en 1944 dans la marine américaine – où il trouvera sans doute son nom difficile à porter. Après la guerre, il changera de nom, se mariera et aura un fils prénommé… Alexandre Adolf.

au fait que « nous souffrons tous de la malédiction d'un sang mêlé et corrompu », tout comme ce paragraphe III de la « loi pour la protection du sang » disposant expressément que « les Juifs ne peuvent employer des servantes de sang allemand âgées de moins de quarante-cinq ans* », montrent suffisamment à quel point il reste tourmenté par cette incertitude. Au chapitre 8 de son second ouvrage – qui ne sera pas publié de son vivant – Hitler évoque également le secrétaire d'État Erzberger, « fils illégitime d'une servante et d'un employeur juif[19] ». Or, le fait est que Matthias Erzberger n'était rien de tel. Une projection de la part du Führer ? À six reprises, il ordonnera des enquêtes de la Gestapo sur ses origines familiales, espérant toujours trouver une preuve incontestable de ses origines aryennes ; mais les documents ainsi collectés n'apporteront rien de déterminant dans un sens comme dans l'autre[20]**. À tout prendre, il est hautement improbable qu'Adolf Hitler ait été juif ; mais il est certain qu'il avait très peur de l'être – et plus peur encore que cela se sache !

Sans doute la grande tourmente de la guerre fera-t-elle oublier au Führer l'ensemble de cette ténébreuse

---

* Sa grand-mère était tombée enceinte à l'âge de quarante et un ans…

** C'est manifestement dans le cadre de ces recherches que la Gestapo découvre l'existence à Graz d'une branche de la famille Schicklgruber, les Veit, dont plusieurs membres sont faibles d'esprit. Le rapport établi par Himmler, non daté, estampillé *Geheime Reichssache !* (ultrasecret) et précautionneusement intitulé « Parenté alléguée du Führer », semble reposer exclusivement sur les commérages d'une grand-tante des enfants Veit, Frau Pracher. Comme bien des documents de la Gestapo, celui-ci contient une quantité d'erreurs stupéfiante : Adolf est devenu un fils *adoptif* d'Aloïs Hitler, sa mère est « née Schicklgruber » (manifestement une confusion avec sa grand-mère), et elle a déjà été mariée à un dénommé Singer avant d'épouser Aloïs Hitler ! Ce document, retrouvé après la guerre dans l'appartement munichois du Führer, donne une idée du sérieux de certaines enquêtes menées par les services d'Himmler…

affaire ? En aucune façon : dans ses Mémoires, l'architecte Albert Speer racontera l'incident suivant : « En allant de Budweis à Krems en 1942, je remarquai une large plaque apposée sur une maison dans le village de Spital, près de la frontière tchèque. Il y était inscrit : "Dans cette maison, le Führer a vécu pendant sa jeunesse." Je mentionnai la chose à Hitler. Il entra sur-le-champ dans une rage folle, fit venir Bormann à grands cris [...] et lui jeta hargneusement : "Combien de fois ai-je répété que ce village ne doit jamais être mentionné ? Et voilà que ce crétin de gauleiter y appose une plaque ! Faites-la enlever sur-le-champ." [...] Il semblait avoir quelque motif d'effacer cette partie de sa jeunesse[21]. »

De sa jeunesse, ou de celle de son père ? Aloïs Schicklgruber avait passé l'essentiel de sa vie à Spital... Quant à Döllersheim et Strones, les villages d'origine de son père et de sa grand-mère, ils ont été transformés après l'Anschluss en terrains d'exercice pour l'artillerie lourde, de sorte qu'il n'en est resté que des ruines – et la pierre tombale de Maria Anna Schiklgruber a naturellement été pulvérisée comme tout le reste... À l'été de 1943, l'ancien député social-démocrate Franz Jetzinger reçoit à Linz la visite de l'*Oberführer* SS Langoth, qui lui confie dans son meilleur patois autrichien : « *Hitler gibt ka Ruh* ["Hitler ne se calme pas"]. Il exige toujours qu'on lui trouve le dossier. Alors voilà ce que nous avons décidé : puisque vous êtes le seul à le connaître, ce dossier [...], nous vous proposons un emploi à titre définitif à la bibliothèque de Linz. Votre tâche consistera à chercher le dossier[22]. » Six mois après Stalingrad ! En quoi tout cela peut-il encore préoccuper Hitler, à une époque où les armées soviétiques et anglo-américaines convergent déjà sur le Reich et ses satellites depuis tous les points cardinaux du globe ? Mais dans le cadre du présent ouvrage, la psychologie tourmentée du Führer ne constitue-t-elle pas le mystère fondateur du régime national-socialiste ? *Das ist die Frage* – telle est la question, sur laquelle nous aurons l'occasion de revenir plus d'une fois dans les chapitres ultérieurs.

2

L'éloquence conquérante

> « De tous les orateurs entre 1919 et 1933, […] il n'y en avait pas un seul qui sût comme Hitler arracher et entraîner les masses par la parole. Seul et sans concurrent, Hitler conquit le pouvoir par le Mot. »
>
> Baldur von SCHIRACH

Au commencement était le Verbe… Toute sa vie, Adolf Hitler a régné principalement par la parole. La façon dont il a réussi à s'imposer grâce à cette éloquence très particulière constitue un mystère fondamental du IIIe Reich, qui mérite certainement d'être exploré.

L'enfance et l'adolescence du futur Führer entre Passau et Linz sont assez connues, grâce à certains passages elliptiques de *Mein Kampf* et au témoignage de quelques parents, professeurs, amis et condisciples. On sait ainsi que ce garçon turbulent, renfermé et colérique perd assez rapidement le goût des études, qu'il erre dans les ruelles des faubourgs à toute heure du jour et de la nuit, et qu'il se passionne pour l'opéra de Wagner comme pour les monuments de la ville de Linz. Lors de ses interminables jeux guerriers avec les enfants du voisinage, ce gringalet s'impose moins par la force physique que par un haut degré d'exaltation discursive. C'est à la fin de 1905 qu'il fait la connaissance de son premier et sans doute unique ami, August « *Gustl* » Kubizek ; Adolf, alors âgé de seize ans et demi, a déjà quitté l'école, il vit aux crochets de sa mère, dessine, écrit des poèmes, déclame en solitaire et continue à flâner en refaisant le monde. Kubizek, son aîné de neuf mois et son premier admirateur, écrira plus tard : « Adolf avait besoin de parler et il lui fallait quelqu'un pour l'écouter. [...] Ses propos faisaient souvent l'effet de décharges volcaniques, comme poussées hors de lui par quelque chose d'étranger, de tout à fait différent. Je n'avais jamais vu de telles extases que chez des acteurs de théâtre, [...] et je n'étais au début que l'auditeur déconcerté de ces éruptions, que la stupéfaction empêchait d'applaudir à la fin. [...] Ce n'était pas ce qu'il disait qui m'a d'abord attiré chez lui, mais plutôt la façon dont il le disait. C'était pour moi quelque chose de nouveau, de fantastique. Je n'aurais jamais pensé que quelqu'un pût obtenir de tels résultats avec de simples mots[1]. » C'est très bien vu, car si le verbiage du jeune Hitler est plutôt assommant, son étrange pouvoir d'attraction est déjà indéniable.

En septembre 1907, Hitler part pour Vienne, où il se présente au concours d'entrée de l'Académie des beaux-arts. Il est recalé, mais ne l'avoue pas à son camarade August Kubizek, qui le rejoint au printemps pour faire des études au conservatoire de musique. Gustl, qui va partager une chambre avec lui dans la Stumpergasse, note avec étonnement que l'« étudiant » Adolf ne fait rien de plus qu'à Linz : il se lève à midi, erre dans les rues de Vienne en contemplant les édifices, s'installe dans les cafés et lit les journaux, fréquente assidûment le Burgtheater et l'opéra, mais n'effectue pas le moindre travail rémunéré. Comme à Linz aussi, il se perd dans d'interminables harangues, qui finissent même par inquiéter son fidèle ami : « Au cours de ces premiers temps à Vienne, j'ai eu l'impression qu'Adolf était devenu déséquilibré. Il entrait en rage pour des peccadilles, [...] il en voulait au monde entier, ne voyait partout qu'injustice, haine et inimitié. Rien ne trouvait grâce à ses yeux. [...] Il déversait sa bile sur toute l'humanité, qui ne le comprenait pas, ne l'appréciait pas et le persécutait[2]. »

Les observations de Kubizek s'arrêtent là, car à l'automne de 1908, Hitler disparaît brusquement. Il changera plusieurs fois d'adresse, avant de se retrouver à l'asile de nuit de Meidling, qui recueille tout ce que Vienne compte de vagabonds et d'aliénés. Ce n'est qu'au début de 1910 qu'il retrouve un logement plus décent dans le *Männerheim*, le foyer pour hommes de la Meldemannstrasse*. Il va y subsister grâce à la vente d'aquarelles qu'il peint dans le salon de lecture du foyer ; ce sont généralement des reproductions de cartes postales, dont la commercialisation est assurée au début par son « associé » Reinhold Hanish, alias Fritz Walter, un manœuvre d'occasion passablement alcoolique et souvent en délicatesse avec la loi. Ayant eu pendant huit mois l'occasion d'observer son étrange compère, Hanisch en brossera un tableau très ressemblant, notant lui aussi ses habitudes bohèmes, ses accès de paresse, son caractère instable et sa propension à discourir sans retenue dès que les pensionnaires abordent des questions « sensibles » comme l'art, la politique, l'économie, la presse ou la religion : « Lorsqu'il s'énervait, Hitler était incapable de se retenir ; il hurlait et gesticulait[3]. » Les victimes de ses plus féroces diatribes sont les sociaux-démocrates, les jésuites, les architectes viennois et

* Sans doute grâce à une aide financière de sa tante Johanna.

l'Empire austro-hongrois en général*. Là encore, les auditeurs ne semblent pas vraiment prendre au sérieux ses diarrhées verbales** et en oublient très vite la teneur, mais ils paraissent impressionnés par l'énergie et la conviction qui les animent.

Hitler va demeurer trois ans et demi dans le *Männerheim*, avant de quitter Vienne pour Munich en mai 1913 – sans doute pour échapper à la conscription. Dans la capitale bavaroise, il peint la nuit, vit chichement en vendant ses aquarelles et s'installe des heures durant dans les cafés et les brasseries, où il s'absorbe dans la lecture des journaux et se répand en réquisitoires enflammés pour tenter de faire partager aux consommateurs ses détestations politiques ou artistiques du moment. Auprès des autorités de Munich, il s'est fait enregistrer comme « peintre en architecture apatride », sans que personne ne s'avise du fait qu'il n'est rien de tout cela.

Le 1er août 1914, l'Allemagne entre en guerre, et six jours plus tard, Hitler se porte volontaire pour rejoindre l'armée bavaroise. Durant les quatre années suivantes, il va servir comme estafette sur les divers champs de bataille du front occidental, depuis l'Yser jusqu'à l'Escaut. Sa bravoure, son zèle et son habileté y sont très appréciés, il est promu caporal et décoré de la croix de fer***. Ses camarades du 16e régiment d'infanterie de réserve, dit « régiment List », reconnaissent ses qualités autant qu'ils raillent ses excentri-

---

* Par contre, Hanisch ne se souviendra pas de diatribes contre les Juifs à cette époque, sans doute parce que les œuvres charitables dont dépendait Hitler étaient financées par des Juifs, parce que les meilleurs clients de ses aquarelles étaient également juifs, et que certains de ses acolytes du moment, comme Neumann ou Robinson, l'étaient aussi.

** Hitler lui-même écrira dans *Mein Kampf* qu'il était considéré comme *ein Sonderling* – « un original » –, ce qui est sans doute une litote. Selon Franz Jetzinger, une expression autrichienne plus adéquate aurait été *ein Spintisierer* – « un homme qui bat la campagne ».

*** De 2e classe en 1914, puis de 1re classe en 1918.

cités : le caporal Hitler se porte volontaire pour partir en mission à la place des autres messagers, et il en a secouru plus d'un dans des situations difficiles ; mais l'homme est un solitaire, son sens de l'humour est limité, et il est abstinent à tous égards. Les soldats se souviendront bien d'avoir entendu « l'Autrichien » prononcer « des discours politiques[4] », notamment contre les embusqués, les défaitistes et les sociaux-démocrates*, mais ils n'en ont gardé qu'un très vague souvenir, et son supérieur, le lieutenant Max Amann, pourra dire que « ce qu'[Hitler] exprimait à l'époque n'était rien d'autre que ce que l'on pouvait attendre du soldat ordinaire. [...] Il philosophait sur les questions politiques et sur sa vision du monde à la manière primitive des petites gens[5] ».

La suite est connue : au quatrième été de la guerre, les Alliés passent à la contre-offensive, le front est crevé, les Allemands refluent vers le nord, et le 14 octobre 1918, sur les hauteurs de Wervik, Hitler est aveuglé lors d'un bombardement à l'ypérite. Alors qu'il est hospitalisé, les événements en Allemagne se précipitent : révoltes dans la flotte et les ports de la Baltique, qui s'étendent bientôt à toutes les grandes villes du pays au début de novembre ; fuite du roi Louis III de Bavière, abdication du Kaiser, proclamation de la république et signature de l'armistice le 11 novembre. Pour Hitler, qui n'a jamais admis la possibilité d'une défaite, c'est tout un monde qui s'écroule – d'autant qu'avec la défaite se profile la perspective de la démobilisation et du retour à une vie civile étriquée, sans la moindre espérance de carrière**.

---

* Des diatribes contre les Juifs font leur apparition à partir de 1916, mais elles restent rares, d'autant qu'Hitler vante par ailleurs le courage au combat de certains de ses camarades juifs, et que c'est un Juif, le lieutenant Hugo Gutmann, qui l'a proposé pour la croix de fer de 1re classe.

** Hitler n'a jamais reçu la moindre formation et n'a exercé aucun métier durant les trente premières années de sa vie.

Par des voies détournées, c'est l'aggravation de la situation en Allemagne qui va venir à son secours ; dans la plupart des villes allemandes, l'extrême gauche révolutionnaire a formé des conseils d'ouvriers et de soldats, sur le modèle bolchevique. À Munich, le 7 avril 1919, les communistes Ernst Toller, Eugen Leviné et Gustav Landauer proclament la République des Conseils, qui fait régner la terreur dans la capitale bavaroise. Mais cet intermède sanglant sera presque aussi éphémère que l'insurrection spartakiste à Berlin : le 1er mai, le gouvernement socialiste de Johannes Hoffmann, réfugié à Bamberg, lance une armée de 50 000 soldats de la Reichswehr et des corps francs lourdement armés pour reprendre Munich. Ce sera chose faite en moins de deux jours, moyennant une impitoyable répression.

Dans *Mein Kampf*, le caporal Hitler en a écrit le moins possible sur son rôle lors de ces événements, et cela se comprend aisément : alors que son régiment s'est tenu en dehors des hostilités, lui-même, en tant que *V-Mann**, semble s'être mis discrètement au service de tous les maîtres du moment, afin de retarder indéfiniment sa démobilisation. La chute de la République des Conseils et le contrôle de Munich par les militaires vainqueurs vont lui en fournir l'occasion, car les généraux, frappés par la contagion des idées bolcheviques parmi leurs hommes, ont décidé d'organiser en Bavière une contre-propagande active et durable ; c'est ainsi qu'a été créée dès le mois de mai 1919 une « section d'information » pour éduquer les militaires dans un sens « nationaliste et antibolchevique ». Sous la direction du capitaine Karl

* *Vertrauensmann*, littéralement « homme de confiance », ainsi qu'Hitler est désigné dans les registres militaires de l'époque. Cette appellation élastique peut désigner à la fois un représentant, un intermédiaire, un agent… et surtout un indicateur. Hitler a manifestement rempli tous ces rôles, successivement ou simultanément.

Mayr, cette section entreprend donc de recruter des *Propagandaleute*, des agents de propagande chargés de porter la bonne parole parmi les troupes. Hitler se porte volontaire, et le capitaine Mayr donnera ainsi ses premières impressions du *V-Mann* autrichien : « Il ressemblait à un chien errant fatigué à la recherche d'un maître, [...] et prêt à suivre quiconque le traiterait avec bonté. [...] Le sort du peuple allemand lui était parfaitement indifférent[6]. » Il n'en est pas moins recruté et affecté aux premiers cours de formation pour « instructeurs antibolcheviques », dispensés à l'université de Munich entre le 5 et le 12 juin 1919.

« Ces cours, reconnaîtra Hitler, eurent pour moi de grandes conséquences. » On y parle de l'histoire allemande depuis la Réforme, des aspects politiques de la Grande Guerre, de la théorie et de la pratique du socialisme, des rapports entre politique extérieure et politique intérieure, et même d'économie – ce dernier cours étant enseigné par Gottfried Feder, un autodidacte exalté qui milite pour la « rupture de l'asservissement aux intérêts du capital » et contre la « haute finance internationale contrôlée par les Juifs ». Tout cela exerce une influence certaine sur Hitler : « Dans le cours de Feder, je pressentis un puissant mot d'ordre pour la lutte à venir. » Dans les autres cours aussi, du reste, car ce que recherche instinctivement Hitler, ce sont avant tout des slogans propres à galvaniser l'auditoire. Il y réussit manifestement, puisqu'un autre professeur, Karl Alexander von Müller*, se souviendra qu'au sortir d'une classe, il avait remarqué que « les hommes paraissaient hypnotisés par un des leurs qui les haranguait avec une passion croissante et une voix curieusement gutturale. J'avais l'étrange impression qu'il était à l'origine de leur excitation, et qu'en même temps,

* Qui enseigne l'« histoire politique de la guerre », d'après le programme de la formation.

ils l'inspiraient à leur tour[7] ». De fait, cette mystérieuse interaction entre l'orateur et l'auditoire est déjà caractéristique du discours d'Hitler…

Le 20 août 1919, le capitaine Mayr l'envoie donc avec vingt-cinq autres propagandistes au camp militaire de Lechfeld, près d'Augsbourg ; leur mission est de haranguer des soldats récemment libérés de captivité à l'Est, que l'on soupçonne d'avoir été « infectés par le bolchevisme ». Hitler, qui se décrit abusivement dans *Mein Kampf* comme « officier instructeur* », est là dans son élément. « Je me mis à l'œuvre avec le plus grand enthousiasme, car on m'offrait soudain l'occasion de parler devant un plus large auditoire[8]. » Ses discours seront naturellement des régurgitations des cours reçus à Munich : « Qui est responsable de la Grande Guerre ? » ; « La République des Conseils » ; « Socialisme et bolchevisme », « L'iniquité du traité de Versailles** » et « L'asservissement à la haute finance juive internationale ». Les autres instructeurs font les mêmes cours, mais ce sont ceux d'Hitler qui produisent le plus gros effet : il a un ton, une gestuelle, un langage, une énergie et une logique qui semblent captiver les soldats***. « Ce que j'avais toujours pressenti sans en avoir vrai-

* Ce qui n'est guère crédible, un caporal n'étant pas un officier.

** Qui a été signé deux mois plus tôt, le 28 juin 1919. Il sépare l'Allemagne de la Prusse-Orientale par le corridor de Dantzig, lui impose l'occupation de la rive gauche du Rhin, la réduction de son armée à 100 000 hommes, la livraison d'énormes quantités de matériel, ainsi que des réparations qui seront fixées ultérieurement à 226 milliards de marks-or ; une clause morale comporte également la reconnaissance par l'Allemagne de sa responsabilité dans le déclenchement de la guerre.

*** L'un d'eux mentionnera les « conférences passionnées de Herr Hitler », un second déclarera qu'il « monopolise l'attention de ses auditeurs avec ses commentaires », et un troisième que « Herr Hitler est un orateur populaire-né, qui, par son style fanatique et populiste lors d'une réunion, oblige son auditoire à prendre en compte et à partager ses points de vue ».

ment conscience se confirmait à présent : j'étais capable de "discourir" [...]. Rien ne pouvait me faire plus plaisir, car cela me permettait, avant même ma démobilisation, de servir utilement au sein d'une institution qui me tenait infiniment à cœur : l'armée[9]. » Certes, et comme l'espérait Hitler, son talent particulier va retarder l'échéance de sa démobilisation ; d'autant que dans l'armée bavaroise, qui vient d'être incorporée à la Reichswehr nationale, le capitaine Mayr dirige toujours la section d'information, et qu'il a d'autres missions à confier au caporal Hitler. Après tout, cet agent de propagande est resté un *V-Mann*, et Mayr doit maintenir sous surveillance une cinquantaine de petites organisations extrémistes ; le 12 septembre 1919, Hitler est donc chargé d'assister à une réunion du *Deutsche Arbeiterpartei* – le Parti des travailleurs allemands –, pour faire ensuite son rapport à la section d'information.

À la brasserie Sterneckerbräu, où se tient la réunion du DAP, Hitler découvre un rassemblement d'une vingtaine de membres « appartenant principalement aux couches inférieures de la société », et après deux heures passées à écouter les intervenants, il en retire « une impression ni bonne ni mauvaise »[10] : voilà un petit parti d'extrême droite protestataire et sans doute éphémère, comme il y en a tant d'autres à Munich en 1919. Mais pour finir, un homme se prononce en faveur du séparatisme bavarois, et Hitler le contredit impulsivement, avec une fougue et une habileté qui laissent les auditeurs pantois. À la fin de la séance, le chef du parti, Anton Drexler, manifestement subjugué, lui remet une brochure rédigée de sa main, intitulée *Mein politisches Erwachen* (« Mon éveil politique »), en l'invitant à se joindre au parti.

Hitler prétendra avoir beaucoup hésité, mais c'est en fait le capitaine Mayr lui-même qui ordonne à son agent d'adhérer au DAP pour aider à son développement, en lui donnant à cet effet 20 marks-or par semaine. Pour ce caporal toujours menacé par la démobilisation, c'est une aubaine ; il garde sa place au sein de l'armée, qui le paie de surcroît pour exercer ses talents d'orateur et d'agitateur au sein d'un petit parti nationaliste, populaire, antisocialiste et antisémite. Peu avant la fin de septembre 1919, Adolf Hitler rejoint donc les rangs du DAP, un parti qui, après moins d'un an d'existence, n'a que cinquante-cinq membres, trois douzaines d'auditeurs occasionnels, 7 marks et 50 pfennigs en caisse, pas de bureau, pas de programme, pas de téléphone, pas de machine à écrire et pas même un tampon…

Hitler va changer tout cela ; nommé au bureau politique, ce virtuose de la propagande prend la parole dès le 16 octobre à la Hofbräukeller, la grande brasserie de la Wienerstrasse. Cette fois, il ne s'agit plus de vociférer devant les quelques auditeurs distraits du *Männerheim* de Vienne, des cafés de Munich ou des tranchées de la Somme, ni même de haranguer l'audience captive du camp de Lechfeld : parmi les remugles de bonne bière et de mauvais cigares, les quelque cent vingt habitués de la brasserie présents ce jour-là sont fort peu commodes, surtout après boire… Pourtant, Hitler parvient d'emblée à électriser l'auditoire, et il est acclamé à l'issue de sa prestation. Après cela, la confiance venant, ce soldat inconnu repeint en agitateur public va parler devant des rassemblements de plus en plus nombreux : 400 personnes en novembre 1919 à l'Eberbräukeller, 2 000 en février 1920 à la Hofbräuhaus, plus de 6 000 au Circus Krone un an plus tard – tout cela avec une voix de baryton et sans haut-parleur. Ses thèmes sont immuables : nationalisme, antisémitisme, antisocialisme, antiparlementarisme, anticapitalisme, anticommunisme, dénonciation des « criminels de Novembre », du « diktat » de Versailles, des exploiteurs du peuple et des « traîtres judéo-marxistes » de Berlin, appel au patriotisme, à la fierté nationale et à la solidarité des anciens combattants, perspectives de revanche, de prospérité et de puissance... Les promesses sont démagogiques, les analyses simplistes, les accusations outrancières et les répétitions innombrables, mais elles n'en exercent pas moins un attrait certain sur des Munichois frappés de plein fouet par la défaite, la terreur rouge*, le chômage, la pénurie alimentaire, la dévaluation de la monnaie et la crise du logement. D'innombrables propagandistes d'extrême droite exploitent déjà ces mécontentements, mais Hitler, lui, est un *Sprachmensch*, un orateur virtuose qui fait appel à l'émotion plutôt qu'à l'intellect, en parlant un langage simple et en lançant des slogans réducteurs qui annihilent l'esprit critique et déchaînent les passions.

Bien des témoins de ses discours ont décrit l'effet hypnotique produit par ce mélange de conviction, de violence, d'ironie, d'exaltation, de haine, de logique, d'humour, d'indignation, de fantasmes et d'invectives que prononce avec une stupéfiante variété de mouvements et d'inflexions** cet homme au costume bleu bon marché, au physique insignifiant, à la moustache courte, à la mèche rebelle et aux yeux de fanatique. Pour l'avoir entendu parler une seule fois, des hommes de toutes conditions décident de le suivre et de le soutenir : l'aviateur vétéran Rudolf Hess, l'architecte balte Alfred Rosenberg, le fonctionnaire de police Wilhelm Frick, l'éditeur d'art germano-américain Ernst Hanfstaengl, l'étudiant

---

* Propre à créer l'antisémitisme dans l'esprit populaire, en raison du nombre de chefs révolutionnaires allemands qui étaient juifs, comme Eisner, Hirsch, Cohn, Leviné, Toller, Axelrod, Mühsam, Wadler, Tucholski, Heilmann, Münzer, et bien sûr Rosa Luxemburg.

** Les talents d'imitateur d'Hitler sont remarquables, et contribuent largement au succès de ses discours. Les colères feintes et les accès de larmes donnent également à l'auditeur réceptif une grande impression de sincérité. Quant aux vociférations apparemment incontrôlées mais savamment étudiées, elles ne se généraliseront qu'après la prise de pouvoir.

nationaliste Hans Frank, l'ingénieur civil Kurt Daluege, l'ancien sergent du 16e régiment Max Amann, l'instituteur antisémite Julius Streicher, le socialiste et pamphlétaire exalté Hermann Esser, le maquignon, souteneur et videur de bar Christian Weber, le colonel de la Reichswehr Ritter von Epp, le photographe alcoolique Heinrich Hoffmann, l'ancien consul Max von Scheubner-Richter, le lutteur de foire et apprenti boucher Ulrich Graf, le comte nationaliste Ernst von Reventlow, l'économiste anticapitaliste Gottfried Feder, le capitaine et intendant de division Ernst Roehm, le lieutenant de corps franc Gerhard Rossbach, l'horloger et repris de justice Emil Maurice, le chef de la police munichoise Ernst Poehner, le pharmacien socialisant Gregor Strasser, l'agronome éleveur de poulets Heinrich Himmler, le poète opiomane Dietrich Eckart* et l'homme d'affaires dilettante Kurt Lüdecke, qui résumera assez fidèlement la réaction générale en livrant ses premières impressions de l'orateur : « Un homme mince, pâle, avec des cheveux brun foncé peignés sur le côté, qui ne cessaient de retomber en mèches sur son front en sueur. Tour à tour menaçant et implorant, il avait l'air d'un fanatique. [...] Mes facultés critiques ont été balayées. Il tenait les masses, et moi avec elles, sous une influence hypnotique par la simple force de sa conviction. [...] J'ai ressenti une exaltation qui ne pouvait s'apparenter qu'à une conversion religieuse. » Et tout comme le professeur von Müller avant lui, Lüdecke note cet étrange phénomène d'interaction entre l'orateur et la foule : « Il me paraissait évident qu'Hitler intériorisait l'exaltation émotionnelle que lui renvoyaient ses milliers d'auditeurs. [...]

---

* Traducteur du *Peer Gynt* d'Ibsen, rédacteur en chef du journal satirique et antisémite *Auf Gut Deutsch*, il sera à maints égards le père spirituel d'Hitler, lui procurera d'énormes sommes d'argent et de précieuses relations.

Être placé entre sa voix et la réaction des masses revenait à se trouver au milieu d'un puissant champ magnétique. On pouvait être repoussé ou attiré, mais on était électrisé[11]. » Le pharmacien de Landshut Gregor Strasser confirmera qu'« il émanait de lui quelque chose, une suggestion, à laquelle il était difficile de se soustraire[12] ».

C'est sans doute l'étudiant et futur chef des Jeunesses hitlériennes Baldur von Schirach qui décrira le mieux le déroulement pratiquement immuable d'un discours d'Hitler : « Il commençait tout bas, sur un ton presque hésitant. Il créait ainsi un effet de surprise sur ceux qui l'entendaient pour la première fois et qui s'étaient attendus à une fanfare révolutionnaire, ce qui faisait régner le silence et forçait l'assemblée à l'écouter. [...] Son début calme faisait se dire à l'auditeur : cet homme pense, il réfléchit avant de parler. La longue première demi-heure, consacrée la plupart du temps à une récapitulation historique, ancrait en lui la certitude : cet homme connaît l'histoire ; ses idées ne datent pas d'aujourd'hui. Hitler avait une prédilection pour les mots d'origine étrangère, et ses auditeurs se disaient : cet homme est cultivé. Hitler s'échauffait, précipitait le *tempo* dès qu'il en venait aux questions actuelles. Il savait moduler sa voix selon qu'il accusait, injuriait ou ridiculisait des ennemis et des hommes d'État. Et les auditeurs se disaient : cet homme a raison. Après ce premier tiers du discours, au bout d'une demi-heure environ, il y avait la première vague d'applaudissements. Cela inspirait Hitler. Sa forme semblait en dépendre et se déchargeait en une cascade de phrases. Mais en réalité, il tenait fermement la bride. D'un geste de la main, il effaçait les applaudissements et reprenait tout bas, raccrochant le sujet là où il avait commencé. La même progression du *pianissimo* au *fortissimo* et au *furioso* se répétait dans le déroulement du discours. À chaque fois, il précipitait le *tempo*, à chaque fois il atteignait plus vite le prochain sommet, toujours plus haut, et au bout d'une heure et demie – c'était la durée habituelle des discours d'Hitler –, il avait amené les auditeurs si loin que chaque phrase leur arrachait des applaudissements[13]. »

L'éditeur et musicien Hanfstaengl, entendant lui aussi Hitler pour la première fois, le comparera à « un violoniste de talent » dont « la maîtrise de la voix, de la rhétorique et de la mise en scène n'a jamais été égalée. [...] Sa technique rappelait les attaques et les esquives d'un escrimeur, ou encore l'équilibre parfait d'un funambule. [...] Son premier secret résidait dans le choix des mots : il avait adopté le langage de camaraderie informelle des tranchées, et sans s'abaisser jusqu'à l'argot, il parvenait à parler comme un voisin de son auditeur. Lorsqu'il décrivait les difficultés de la ménagère qui n'avait pas assez d'argent pour acheter au *Viktualenmarkt* les produits alimentaires nécessaires à sa famille, il utilisait exactement les expressions qu'elle aurait employées elle-même pour décrire ses difficultés, si elle avait pu les formuler. Alors que d'autres orateurs au niveau national donnaient la pénible impression de prendre leurs auditeurs de haut, lui avait le don inappréciable d'exprimer exactement leurs pensées. [...] Je regardai les membres de l'assistance ; le brouhaha et le cliquetis des chopes avaient cessé, et ils buvaient chacune de ses paroles. À quelques mètres de moi, il y avait une jeune femme dont les yeux étaient rivés sur l'orateur. Comme saisie d'une extase mystique, elle ne s'appartenait plus et était entièrement sous l'emprise de la foi despotique d'Hitler en la grandeur future de l'Allemagne[14] ».

Mais Hitler lui-même ne s'élève-t-il pas au fil de son discours jusqu'à une sorte d'extase ? Hermann Rauschning affirmera en effet qu'il « se droguait avec la morphine de son propre verbiage[15] », et il faut reconnaître que le contraste est saisissant entre l'orateur en transanse devant la foule et le personnage hésitant et insignifiant qu'il redevient une fois descendu de la tribune. Pour Hitler, du reste, même la prise de congé nécessite une technique particulière ; il s'agit de quitter les lieux sans délai, pendant que retentissent les premiers accents de l'hymne national : « La plupart des orateurs, dira-t-il, commettent la grossière erreur de rester à la traîne une fois leur discours terminé. Cela ne peut que décevoir, car les discussions et les objections peuvent ruiner entièrement des heures d'efforts oratoires[16]. » On voit que l'homme est déjà un professionnel qui ne laisse rien au hasard…

En tout cas, de telles performances permettent de multiplier sans cesse le nombre des adhérents : d'une cinquantaine de membres à la fin de 1919, ils sont 200 en janvier 1920, 2 000 en janvier 1921, 3 300 en août, 6 000 au début de 1922, 22 000 en février 1923 et 55 000 neuf mois plus tard… Cette augmentation exponentielle étant manifestement attribuable à l'orateur vedette Adolf Hitler, son influence à l'intérieur du parti s'en est trouvée considérablement renforcée : en juillet 1921, il a éclipsé Drexler pour devenir le seul chef du parti ; rebaptisé NSDAP*, celui-ci se fait connaître dans toute la Bavière par ses campagnes de distribution de tracts, son drapeau à croix gammée et son journal nouvellement acquis, le *Völkischer Beobachter.* Hitler, finalement démobilisé à l'été 1922, conserve son prestige d'ancien combattant, de précieuses relations au sein de la Reichswehr et de nombreuses sympathies dans les milieux d'extrême droite. L'adulation des foules aidant, il a vu grandir démesurément ses ambitions politiques, et il commence à se faire appeler *Der Führer*, à l'imitation d'un Mussolini installé au pouvoir à Rome depuis la fin

* *Nationalsozialistische Deutsche Arbeiterpartei* : Parti national-socialiste des travailleurs allemands.

de 1922. Tout comme le Duce, du reste, Hitler dirige désormais son parti en autocrate.

C'est pourtant un autocrate désordonné : au désespoir des membres de son entourage immédiat – Rosenberg, Hess, Eckart, Hanfstaengl, Esser, Amann et Drexler –, le nouveau chef, qui a repris ses habitudes bohèmes, est allergique à tout travail de bureau, se lève à midi dans son minuscule meublé de la Thierschstrasse, est presque impossible à joindre dans l'après-midi, tient salon au café Neumaier après 17 heures, et remet sans cesse à plus tard les décisions essentielles, pour les prendre ensuite brusquement, instinctivement et sans grand souci des contingences comme des conséquences ; Hitler n'a pas de montre et n'en aura jamais[17], il est toujours en retard, honore rarement ses rendez-vous et ne consigne rien par écrit ; il écoute peu, méprise beaucoup, se sent mal à l'aise au sein de groupes qu'il ne contrôle pas[18], fuit les confrontations individuelles et déconcerte ses contradicteurs par de brusques accès de rage. Croyant pouvoir tout régler par des discours, il rejette sur ses subordonnés la responsabilité de ses propres erreurs, tout en comptant sur eux pour faire vivre au quotidien un parti chroniquement à court de ressources : « Bien des fois, se souviendra Kurt Lüdecke, alors que nous devions coller des affiches annonçant un rassemblement destiné à changer la face du monde, nous manquions d'argent pour payer la colle[19]. »

Mais les rassemblements se poursuivent dans les brasseries, et Hitler en reste la principale attraction. Ce n'est d'ailleurs pas sans risques, car il y a toujours des socialistes ou des communistes pour faire le coup de poing. Le parti a donc recruté une *Saalchutz** : 300 gros bras chargés d'assurer la sécurité des réunions, sous la direc-

* « Protection de salle ».

tion du lieutenant Klintzch. En octobre 1922, ce service de protection très renforcé, rebaptisé *Sturmabteilung** (SA), est repris en main par le capitaine Hermann Goering, un aviateur très décoré de la Grande Guerre tombé lui aussi sous le charme particulier d'Adolf Hitler ; la SA compte bientôt 5 000 hommes regroupés en unités paramilitaires, qui s'entraînent, défilent, intimident les opposants et se distinguent lors des batailles de rues avec les socialistes et les communistes. Le capitaine Ernst Roehm, devenu officier d'intendance dans la Reichswehr, pourra leur fournir au moment opportun les armes et les équipements nécessaires à des opérations plus ambitieuses. Or, ce sont précisément celles auxquelles pense le maître du NSDAP : à force de prononcer des discours belliqueux et de passer en revue ses « troupes », ce caporal décoré de la croix de fer voit grandir en lui la vocation d'un dictateur politique doublé d'un grand chef militaire. Délaissant des lectures plus légères, il se plonge dans les écrits de Frédéric II, Napoléon et Clausewitz ; son étonnante mémoire lui permet d'absorber énormément d'informations, mais il n'en retient que ce qui correspond à ses idées préconçues – qui vont rapidement se retrouver dans ses discours comme dans ses actions politiques.

Les deux se trouvent intimement liés durant les dix années qui suivent, car Hitler pense pouvoir prendre le pouvoir par la seule force de la parole – puissamment soutenue par la mise en scène et l'intimidation. Sa première initiative en ce sens est le putsch du 8 novembre 1923 : depuis la salle enfumée d'une brasserie munichoise, avec quelques dizaines de SA derrière lui, Hitler proclame dans un discours enflammé la déchéance du gouvernement bavarois et la destitution du « gouvernement juif de Berlin ». Même en tenant compte des

* « Section d'assaut ».

conditions particulières de l'époque*, c'est miser excessivement sur la puissance du verbe, et la marche sur le centre de Munich le lendemain se solde par un sanglant échec, qui fait huit morts lorsque la police tire sur le cortège devant la Feldherrnhalle. Mais lorsqu'il est jugé trois mois plus tard pour haute trahison et soulèvement armé, l'accusé Hitler se fait accusateur et transforme le tribunal en tribune : « Je suis le seul responsable, mais je ne suis pas un criminel pour autant. [...] Il ne peut y avoir de haute trahison contre les traîtres de 1918. Je ne peux être accusé de haute trahison, car la trahison n'aurait pas été liée aux événements du 8 novembre, mais à toutes nos activités et à tout notre état d'esprit au cours des mois précédents – et dans ce cas, je me demande pourquoi ceux qui ont fait exactement comme moi ne sont pas assis à mes côtés sur le banc des accusés. [...] Vous pouvez nous prononcer mille fois coupables, mais cela fera rire la déesse de l'éternel tribunal de l'histoire, qui déchirera en mille morceaux le réquisitoire du procureur et la sentence de cette cour[20]. »

Ces interminables logorrhées, pouvant durer jusqu'à quatre heures, ont sur les juges un effet à la fois soporifique et hypnotique. Le verdict prononcé le 1er avril 1924 sera de cinq années de forteresse, diminuées des cinq mois déjà passés en prison et assorties d'une promesse tacite de libération anticipée**. Mais pour Hitler,

---

* Le triumvirat au pouvoir en Bavière, von Kahr, von Lossow et von Seisser, a été pris en otage dans la brasserie, et Hitler s'est assuré la complicité du général Ludendorff. En outre, les relations entre Berlin et Munich étaient très tendues, et le triumvirat précité avait des projets de sécession et de restauration monarchique.

** Ses principaux complices, Roehm, Wagner, Brückner, Pernet, Weber, Frick et Kriebel, sont condamnés à la même peine, mais Ludendorff est acquitté. La clémence des sentences s'explique par le fait que les autorités bavaroises voulaient éviter que les projets sécessionnistes du triumvirat soient révélés au grand jour.

le principal est acquis : après une tentative de putsch qui l'avait fait sombrer dans le ridicule, sa prestation devant les juges l'a fait connaître bien au-delà de la Bavière ; son emprisonnement en fera un martyr de surcroît...

Hitler entame sa captivité dans des conditions de confort très acceptables : selon Lüdecke, la forteresse de Landsberg ressemble davantage à un sanatorium qu'à une prison, et si l'on en croit Hanfstaengl, il y a même des sanatoriums plus austères[21]. Bien sûr, Hitler ne peut plus haranguer les foules, mais il fera mieux encore : sans doute encouragé par ses compagnons de captivité[22], il dicte à son « secrétaire » Rudolf Hess un long texte tenant à la fois du pamphlet, de l'autobiographie et du programme politique. On y trouve une version très idéalisée de ses jeunes années, de ses faits de guerre et de son engagement politique, une vision hautement mégalomane de l'expansion du futur Reich allemand, ainsi que de longs développements sur les races, le marxisme, les Juifs, le parlementarisme, la monarchie et les « criminels de Novembre » – le tout voisinant avec des digressions incongrues sur le déclin du théâtre et les ravages de la syphilis... Mais ce qui passe bien dans les discours est assommant à lire : « Je ne suis pas un écrivain, avouera Hitler, les pensées me fuient lorsque j'écris[23]. » La syntaxe aussi : il faudra au moins cinq correcteurs pour remédier à son style d'écolier attardé*. Ce livre, que Max Amann finit par intituler *Mein Kampf*, se vendra beaucoup et se lira très peu durant la décennie suivante**.

---

* Rudolf Hess, Ernst Hanfstaengl, Max Amann, le père Bernard Stempfle et l'imprimeur du parti Adolf Müller. Le Balte Rosenberg, qui a inspiré bien des développements sur la politique extérieure, ne pouvait guère contribuer à l'amélioration du texte, son allemand étant des plus déficients.

** Les hiérarques du parti, à commencer par Goering, se vanteront même de ne l'avoir jamais lu. Mais sa vente au cours des dix années suivantes fera d'Hitler un homme riche.

Lorsque Hitler est libéré de Landsberg le 20 décembre 1924, il retrouve un NSDAP clandestin déchiré par d'incessantes querelles entre ses lieutenants : il y a au moins trois factions antagonistes*, et Roehm, tout en maintenant intacte la SA sous le nom de *Frontbann*, l'a quelque peu détachée du parti. En outre, les autorités ont enlevé à Hitler son arme la plus redoutable : il lui est interdit de parler en public dans l'ensemble du pays. Enfin, la situation économique et politique a commencé à s'améliorer, ce qui ne peut que gêner un parti national-socialiste qui ne prospère que sur le terreau de la ruine économique, de la faiblesse gouvernementale et du mécontentement populaire.

En grande partie par la force du discours, mais aussi par l'intimidation et la corruption, Hitler parvient à rétablir son autorité sur le parti, en écartant les rivaux potentiels comme Feder et Exner, en isolant Gregor Strasser et en se subordonnant les « vétérans » Rosenberg, Esser, Hess, Streicher, Lüdecke et Goering**. Mieux encore, il va attirer à lui certains proches de Strasser, comme Himmler et Goebbels, et d'autres personnages aux relations utiles, comme Otto Dietrich, fils d'une grande famille industrielle de la Ruhr, et le prince August Wilhelm, deuxième fils du Kaiser. Il reprend également en main les SA, en remplaçant Roehm par le capitaine Franz Pfeffer von Salomon, et il prend la parole lors de réunions secrètes des sections régionales du parti en Allemagne du Sud, sous le pseudonyme de « Herr Wolf ». Parallèlement, il travaille à l'écriture du second tome de *Mein Kampf* et envoie les meilleurs orateurs du parti – Esser, Goebbels,

* La première fraction comprend Rosenberg, Ludendorff et Gregor Strasser ; la deuxième Esser et Streicher ; la troisième Anton Drexler et Gottfried Feder.

** Revenu en 1927 de Suède, où il s'était exilé après l'échec du putsch de Munich.

Strasser et Goering – porter la bonne parole en Allemagne du Nord. Mais dans une nation qui retrouve progressivement sa prospérité et est présidée depuis 1925 par le prestigieux maréchal Hindenburg, le NSDAP a beaucoup perdu de son audience, à tel point qu'en 1927, le ministère de l'Intérieur le considère comme « numériquement insignifiant et hors d'état d'exercer une influence notable sur les masses comme sur l'évolution politique du pays ». Il est vrai qu'aux élections législatives de l'année suivante, ce parti de 100 000 membres ne recueille que 2,6 % des voix ; en outre, il est chroniquement à court de ressources.

Pourtant, le gouvernement de Berlin sous-estime nettement la menace : les SA se sont beaucoup développés sous l'autorité du successeur de Roehm, et ils tiennent la rue contre les milices ouvrières, tout en participant à des défilés propres à séduire les jeunes et à intimider leurs aînés – notamment lors des rassemblements annuels du parti à Nuremberg ; à leurs effectifs sont venus s'ajouter ceux des SS : 200 hommes au départ, qui forment la garde personnelle du Führer. D'autre part, grâce aux relations de Goering et de Dietrich, le NSDAP va recevoir des subsides de certains magnats de la Ruhr, comme Emil Kirdorf et Fritz Thyssen. Enfin et surtout, l'interdiction faite à Hitler de s'exprimer en public est levée dès 1927 en Bavière et l'année suivante dans toute l'Allemagne, lui restituant ainsi son arme la plus dangereuse : la parole. La désunion des autres partis, les faiblesses de la Constitution de Weimar, et surtout la grande crise économique qui se profile vont donner à cette parole une portée démesurée. Entre septembre 1930 et novembre 1932, il y aura quatre campagnes électorales majeures, et l'orateur Hitler va y déployer une activité stupéfiante – dont le témoignage de ses collaborateurs donne un aperçu édifiant…

« L'équipe, se souviendra Ernst Hanfstaengl, était composée des aides de camp Brückner et Schaub, du garde du corps Sepp Dietrich, [...] d'Otto Dietrich, de Heinrich Hoffmann, du pilote Baur et de moi-même. Nous avons dû visiter chaque ville allemande plusieurs fois, [...] mais pour Hitler, cela aurait pu tout aussi bien être la brasserie Burgerbräu ou le Sportpalast. Où que nous allions, il créait une hystérie de masse entre quatre murs, le reste du temps étant passé en déplacements et en repos nocturne. Lorsqu'il ne faisait pas de discours, il s'enfermait dans un hôtel pour essayer de régler les querelles entre organisations locales du parti. [...] Pour le reste, c'était exactement comme si l'on accompagnait un musicien en tournée. Il faisait sa prestation, pliait bagage et partait pour la ville suivante. Dans l'intervalle, il n'y avait guère de temps pour autre chose que la récupération. Nous en étions réduits au rôle d'assistants du boxeur, qui lui passaient l'éponge entre les reprises, tandis qu'il reprenait son souffle et ses esprits[24]. »

Mais les discours d'Hitler n'ont rien d'improvisé, même s'ils sont souvent préparés au dernier moment : l'orateur vedette du parti peut passer de longues journées dans l'oisiveté la plus totale, comme un crocodile sommeillant dans la boue du Nil, essayer des phrases et des slogans au milieu du cercle étroit de ses acolytes[25], puis se mettre à marcher de long en large dans sa chambre pendant des heures[26], et enfin noter frénétiquement, comme en transe, des bribes de phrases sur une dizaine de petites feuilles – guère plus de quinze ou vingt mots par page, chacune suffisant à inspirer un quart d'heure de discours. Il peut compter sur sa mémoire infaillible, mais il répète sans fin les passages importants devant un miroir, et « se comporte comme un acteur anxieux avant son entrée en scène[27] ». L'organisation des réunions le préoccupe également au plus haut point : il ne se manifestera que s'il est sûr que la salle est comble. « Je ne peux pas me permettre de parler devant une salle à moitié pleine », confie-t-il à Baldur von Schirach, qui recevra des directives organisationnelles extrêmement précises : « Pas de pupitre d'orateur sur la scène, mais un podium assez bas au centre de la salle dans sa longueur, pour qu'il puisse faire face à l'assemblée dans toute sa largeur. Une petite table basse pour y poser ses notes. Dans tous ses discours, celles-ci se composaient de huit ou dix petites feuilles remplies de quelques mots clés sur lesquels il jetait un coup d'œil de temps en temps. Il lui fallait une bouteille d'eau minérale et un verre à portée de la main. Hitler tenait à ces dispositions. Il ne voulait pas avoir l'air d'un professeur faisant un cours ou d'un vulgaire orateur de fête. Il fallait que les gens voient qu'il improvisait. Et Hitler ne voulait pas seulement être entendu, mais aussi être vu. Le geste était pour lui un moyen d'expression aussi essentiel que le mot[28]. » De fait, le mouvement des mains et des bras joue un rôle majeur dans la prestation : poings serrés devant la poitrine, index menaçant ou pointé vers le ciel, mains jointes comme en prière, mouvements convulsifs des bras – et il gesticule à tel point que son costume bleu bon marché, trempé de sueur*, déteint invariablement sur ses sous-vêtements[29].

Mais il y autre chose, que von Schirach mentionne comme en passant : « Hitler était très dépendant de la manière dont ses réunions étaient ouvertes. Il fallait que les mots d'introduction du présentateur de la réunion mettent la foule à son diapason[30]. » Tout est en effet

---

* Il estimera lui-même qu'il perdait toujours entre deux et trois kilos lors de ses prestations. Selon le professeur Johannes von Müllern-Schönhausen, c'est le « mage » Hanussen qui lui aurait enseigné l'art de se servir de ses mains. Mais Hitler n'apprenait de personne, et Hanussen était juif… Par contre, son photographe Hoffmann a conservé neuf photos indiquant qu'il étudiait soigneusement ses poses, ne conservant que les plus efficaces.

dans le diapason, et c'est là qu'il faut rechercher le principal secret du discours hitlérien. Un témoin peu complaisant, Otto Strasser, en donnera la description suivante : « Adolf Hitler entre dans une salle. Il hume l'air… pendant quelques minutes il tâtonne, cherche, s'adapte. Brusquement il se lance : “L'individu a cessé de compter… L'Allemagne fut foulée aux pieds, l'union des Allemands, la subordination de chacun aux intérêts de la collectivité est indispensable. Je vous rendrai votre honneur, je ferai de l'Allemagne une invincible puissance…” Son discours part comme une flèche, il touche au vif la plaie de chacun, il libère le subconscient de la foule… il dit ce que le *cœur* des gens qui l'écoutent veut entendre. […] Un somnambule, en vérité, un médium comme en engendrent les époques les plus troublées de l'évolution humaine. Que de fois on m'a demandé en quoi consistait l'extraordinaire pouvoir de l'orateur Hitler. Je ne saurais l'expliquer autrement que par cette intuition miraculeuse, qui lui transmet l'infaillible diagnostic du mal dont souffre son auditoire[31]. » Cet « extraordinaire sismographe des âmes » fera exactement la même impression sur Hanfstaengl : « Le cerveau d'Hitler était une sorte de gelée primaire ou d'ectoplasme, qui vibrait en réaction à toutes les impulsions de son environnement. […] Il avait ce don de caméléon consistant à refléter les aspirations des masses, et d'une façon ou d'une autre, leur message lui était transmis sur une fréquence qui n'était pas celle du discours, mais celle d'un autre type de vibration auquel il était réceptif. […] Il projetait en quelque sorte des impulsions de sonar, et en peu de temps, il avait sur son écran mental une image bien distincte de la longueur d'onde, des aspirations et des émotions secrètes de son vis-à-vis. […] Il avait les facultés d'un médium, qui absorbait et exprimait, par induction et par osmose, les craintes, les ambitions et les émotions de tout le peuple allemand[32]. »

Hermann Rauschning, le président du sénat de Dantzig, en aura la confirmation de la bouche même du Führer : « Il devinait avec une intuition infaillible, me dit-il, les sentiments de la foule, ce qu'on pouvait lui demander et ce qu'il était dangereux de lui dire*. C'était là, assurait-il, un don qu'on avait ou qu'on n'avait pas. Il l'avait de naissance, à un tel degré que personne ne pouvait lui en remontrer[33]. » Et c'est avec réticence que Rauschning en arrive aux mêmes conclusions que les témoins précédents : « On est obligé de penser aux médiums. La plupart du temps, ce sont des êtres ordinaires, insignifiants. Subitement, il leur tombe comme du ciel des pouvoirs qui les élèvent bien au-dessus de la commune mesure. Le médium en est possédé. Délivré de son démon, il retombe dans la médiocrité. C'est ainsi que, incontestablement, certaines forces traversent Hitler, des forces quasi démoniaques, dont le personnage nommé Hitler n'est que le vêtement momentané. Cet assemblage du trivial et de l'extraordinaire, voilà l'insupportable dualité que l'on perçoit dès qu'on entre en contact avec lui. Cet être aurait pu être inventé par Dostoïevski. Telle est l'impression que donne, dans un bizarre dosage, l'union d'un désordre maladif et d'une trouble puissance. [...] J'ai souvent eu l'occasion de me scruter moi-même, tout à fait froidement, et j'avoue qu'en présence d'Hitler, je me suis senti sous une emprise que j'ai eu quelque peine à secouer ensuite[34]. » L'officier et historien Percy Ernst Schramm, qui a pu observer Hitler de près pendant des années, ne dira pas autre chose : « Il est presque impossible de faire comprendre l'impact de la personnalité d'Hitler à ceux qui n'y ont pas été exposés. Sa force était telle qu'elle semblait

---

* Autre confidence d'Hitler : « Celui qui ne comprend pas le caractère intrinsèquement féminin des masses ne fera jamais un bon orateur. »

parfois s'apparenter aux radiations d'un champ magnétique. Leur intensité pouvait être si forte qu'elle en était presque physiquement perceptible[35]. » Et Hermann Rauschning d'en conclure : « C'est, malgré tout, un type d'homme très singulier. Rien ne sert de le considérer comme un pantin dont on peut se moquer en même temps que de soi-même. On approche davantage de la vérité en pensant au magnétisme du médecin célèbre, du grand charlatan[36]. »

Bien sûr, le charlatanisme est perceptible lorsqu'on se dégage de l'emprise du personnage, comme le montre bien Otto Strasser : « S'il essaye d'étayer ses discours de théories savantes, extraites d'œuvres incomplètement comprises, il ne se hausse guère au-dessus d'une pauvre médiocrité. [...] Il ne cherche pas à prouver ses assertions, il est fort surtout lorsqu'il parle de valeurs abstraites. Honneur, patrie, peuple, famille, fidélité, prennent dans sa bouche une signification insoupçonnée. "Quand un peuple veut la liberté, les armes poussent dans sa main... Quand un peuple a perdu la foi dans la force de son glaive, il est voué à la plus lamentable destruction." L'intellectuel [...] rougit de leur platitude, de leur grandiloquence vide[37]. » Et von Schirach, de même : « Je me suis souvent demandé comment il a été possible d'appâter un peuple civilisé avec une ration d'idées aussi maigres[38]. » Et pourtant, la magie diabolique d'Hitler opère aussi efficacement parmi les chefs de partis insatisfaits assemblés à Bamberg le 14 février 1926 que devant les capitaines d'industrie sceptiques réunis à l'*Industriklub* de Dusseldorf le 27 janvier 1932...

Il y a à cela plusieurs explications, au-delà de son extraordinaire pouvoir de suggestion et de perception des aspirations secrètes de l'auditoire : l'extrême vulnérabilité du peuple allemand au début des années trente, avec 4 millions de chômeurs qui deviendront bientôt 6 millions ; l'impuissance et la division consternantes des trente-deux partis politiques représentés au Reichstag ; la peur du communisme chez les petits bourgeois comme chez les grands entrepreneurs ; l'aspiration chez d'innombrables gens modestes à se dévouer et à se sacrifier pour une noble cause* ; un manque de compréhension évident et un revanchisme stérile de la part des anciens vainqueurs de la Grande Guerre ; une agitation sociale doublée d'une paralysie gouvernementale, que le Führer est prompt à exploiter ; la mise en scène grandiose des discours et l'intimidation que font régner les 400 000 SA, qui tiennent la rue et encadrent les grandes manifestations nationales-socialistes ; l'omniprésence d'Hitler, qui utilise la voiture, le train et l'avion pour mener dans tout le pays une campagne « à l'américaine** », relayée par quelques autres tribuns de talent comme Esser, Goebbels, Goering et Gregor Strasser ; l'amplification du son par les nouveaux microphones, dont les réverbérations métalliques impressionnent fortement l'auditoire et donnent à l'agitateur une sensation de puissance démesurément accrue ; enfin et surtout, il y a tous les éléments qui constituent la toile de fond des discours de l'« orateur maniaque de Braunau*** » : la logique apparente, la franchise contrefaite, la modération calculée, la conviction évidente, le don inné de simplification et la faculté de tout promettre à tous sans rien révéler de ses véritables desseins****.

---

* Un facteur que seuls les communistes avaient su exploiter jusqu'alors.

** Du 3 au 24 avril 1932, Hitler, qui a peur de l'avion, atterrira dans 65 villes allemandes ; du 13 octobre au 15 novembre 1932, dans 61 autres. Ceci n'inclut pas les villes rejointes par la route…

*** L'expression est d'Otto Strasser.

**** Il laisse entendre par exemple qu'il ne serait pas opposé à la restauration de la monarchie, et qu'il envisage seulement d'écarter les Juifs de la justice et de la politique. « Hitler, se souviendra Hanfstaengl, semblait sentir d'instinct ce qu'il fallait passer sous silence pour égarer l'auditoire quant à ses véritables intentions. »

C'est tout cela qui explique sa percée vertigineuse lors des consultations électorales du début des années trente : en septembre 1930, le NSDAP recueille 6,4 millions de voix et 107 sièges au Reichstag ; aux élections présidentielles de mars 1932, 11,4 millions d'électeurs votent pour le nouveau citoyen allemand Hitler*, et ce chiffre s'élève à 13 millions au second tour**. Lors des nouvelles élections législatives de juillet 1932, le NSDAP obtient près de 14 millions de voix et devient le premier parti au Reichstag, avec 230 sièges ; le nouveau scrutin de novembre 1932 lui fait certes perdre 2 millions de voix et 34 sièges, mais il n'en reste pas moins le premier parti du Reichstag, dont le président n'est autre que Hermann Goering. Ce sont les approches discrètes de ce dernier auprès de l'entourage du président, et surtout les répercussions dans le pays des discours intransigeants d'Hitler, qui contraignent en définitive le vieux maréchal Hindenburg à céder : le « caporal bohémien » est appelé à la chancellerie, et le vice-chancelier von Papen, comme les ministres qui lui sont adjoints, seront bien trop faibles pour contrôler l'engrenage fatal qui va désormais s'enclencher.

Devenu chancelier, Adolf Hitler continuera d'administrer par les mêmes procédés de logorrhées verbales et d'intimidation permanente qui lui avaient permis de gagner la course au pouvoir. Ces expédients se révéleront très insuffisants pour gérer correctement le pays***,

* Hitler, qui est légalement apatride depuis 1925, vient d'être nommé fonctionnaire par l'administration national-socialiste du Land de Brunswick, ce qui lui confère automatiquement la nationalité allemande.

** Mais Hindenburg en obtient 19,5 millions, ce qui est plus que suffisant pour être élu.

*** En matière économique, Hitler se prévaudra souvent des méthodes de séduction et d'intimidation verbales utilisées durant la « lutte pour le pouvoir ». Ainsi, il racontera à Rauschning (et à beaucoup d'autres) que lorsqu'il réclamait de l'argent au trésorier du parti

mais ils parviendront à impressionner tous les dirigeants européens jusqu'en août 1939*. Une fois la guerre déclarée, les masses et les forces armées allemandes resteront galvanisées par la rhétorique démoniaque du Führer, mais les principales puissances étrangères y étant devenues insensibles, le Reich millénaire courra inexorablement à sa perte.

Schwartz, celui-ci lui répondait régulièrement : « M. Hitler, la caisse est vide. » Alors Hitler frappait du poing sur la table et disait : « Schwarz, j'ai besoin de mille marks pour demain matin », et, ô prodige, le lendemain, les mille marks étaient là ! Au grand désespoir de ministres comme Hjalmar Schacht, Hitler pensera pouvoir ériger de telles pratiques en méthode de gestion économique au niveau national… Il tentera également de les transposer à la diplomatie et à la stratégie, avec quelques succès initiaux – généralement dus à la sidération de l'interlocuteur ou de l'adversaire.

* Les techniques employées par Hitler dans ses entretiens individuels, allant du discours raisonnable aux accès de fureur débridée en passant par toutes les nuances intermédiaires, seront évoquées ultérieurement. On notera en tout cas qu'il s'est dépeint lui-même comme « le plus grand acteur d'Europe » – un titre qu'il est difficile de lui contester.

3

Une boîte de scorpions

« Le quartier général était un ramassis de petits Hitlers qui s'inclinaient devant le grand Hitler, mais avaient tendance à s'ignorer ou à se suspecter mutuellement. Comment il a été possible de progresser avec une pareille équipe, voilà qui restera l'un des mystères de l'histoire du nazisme. »

Kurt LÜDECKE

« Un des cancers les plus virulents du IIIe Reich, c'est que ses principaux dirigeants étaient à couteaux tirés. J'avais souvent l'impression qu'il se dépensait plus d'énergie dans la guerre entre ministères que dans le combat contre l'ennemi extérieur. »

Reinhard SPITZY

Lorsque Adolf Hitler s'installe au pouvoir, beaucoup de ses anciens compagnons de lutte manquent à l'appel : Scheubner-Richter et Dietrich Eckart sont décédés* ; le capitaine Mayr et Otto Strasser ont choisi l'exil dans leur propre intérêt ; Gregor Strasser, le prince August Wilhelm, Ludendorff, Drexler, Pfeffer von Salomon, von Epp, Weber, Rossbach, Kriebel, Reventlow, Graf**, Esser, Klintzch, Feder et Wagener*** se voient discrètement écartés des sphères dirigeantes et confinés dans des fonctions subalternes. En apparence, les principales personnalités du gouvernement d'Hitler sont désormais le vice-chancelier von Papen, les ministres de la Guerre von Blomberg, de l'Économie Hugenberg, des Affaires étrangères von Neurath et de l'Intérieur Frick, ainsi bien sûr que le commissaire à l'Aviation et ministre sans portefeuille Hermann Goering****. Mais en réalité, les quatre premiers sont hautement vulnérables ou ont un pouvoir purement cosmétique, tandis que les hommes forts qui attendent en coulisse vont bientôt s'imposer dans l'ombre du Führer : le virtuose de la propagande Josef Goebbels, le « chef suprême » des SA Ernst Roehm, l'idéologue en titre Alfred Rosenberg, le chef de la chan-

* Le premier lors de la fusillade du 8 novembre 1923 à Munich, le second peu après sa libération de la forteresse de Landsberg.

** On se souvient que Kriebel faisait partie des conjurés de novembre 1923, tout comme le capitaine Rossbach. Le comte von Reventlow, chef du puissant *Deutsche Völkisch Freiheits Partei*, s'était rallié au NSDAP en 1927, lui fournissant ainsi un appoint essentiel en Allemagne du Nord. Ulrich Graf, lui, avait été sérieusement blessé en faisant un rempart de son corps à Hitler devant la Feldherrnhalle ; mais la reconnaissance ne fait pas partie des vertus nationales-socialistes…

*** « Conseiller économique » d'Hitler en 1932, l'ancien officier d'état-major Otto Wagener sera commissaire du Reich à l'Économie pendant moins de quatre mois en 1933, emprisonné en 1934, et reversé dans l'armée l'année suivante.

**** Et ministre de l'Intérieur de Prusse, ce qui est sa seule base de puissance effective à l'époque.

cellerie du parti et représentant d'Hitler Rudolf Hess, le second de Hess et secrétaire officieux d'Hitler Martin Bormann, le chef des SS Heinrich Himmler, le « conseiller diplomatique » Joachim von Ribbentrop, le président de la Reichsbank Hjalmar Schacht, le *Reichpressechef* Otto Dietrich, le patron des éditions Eher Max Amann*, le chef des Jeunesses hitlériennes Baldur von Schirach, l'architecte Albert Speer, le ministre de la Justice de Bavière Franz Gürtner, le gauleiter de Franconie Julius Streicher et le maître du Front du travail Robert Ley. La plupart d'entre eux vont rapidement devenir ministres du Reich, mais c'est sans véritable importance : dans le nouveau régime d'Adolf Hitler, les clés du pouvoir sont à rechercher ailleurs qu'au gouvernement…

L'aspect monolithique du IIIe Reich ne doit pas faire illusion : son fonctionnement durant plus d'une décennie – particulièrement après le décès du président Hindenburg en août 1934 – constitue sans doute un cas unique dans l'histoire du monde : on y trouve une série de fiefs concurrents organisés verticalement, dans un invraisemblable enchevêtrement administratif : c'est ainsi que les relations extérieures sont traitées par Constantin von Neurath en tant que ministre des Affaires étrangères, mais également par le « plénipotentiaire pour les Affaires de désarmement » Joachim von Ribbentrop (qui ne tardera pas à supplanter le premier dans ses fonctions), par le chef de l'Office de politique extérieure Alfred Rosenberg, par le dirigeant de l'*Auslandsorganisation* (Organisation extérieure) du parti nazi Ernst Bohle, par le responsable du Mouvement mondial pour l'antisémitisme Julius Streicher, par les « Organisations étrangères » du Front du travail de Robert Ley, par le *Reichskolonialführer* Ritter von

* Qui a publié *Mein Kampf* et dirige le journal nazi *Völkischer Beobachter.*

Epp*, et même par la *Volksdeutsche Mittelstelle* du général SS Werner Lorenz, responsable des communautés allemandes à l'étranger.... De même, la presse et la propagande sont en principe le domaine exclusif de Joseph Goebbels, mais il y a parallèlement le « chef de presse du Reich » Max Amann, le « chef de presse du gouvernement » Otto Dietrich, le « responsable de la presse étrangère » Ernst Hanfstaengl, le « secrétaire d'État à la Presse » Walther Funk, sans compter bien sûr les services de presse du ministère de l'Intérieur de Frick et du parti national-socialiste de Hess, le département « propagande/désinformation » de la SS, et la section d'information du ministre des Affaires étrangères, qui dispute âprement à Goebbels le monopole de la propagande à l'étranger[1]. La police à l'intérieur du Reich dépend en principe du ministre de l'Intérieur Frick, mais elle est bientôt éclipsée par la Gestapo d'Himmler, la *Landespolizei* de Goering, et même la *Geheime Feldpolizei* sous l'autorité de la Wehrmacht**. Il y a certes un ministre du Travail en la personne de Franz Seldte, mais il est doublé par le chef du Front du travail Ley, par le directeur des grands travaux Todt, par le chef des services de construction de la SS Kammler, par l'entreprenant maître du Fonds industriel Bormann, puis par le ministre de l'Armement Speer et par le commissaire général à la main-d'œuvre Sauckel, sans oublier les gauleiters, qui sont tout-puissants dans leurs régions et s'y font bâtir des édifices somptueux. Le ministère de la Guerre a bien le contrôle de

* Qui a constitué une école à Ladeburg près de Berlin, destinée à former des administrateurs pour prendre en charge les anciennes colonies allemandes dès qu'elles seront récupérées. Ses déclarations peu discrètes à ce sujet sont violemment dénoncées par Ribbentrop, Goebbels et Rosenberg.

** Au moins jusqu'en 1942. Elle sera ensuite absorbée par les services de sécurité de la SS.

l'armée de terre, mais il doit compter avec la concurrence croissante des 2 millions de SA dirigés par Roehm, puis avec celle des divisions de la Waffen SS de Heinrich Himmler, et enfin avec les « régiments de l'air » de Hermann Goering ; d'ailleurs, le ministère de la Guerre disparaîtra en 1938 pour être remplacé par l'*Oberkommando der Wehrmacht* – lui-même doublé par l'*Oberkommando des Heeres**. Le renseignement est bien le domaine de l'Abwehr du capitaine de corvette Konrad Patzig, mais il y a parallèlement le *Sicherheitsdienst* (SD) de la SS dirigé par Reinhard Heydrich, les services de renseignements du Haut Commandement de l'armée de terre (*Fremde Heere Ost* et *West*), ceux du ministère des Affaires étrangères de von Neurath, de la Kriegsmarine de Raeder, de l'Office de politique extérieure de Rosenberg, des Minorités allemandes de Bormann, ainsi naturellement que le *Forschungsamt*, ce redoutable bureau des écoutes dirigé par Hermann Goering**, et le *Verbindungsstab* de Rudolf Hess, un « service de liaison » chargé entre autres d'espionner tous les services d'espionnage ! Le chef des Jeunesses hitlériennes est bien Baldur von Schirach, mais le ministre de l'Intérieur Frick, le *Reichssportführer* von Tschammer und Osten, le représentant de la Reichswehr Rommel, le ministre de la Propagande Goebbels, le *Reichsführer* SS Himmler, le ministre des Cultes Rust et l'*Oberste SA Führer* Roehm manifestent

* Respectivement Haut Commandement des forces armées (OKW) et Haut Commandement de l'armée de terre (OKH). Le premier ne sera qu'une courroie de transmission des ordres d'Hitler, le second tentera tant bien que mal d'organiser les divisions de la Wehrmacht, et sera responsable du front de l'Est à partir de 1941. Là encore, il y aura des chevauchements d'attributions et d'incessantes rivalités.

** Il intercepte toutes les communications téléphoniques et télégraphiques à l'intérieur du Reich, à commencer par celles des ambassades – et des autres dignitaires du Reich…

tous pour la jeunesse allemande un intérêt envahissant*. Quant à l'économie du Reich, elle reste le théâtre d'affrontements permanents entre le ministre des Finances Schwerin-Krosigk, le président de la Reichsbank Schacht, le ministre de l'Économie Schmitt, le ministre de l'Agriculture Darré et l'inamovible commissaire au plan quadriennal Goering! À quoi il faut ajouter que la Justice, l'Éducation, la Culture, les Communications, l'Agriculture, la Santé et la recherche nucléaire** sont tout aussi morcelées en une multitude de satrapies rivales[2], et que la chancellerie du Reich, dirigée par Philipp Bouhler, peut intervenir à tout moment dans chacun des domaines précités, sa mission consistant à mettre en œuvre les politiques officielles ou secrètes du Führer – qui ne sont pas toujours clairement énoncées par ailleurs*** !

Au milieu de cet effarant chevauchement de compétences, tous les responsables coopèrent rarement, s'observent jalousement et se querellent incessamment pour préserver ou élargir leurs domaines et leurs prérogatives****. Il n'y a pas de gouvernement collégial, et le Conseil des ministres ne se réunira plus après 1937,

---

* Et particulièrement préoccupant dans le cas d'Ernst Roehm, dont les orientations homosexuelles sont de notoriété publique.

** La recherche nucléaire est fractionnée entre *cinq* administrations rivales : l'*Institut für Physik* du Kaiser Wilhelm Institut (avec les deux équipes concurrentes de Werner Heisenberg et Kurt Diebner), le *Heereswaffenamt* (bureau des armes auxiliaires), la SS d'Himmler, les services du *Reichsmarschall* Goering et même le ministère des Postes de Wilhelm Ohnesorge. Les résultats seront à la mesure de l'éparpillement.

*** Ceci étant dû aux habitudes désordonnées d'Hitler, qui répugne à tout travail de bureau et peut donner, sous le coup d'inspirations soudaines, des instructions vagues ou contradictoires ; celles-ci sont ensuite diversement interprétées, ce qui ne fait qu'ajouter à la confusion ambiante.

**** Bien entendu, comme dans toute organisation mafieuse, il peut y avoir des alliances de circonstance entre plusieurs satrapes pour en abattre d'autres. Voir chapitre 4.

mais de toute façon, il ne s'agit pas seulement de discordes professionnelles ; entre ces dirigeants arrivistes et sans scrupules, il y a d'innombrables rancunes mortelles, dont certaines sont éminemment personnelles et peuvent remonter aux premières années du parti. Ainsi, l'idéologue fumeux Alfred Rosenberg, rédacteur en chef du *Völkischer Beobachter* qui brigue par ailleurs le ministère des Affaires étrangères, concentre sur sa personne les haines conjointes ou séparées de Goebbels, Goering, Hanfstaengl, Amann, Esser, Himmler, Ribbentrop, Ley et Bormann. Gregor Strasser, de loin le meilleur administrateur du parti, est tombé en disgrâce depuis sa querelle avec Hitler à la fin de 1932, et s'il a démissionné de toutes ses fonctions, il reste craint et détesté par tous les autres caciques en raison de son orientation socialisante et d'une forte popularité auprès des militants de base. Heinrich Himmler, lui, a dû intriguer ferme et batailler pendant des mois pour se rendre maître de la Gestapo de Goering, ce qui a naturellement créé entre ces deux piliers du régime une détestation inextinguible mêlée de crainte réciproque ; mais Goering ne peut davantage supporter Hess, qu'il qualifie de *Piesel* – une sorte de goujat –, et il jalouse férocement son propre secrétaire d'État à l'Air Erhard Milch, coupable d'être bien plus compétent que lui[3]. Himmler déteste Goebbels et Strasser*, hait tous les généraux en bloc, et redoute à juste titre les ambitions de son propre subordonné Heydrich, le chef des services de sécurité SS dont les deux subordonnés, « Gestapo » Müller et Walter Schellenberg, s'assassineraient volontiers s'ils en avaient l'occasion. Goebbels ne peut souffrir Goering,

* Dont il était le secrétaire entre 1924 et 1927. Gregor Strasser lui avait dit à l'époque : « Tu resteras infantile toute ta vie », et plus prémonitoirement encore : « Tu as l'âme et la sensibilité d'un boucher. » Malheureusement pour Strasser, Himmler avait aussi de la mémoire.

au point de quitter ostensiblement les réceptions à l'entrée du ventripotent ministre de l'Aviation – qui à son tour fait constamment espionner et écouter Goebbels par son *Forschungsamt*[4]. Le commmissaire du Reich à la Justice Hans Frank – qui double naturellement le ministre de la Justice Gürtner – reconnaîtra qu'il faisait l'objet de la « plus profonde détestation » de Bormann, ce qui devait lui réserver d'« effarants tracas[5] », tandis que le président de la Reichsbank Hjalmar Schacht dira de Robert Ley : « Cet alcoolique notoire et dépravé sexuel [...] fut l'un de mes ennemis les plus acharnés au sein du parti[6]. » Le nouveau ministre des Affaires étrangères von Ribbentrop, un faux noble parvenu* dont la suffisance n'a d'égale que l'incompétence, s'est attiré d'emblée la malveillance active de Goebbels, d'Himmler, de Heydrich, de Schacht et de Goering, mais aussi le mépris de son propre secrétaire d'État von Weizsäcker et de la majorité du personnel de la Wilhelmstrasse... Le responsable de la presse étrangère Ernst Hanfstaengl est en conflit permanent avec Rosenberg, Lüdecke, Goebbels et Goering. Le chef des Jeunesses hitlériennes Baldur von Schirach est méprisé par Hanfstaengl, jalousé par Ley, haï par Bormann et calomnié sans relâche par Goebbels, depuis qu'il a dénoncé la Nuit de cristal comme « un crime contre la civilisation[7] ». L'amiral Raeder, chef de la Kriegsmarine, se heurte à l'hostilité d'Himmler et de Goebbels, au rejet des chefs de l'armée de terre, à l'antipathie viscérale de Rosenberg et à la haine tenace de Heydrich**, tandis que lui-même refuse

* Cet ancien représentant en vins et spiritueux, qui a acheté sa particule, doit son ascension vertigineuse à une servilité totale à l'égard d'Hitler, et surtout à l'ambition de son épouse, héritière des champagnes Henkell.

** Ancien officier de marine, Heydrich en avait été expulsé par décision d'un jury d'honneur présidé par Raeder.

d'adresser la parole à son subordonné Dönitz, en attendant de poursuivre de sa vindicte le nouveau chef de l'Abwehr Canaris. En tant que proche ami d'Hitler et photographe de cour, le *Reichbilderstatter*[*] Heinrich Hoffmann s'attire la malveillance active de Bormann, de Goebbels et de Ribbentrop, alors que la position du *Stellvertreter*[**] Rudolf Hess est sournoisement minée par ses subordonnés Bohle et Bormann, et publiquement ridiculisée par Goering et Goebbels. Mais le summum est sans doute atteint dans le cas de Roehm, ce lansquenet à l'ancienne dont les états de service au bénéfice du parti, les ambitions politiques, les tendances homosexuelles notoires et l'autorité résultant de son contrôle sur 2,5 millions de SA font converger sur lui les foudres de Goering, de Goebbels, de Hess, de von Papen, d'Himmler, de Strasser, de Frick, de von Blomberg et du président Hindenburg[***]. *Mutatis mutandis*, on obtiendrait à peu près les mêmes résultats en examinant les relations entre d'autres dignitaires du régime tels que Streicher, Funk, Darré, Dietrich, Keitel et von Neurath. Au niveau régional, les gauleiters, dont beaucoup sont d'anciens gibiers de potence ou des désaxés notoires[****], se trouvent en conflit de compétence et d'intérêts permanent avec les Kreisleiters et les Oberpräsidenten, dont le casier judiciaire est parfois tout aussi chargé que le leur. Pour couronner le tout, si ces gauleiters sont sous l'autorité de Bormann en tant que fonctionnaires du parti, ils sont simultanément sous celle du ministère de l'Intérieur en

---

* Photographe officiel du Reich, qui fera fortune en s'assurant le monopole de la vente des photos d'Hitler.

** Représentant (du Führer) pour les affaires du parti, et son successeur présumé à l'époque.

*** Ces deux derniers redoutant à juste titre de voir Roehm étendre son autorité à l'armée. (Voir chapitre suivant.)

**** Certains, comme Streicher en Franconie ou Karpenstein en Poméranie, cumulant les deux distinctions.

tant que commissaires à la Défense. Or, à partir d'août 1943, le ministre de l'Intérieur ne sera plus le faible Frick, mais Himmler – l'un des pires ennemis de Martin Bormann. Et ce n'est pas tout : l'adjoint du chef de la chancellerie du Reich Philipp Bouhler est un certain Albert Bormann – qui est à couteaux tirés avec son frère* !

« Le IIIe Reich, écrira l'historien Alan Bullock, était un empire de gangsters. Le comportement de ses dirigeants fait continuellement penser à celui d'acteurs jouant dans un film de troisième catégorie[8]. » Voilà qui est difficilement contestable, mais de quel arsenal disposent donc ces truands de haut vol pour vider leurs sinistres querelles ? La première arme, qui est la plus innocente en apparence mais non la moins efficace en réalité, n'est autre que la rumeur et l'insinuation ; les orfèvres en la matière sont Heydrich, Streicher, Bormann et Goebbels, et leurs cibles… tous les autres : le bruit court donc « dans les milieux autorisés » que Goering est impuissant et que sa fille n'est pas de lui** ; que Schacht est en contact permanent avec la juiverie internationale ; que Hess est connu dans les cercles interlopes sous le sobriquet de *Fräulein Anna* ; que Speer tient en privé des propos défaitistes ; que Rosenberg est à moitié juif[9], etc. Connaissant la susceptibilité d'Hitler à tout ce qui s'écrit dans la presse internationale, Goebbels lui présente systématiquement des articles de journaux suédois dénonçant les exactions du régime nazi, afin d'affaiblir son rival Goering, qui est chargé des relations avec la Suède ; usant d'un stratagème analogue, Rosenberg fait traduire et remettre à Hitler des articles de presse anglais ou américains fort peu élogieux, écrits par des

* Raison principale pour laquelle Hitler le maintiendra à son poste.

** Il y a – comme souvent – un fond de réalité : la fille de Goering a été conçue par insémination artificielle.

journalistes comme Dorothy Thompson ou Herbert Lochner – qui avaient justement été présentés au Führer par Ernst Hanfstaengl, l'ennemi juré du Reichsleiter Rosenberg[10].

La deuxième arme est le harcèlement et l'intimidation : chacun des caciques du régime fait espionner son rival, secrètement ou ostensiblement, en introduisant auprès de lui des agents doubles ou triples ; il s'évertue aussi à faire échouer ses projets ou à ternir son image : Hess fait systématiquement publier dans les journaux des clichés montrant Goering sous son jour le plus grotesque ; le 10 mai 1934, Goebbels sabote la visite de Rosenberg à Londres en organisant des autodafés de livres « hérétiques » dans les trente universités d'Allemagne ; il interdit aussi la sortie d'un film dans lequel Hanfstaengl a investi de grosses sommes d'argent, après quoi il l'accuse d'avoir dilapidé les fonds du ministère de la Culture ; Goering va plus loin en faisant emprisonner Kurt Lüdecke, un protégé de Rosenberg, et Himmler menace Schacht de l'accuser publiquement d'avoir émis des billets contrefaits – en lui précisant qu'il n'aura aucun mal à en produire la preuve sur demande*.

La troisième arme, aussi défensive qu'offensive, est détenue par la plupart des dignitaires du régime : ce sont les dossiers compromettants, qui fonctionnent à la fois comme assurances vie et armes de dissuasion massive – à condition d'être maniés avec précaution et de rester hors d'atteinte des adversaires, naturellement… On se souvient des précautions prises à cet égard par l'ambassadeur von Papen dans l'affaire du dossier d'Hitler. Or, de nombreux témoignages montrent bien qu'il s'agit là d'une pratique généralisée, ainsi que l'expliquera très

---

* Le mot « produire » étant à prendre dans les deux sens, car les SS se feront une spécialité de la fabrication de fausses devises, notamment lors de l'opération *Bernhard*.

clairement en 1939 l'ancien président du sénat de Dantzig Hermann Rauschning : « Dès cette époque, [...] il courait déjà des bruits parfaitement fondés sur les précautions prises par les membres dirigeants du parti. Chacun d'eux, sans exception, faisait continuellement passer de l'argent à l'étranger, de façon à se constituer une grosse réserve pour toutes les éventualités. À côté de l'argent, il y avait le plus souvent, dans un coffre-fort ou chez quelque notaire, un dossier bourré de documents accablants, dont la publication aurait été terrible pour nombre de personnalités importantes du national-socialisme. Ces dossiers étaient expressément établis comme une protection pour les dépositaires contre l'hostilité d'autres chefs du parti ou l'intervention des autorités. On voit donc que les méthodes employées étaient exactement celles des gangsters. Un gauleiter [...] m'a avoué sans ambages qu'il avait dû lui-même se protéger en usant de ces méthodes. Il n'avait pas le choix. S'il avait agi autrement, il n'aurait pas seulement perdu sa situation : il aurait été promptement assassiné. Il me conseilla, en toute amitié et très vivement, de me procurer des documents chargeant mes adversaires[11]. » Bien des historiens mettent en doute – probablement à tort – l'ensemble des écrits de Hermann Rauschning*, mais en l'occurrence, ses propos sont amplement confirmés dès 1940 par un expert en la matière, le gestapiste

* Les observations de Hermann Rauschning et ses comptes rendus des confidences d'Hitler, publiés à l'Ouest dès 1939, correspondent de façon si frappante à tout ce que l'on apprendra après la guerre – aveux des dignitaires nazis et propos de table du Führer compris –, qu'il paraît bien téméraire de récuser en bloc ce témoignage prophétique à bien des égards. Il est intéressant de noter que la plupart des autres réfugiés ayant dénoncé en toute connaissance de cause le régime d'Hitler (et de Staline) durant les années trente ont été accueillis avec la même incrédulité condescendante. Le plus extraordinaire est que beaucoup le sont encore !

repenti Hansjürgen Köhler : ayant évoqué le cas du cousin de Robert Ley, August Riekel, un ancien professeur social-démocrate en délicatesse avec les autorités nazies, Köhler poursuit : « Riekel avait été assez malin pour déposer à l'étranger des documents qui devaient être publiés au cas où il lui arriverait quelque chose au sein du IIIe Reich. Cela a toujours été une précaution courante chez les politiciens nazis. Le secrétaire d'État Meissner a des dossiers bien en sécurité à New York, et Manfred von Killinger* a échappé au peloton d'exécution en menaçant de faire publier certains documents à Londres[12]. » C'est exact, et Kurt Lüdecke aura recours au même procédé, tout comme son vieil ennemi Hanfstaengl trois ans plus tard. Gregor Strasser, lui, dédaignera de le faire, ce qu'il paiera de sa vie…

Il reste à savoir ce que contiennent ces dossiers si explosifs pour les hiérarques nazis. Parmi quelques autres, le chef de l'espionnage SS Walter Schellenberg, le médecin d'Himmler Felix Kersten et l'agent de la Gestapo Hansjürgen Köhler ont eu accès à l'une de ces collections – la mieux tenue en l'occurrence, puisqu'il s'agit de celle du très méticuleux Heinrich Himmler. Reinhard Heydrich a confié pour quelques heures à son subordonné les clés du coffre où le *Reichsführer* entrepose ses documents secrets, et Köhler se souviendra : « Ce même soir, j'ai pu fouiller pour la seule et unique fois de ma vie parmi ces documents dont l'existence avait tant troublé les nuits de ceux qu'ils visaient. […] Avant tout, il y avait Goering. Son dossier contenait des

* Otto Meissner était chef de la chancellerie présidentielle sous Hindenburg, et il le restera sous le régime hitlérien. Manfred von Killinger, un sinistre gredin, antisémite pathologique et membre de l'Organisation Consul, a trempé dans plusieurs assassinats politiques au cours des années vingt ; député du NSDAP et officier supérieur des SA, il a effectivement échappé de justesse à l'exécution en 1934, lors de la Nuit des longs couteaux.

reproductions photographiques d'attestations de plusieurs médecins, datant de l'époque où il était morphinomane*. Puis il y avait cette inscription laconique, de la main d'Himmler : "Soutenu par Heinkel et BMW durant les années 1926-1928, en échange de promesses de grosses commandes. Cas flagrant de corruption." Les documents sur Goebbels étaient beaucoup plus détaillés ; il y avait des coupures du *Nationalsozialistischen Führerbriefen*, publié par Gregor Strasser et Goebbels en 1925, et contenant de nombreuses attaques contre Hitler. Certains des commentaires étaient de la main d'Himmler : "A vainement tenté sa chance auprès d'éditeurs juifs. Bolchevik à l'origine. Scandales révoltants impliquant des actrices de cinéma**. A déclaré une fois que son pied-bot était une 'blessure de guerre' que lui avaient infligée les Belges en Rhénanie. Traité publiquement de menteur par Mossakowski – une insulte réitérée quatorze fois dans divers journaux, mais ignorée par Goebbels." Sous le nom de Hess, un étrange commentaire : "Auteur d'une grande partie de *Mein Kampf*. Peut-être qu'Hitler n'aimera pas qu'on lui rappelle cela un jour***." Le dossier de Rosenberg n'était pas précisément flatteur : "Depuis combien de temps ce fanfaron émigré est-il antibolchevik et nazi ? A joué un rôle douteux durant la Grande Guerre.

---

* C'est exact. Plusieurs de ces certificats ont été établis à l'asile d'aliénés de Langbro, près de Stockholm, où Goering était en cure de sevrage entre 1925 et 1926.

** Certaines avaient défrayé la chronique, notamment sa liaison avec l'actrice tchèque Lída Baarová.

*** Bien entendu, tous ces dossiers contiennent également beaucoup de faits invérifiables, de ragots et d'inepties ; ainsi, Hess n'est *pas* l'auteur d'une grande partie de *Mein Kampf* : il s'est contenté d'écrire ce qui lui était dicté. Nous avons déjà pu évaluer la fiabilité des rapports de la Gestapo (chapitre 1), et nous en aurons encore l'occasion dans le chapitre 8.

Citoyen russe. […] Parfois noir, parfois blanc. Nombreuses relations juives. […] Quelqu'un a-t-il déjà vu Rosenberg combattre ?" Plusieurs noms étaient mentionnés face à celui de Streicher, manifestement en relation avec quelques scandales ayant éclaboussé le gauleiter de Franconie et éditeur du *Stürmer ;* deux ou trois de ces noms étaient suivis de la brève mention : "Suicide." Autres inscriptions : "Se vante d'avoir continuellement donné de l'argent au Führer dans les premiers temps du parti, tout comme on donne un pourboire à un serviteur", et "Son exclusion du parti demandée par…" Suivait une liste de noms, parmi lesquels Frick, Hess et Goering. Remarque finale : "Fait chanter non seulement les Juifs, mais aussi les Aryens lorsqu'il en a l'occasion." Le dossier de Walther Funk était amusant à lire : "Antisémite de fraîche date. Ancien journaliste de Bourse et partenaire assidu de financiers juifs. Aimerait succéder à Goebbels, mais tout aussi disposé à prendre le poste de Schacht. […] Aurait du mal à expliquer franchement ses sources de revenus[13]." » Les noms se succèdent *ad nauseam* : Frick a été un embusqué pendant la Grande Guerre ; le gauleiter Albert Forster, arrivé à Dantzig pauvre comme Job en 1930, s'est retrouvé riche comme Crésus en 1936 ; Josef Bürckel* a été emprisonné plusieurs fois pour escroquerie et extorsions (avec tous les procès-verbaux judiciaires annexés). « Pas un seul qui ne fût compromis, note Köhler, même Hitler ; oui, même Hitler[14]. »

De tout cela, Köhler tire une conclusion fort pertinente : « Ce qu'Himmler savait sur Goebbels, Streicher, Goering, Bürckel et tous les chefs grands et petits, n'était au fond rien de plus que ce qu'ils savaient les uns sur les

* À l'époque gauleiter de la Sarre, cet ancien instituteur peu recommandable sera nommé *Reichstatthalter* (gouverneur) de Vienne en 1939.

autres. Goebbels n'aurait eu aucun mal à produire contre Himmler autant d'éléments incriminants qu'Himmler en détenait contre lui[15]. » Rien n'est plus vrai, et c'est également le cas de Frick au ministère de l'Intérieur, de Bormann à la chancellerie du parti, de von Weizsäcker à la Wilhelmstrasse, et surtout de Goering, qui a récupéré les archives de la police de Prusse et dont le service des écoutes constitue une mine de renseignements inépuisable sur les méfaits de ses *Parteigenossen** ; il connaît ainsi dans leurs moindres détails les rapines, les crimes et les pratiques homosexuelles de Roehm et de ses acolytes, de même que les détournements de fonds et les multiples infidélités du premier satyre de Berlin Josef Goebbels ; il sait aussi que le zélé secrétaire et homme à tout faire du Führer, Martin Bormann, a été condamné en 1924 à un an de prison pour avoir participé à un crime politique dans le Mecklembourg, et que son « Fonds Adolf Hitler » n'est qu'une vaste officine d'extorsion au détriment des grands industriels, qui lui sert à corrompre tous les dignitaires du Reich ; que l'antisémite maladif Rosenberg a une maîtresse juive ; que Rudolf Hess se fait soigner depuis des années pour son impuissance ; que Lüdecke est un ancien gigolo devenu maître chanteur ; que Ribbentrop s'est rendu coupable de désertion à la fin de la Grande Guerre, et que non seulement il a acheté sa particule, mais encore il a oublié de la payer… Goering peut également établir que le chef du Front du travail Robert Ley est un alcoolique incurable** qui s'est colossalement enrichi en pillant les caisses des anciens syndicats, et qu'il organise régulièrement des orgies « prolétariennes »,

* « Camarades du parti ».

** C'est exact ; d'où cette conversation mémorable entre Himmler et son médecin Kersten : *Himmler* : « Ley a promis au Führer de ne plus boire. » *Kersten* : « Il devait être ivre lorsqu'il a fait cette promesse ! »

à l'issue desquelles certaines ouvrières se suicident. Du reste, une pièce tout aussi incriminante pour le féroce et bégayant chef de l'*Arbeitsfront* est également en possession de Rudolf Hess, autre compilateur assidu de documents sensibles : elle prouve que pour obtenir son certificat d'aryanité, Ley a fait retirer la lettre *v* de son patronyme ; c'est qu'il se nomme en réalité Levy[16]… Sous le régime hitlérien, un tel accident de naissance peut naturellement se révéler mortel ; c'est sans doute pourquoi Martin Bormann a soigneusement rangé dans ses propres dossiers les résultats d'une recherche généalogique prouvant de façon irréfutable que la grand-mère paternelle de Heydrich était juive[17]. Mais bien entendu, l'*Obergruppenführer* Heydrich lui-même possède des dossiers incriminants sur tout le monde – à commencer par son supérieur Himmler. C'est d'ailleurs pourquoi, lorsque Heydrich sera finalement abattu à Prague en mai 1942, Himmler se précipitera au chevet du mourant – pour récupérer les clés de son coffre ! Tout bien considéré, il y a certainement des marigots d'alligators plus pacifiques…

L'échelon suprême dans l'escalade de la terreur, ce sont les « accidents » : Goering en a ordonné un pour Gregor Strasser en 1933*, Heydrich en a prévu un autre pour Otto Strasser la même année, tandis que le chef SA Stennes, le protégé de Rosenberg Lüdecke, le masseur d'Himmler Felix Kersten et le ministre de l'Armement Albert Speer[18] ont eux-même échappé de justesse à de malheureux hasards soigneusement planifiés**. Encore

---

* « Accident de chasse ou de la circulation », avait précisé Goering, qui dirigeait encore la Gestapo à l'époque.

** Felix Kersten devait tomber dans une embuscade organisée par le chef SS Kaltenbrunner, mais son adjoint Schellenberg avait fait avorter l'opération *in extremis.* Dans le cas de Speer, il s'agissait de profiter d'une hospitalisation pour le faire opérer par un médecin d'Himmler – avec des résultats prévisibles.

ne s'agit-il là que des échecs ; les réussites, bien plus nombreuses, passent généralement inaperçues : le mage Hanussen, sans doute coupable d'un excès de clairvoyance*, a été arrêté par des auxiliaires de police le 25 mars 1933, et son cadavre très abîmé a été découvert en lisière de forêt deux semaines plus tard[19] ; Josef Ehrenstrasser, le vigoureux maître-nageur qui avait sauvé le chômeur Adolf Hitler de la noyade dans le Danube près de Greifenstein en 1911, est décédé d'un arrêt du cœur peu après avoir été retrouvé par la Gestapo[20] ; Georg Bell, le journaliste du *Gerade Weg* qui avait écrit plusieurs articles sur la vie dissolue d'Ernst Roehm, est mort criblé de balles dans son chalet du Tyrol le 3 avril 1933[21] ; le grand philosophe juif Theodor Lessing a été assassiné à Marienbad le 31 août, et ainsi de suite *ad nauseam.* Mais pour les exécutions « officielles » de personnages plus en vue, il faut la permission expresse du Führer, et elle n'est pas toujours facile à obtenir.

Adolf Hitler, vers qui tout remonte toujours dans ce véritable Enfer de Dante, est parfaitement au courant des invraisemblables chevauchements de compétences au niveau de sa haute administration, ainsi que des féroces inimitiés entre ses principaux paladins. Mieux encore, il en est le premier artisan et le principal bénéficiaire ; c'est que sa préoccupation première étant de se maintenir au pouvoir, il lui faut un système qui neutralise les concurrents potentiels et décourage d'avance toute opposition concertée à son autorité. Dans ces conditions, quelle situation plus favorable que celle décrite par son aide de camp Fritz Wiedemann ? « L'unité tant vantée au niveau de la couche dirigeante n'existait que dans la tête des camarades du parti les plus candides. En réalité, les chefs étaient tous jaloux les

* Il avait prédit entre autres l'incendie du Reichstag.

uns des autres, et chacun d'eux briguait assidûment la faveur du Führer[22]. » *Divide et impera* : voilà pourquoi le Conseil des ministres ne se réunira plus après 1937, et la magnifique salle du Conseil dans la nouvelle chancellerie de la Vosstrasse ne sera jamais occupée* : « C'était un cercle trop large pour lui, dira Hermann Goering avec une certaine candeur ; et peut-être y discutait-on trop de ses projets. » Certes… Hitler seul sait où il veut aller, et ses subordonnés ne doivent apprendre que ce qui est indispensable à l'accomplissement de leurs missions. Que plusieurs féodaux se battent au sein d'un même fief, voilà qui n'a que des avantages : ils s'espionneront mutuellement, informeront séparément Hitler, ne s'entendront jamais entre eux, et le Führer restera jusqu'à la fin l'arbitre suprême…

Pour tous ces petits chefs, la priorité absolue reste donc l'accès au grand chef, sur qui repose en dernier ressort leur autorité, leur prospérité et leur pérennité. Mais précisément, après la prise du pouvoir, cet accès est strictement limité par la « garde rapprochée » du Führer, composée d'anciens acolytes bavarois faisant fonction d'aides de camp, de chauffeurs, de secrétaires et de gardes du corps : Schaub, Brückner, Schreck, Hoffmann** et Sepp Dietrich – un groupe immuable que Hanfstaengl a baptisé avec mépris *die Chauffeureska*[23]. Seuls Goebbels, Goering, Himmler, Ribbentrop et Speer ont librement accès au bureau d'Hitler – pour un temps ; les autres devront patienter de quelques heures à plusieurs mois, et le ministre de l'Agriculture Darré attendra deux ans, tandis que le ministre des Finances von Krosigk ne

---

* Même si certains ministres prieront Albert Speer de s'y laisser photographier au moins une fois.

** Heinrich Hoffmann, son photographe personnel. Rudolf Hess faisait également partie de ce groupe, avant de se voir confier la direction du parti.

sera plus reçu du tout après 1942. Mais de toute façon, l'accès ne suffit pas : encore faut-il être entendu, et c'est une tout autre histoire…

« Inutile d'essayer de dire quoi que ce soit à Hitler, il sait déjà tout ! », constatera tristement Ernst Roehm quelques mois avant sa disparition[24]. Le Führer aurait certainement confirmé ces propos, et il est vrai que chez ce singulier autodidacte, la boulimie de lecture s'accompagne d'une mémoire stupéfiante ; ses connaissances techniques, artistiques et architecturales surprennent toujours les spécialistes, qu'il prend plaisir à confondre en leur citant de mémoire des faits ou des rapports depuis longtemps oubliés, ainsi que des données extrêmement précises sur les types d'armement, les calibres de canons, la vélocité des projectiles et les performances de tous les véhicules blindés en service dans les armées allemandes et étrangères. Cet Autrichien qui déteste l'eau salée, a le mal de mer et ne sait pas nager n'en est pas moins un expert en matière d'armement naval, ainsi que le confirmera son aide de camp Wiedemann : « Je l'ai entendu maintes fois s'entretenir avec l'amiral Raeder de navires de guerre, de blindages et de calibre des canons, et prétendre que tel ou tel cuirassé britannique était armé de canons d'un certain calibre. Raeder le contredisait en avançant d'autres données. On se faisait alors apporter le *Handbuch der Kriegsflotten*[*] et il s'avérait presque toujours qu'Hitler avait raison[25]. »

Il y a pourtant trois failles dans ce bel ordonnancement : d'une part, même une parfaite mémorisation de données encyclopédiques ne peut convertir un caporal en génie stratégique ; d'autre part, l'accumulation de connaissances glanées au hasard de lectures disparates ne confère aucune expertise en matière historique, poli-

* L'« Annuaire des flottes de guerre ».

tique, économique ou diplomatique* ; enfin, en dehors du domaine strictement technique, les sources d'information du Führer sont très peu fiables : il lit avec assiduité une presse allemande qui ne fait que lui renvoyer sa propre propagande, ou bien des extraits de la presse étrangère que ses subordonnés ont spécialement sélectionnés pour conforter ses préjugés. Beaucoup de ceux-ci, notamment concernant les autres pays, datent du début du siècle et n'ont été que peu modifiés par des rumeurs, des lectures superficielles ou des films populaires. Ainsi, concernant les États-Unis, Hitler peut dire à son entourage : « Qu'est-ce que l'Amérique, sinon des millionnaires, des reines de beauté, des disques stupides et Hollywood[26] ? » Il voit aussi une Angleterre proche de celle de Dickens, qui est au bord de la révolution et où le roi exerce une influence prépondérante sur son gouvernement. Du reste, il croit encore – avec près d'un demi-siècle de retard – à la probabilité d'un conflit anglo-américain, dont le Reich pourrait profiter[27]. Quant au Japon, quoi qu'en disent ses diplomates, il le considère toujours comme le glorieux pays du Bushido, des victoires de 1904 et des thèses géopolitiques mal digérées du professeur Haushofer. À l'évidence, le Führer n'est guère soucieux d'actualiser ses connaissances : les professionnels compétents, quel que soit leur domaine, sont tenus à distance, et à son aide de camp qui lui propose de recevoir le consul général Kriebel, tout juste rentré de Shanghai, Hitler répond : « Inutile… Il était là-bas et il juge mal la situation ; moi, je n'y étais pas et je la juge correctement[28]. » Et à son responsable de la presse étrangère, qui est à moitié américain et diplômé d'Harvard, le Führer autodidacte, sédentaire et unilingue répond : « De là où je suis, je comprends bien mieux

* D'autant que, comme il le reconnaîtra lui-même, Hitler ne lit pas pour s'instruire, mais pour confirmer ses intuitions…

l'Amérique que vous n'avez jamais pu le faire[29]. » Roehm avait raison : Hitler sait déjà tout et ne se fie qu'à son intuition. De plus, celle-ci étant fortement colorée par ce que les Anglais appellent *wishful thinking*[*], les réalités doivent se plier à ses désirs – et les hommes aussi, naturellement…

On comprend mieux dès lors les difficultés qu'éprouvent les interlocuteurs d'Hitler lorsqu'ils entrent enfin dans son bureau de la chancellerie ou du Berghof[**]. En vérité, chaque visiteur y trouve un Führer différent, car l'homme a de remarquables facultés d'adaptation, comme l'expliquera le secrétaire d'État von Weizsäcker : « C'est seulement à la longue que j'ai pris conscience de ses extraordinaires talents d'acteur. Excitation, indignation, sympathie, émotion, franchise, compassion, respect – il savait tout contrefaire[30]. » Hermann Rauschning l'avait déjà constaté dix ans plus tôt : « Le Führer est un comédien, qui parle toujours devant la rampe[31]. » Avec les diplomates et hommes d'État étrangers, il se montre le plus souvent calme et raisonnable, et il consent parfois à écouter. Mais ses ministres et ses généraux, eux, n'ont le temps de prononcer que quelques phrases – dans le meilleur des cas. « Ses constantes interruptions, dira Heinrich Himmler, ont pour effet de vous faire perdre le fil de vos pensées, de sorte que vous finissez par écouter les vues du Führer sur la question, au lieu de présenter votre propre argumentation[32]. » En fait, il y a rarement

---

* Le fait de prendre ses désirs pour des réalités. De fait, lorsque son aide de camp lui indique que les chiffres de la production agricole ou du budget des chemins de fer qui lui ont été soumis sont parfaitement fictifs, Hitler s'en désintéresse et change de sujet. « À l'évidence, écrira Wiedemann, il voyait les éléments du monde tels qu'il voulait les voir. En politique intérieure, mais malheureusement aussi en politique extérieure. »

** La « Cour montagnarde », résidence du Führer sur l'Obersalzberg.

plus d'une interruption, car Hitler se lance ensuite dans un monologue qui peut durer plusieurs heures, avec quelques constantes récurrentes : l'histoire de l'Allemagne depuis le grand Frédéric, celle du parti national-socialiste depuis ses débuts, les méfaits des Juifs, les crimes des bolcheviks, la décadence de la République de Weimar, la pusillanimité des généraux allemands – le tout appuyé par un déluge de chiffres invérifiables et de récriminations interminables. Les civils sont bombardés de considérations stratégiques et techniques, les militaires accablés d'arguments politiques et diplomatiques. « J'ai remarqué, écrira l'interprète Paul Schmidt, qu'Hitler fondait son argumentation sur quelques prémisses fallacieuses reflétant son habitude de prendre ses désirs pour des réalités ; sur ces bases, il érigeait une structure parfaitement logique – et tout à fait convaincante pour ceux qui n'auraient pas perçu la fausseté des prémisses initiales[33]. »

Ils en ont rarement l'occasion, car leur attention est rapidement monopolisée par le ton et la gestuelle de l'« homme à l'éloquence d'un haut-parleur[34] ». Sa voix se fait progressivement plus rauque, ses yeux deviennent exorbités, sa nuque s'empourpre, il commence à s'agiter, arpente la pièce comme un fauve en cage, entre en transe, s'intoxique avec ses propres paroles et retrouve bientôt le ton du tribun qui envoûtait les foules des brasseries de Munich. En cas de besoin, toutes les manifestations de la rage la plus intense peuvent apparaître à l'improviste, ainsi qu'en témoignera Hermann Rauschning : « Ce fut la première fois, mais non la dernière, que j'entendis Hitler pousser des vociférations et des hurlements ; je le vis perdre tout contrôle de lui-même. Il criait à perdre la voix, il trépignait et frappait du poing sur la table et contre les murs. Sa bouche écumait ; il haletait comme une femme hystérique et éructait des exclamations entrecoupées ; “Je ne veux pas !….

F…z le camp ! Traîtres !" Ses cheveux étaient en désordre, son visage contracté, ses yeux hagards et sa face cramoisie. Sur le moment, j'eus peur qu'il ne tombât victime d'une attaque. Brusquement tous ces symptômes disparurent. Il arpenta la pièce, toussa pour s'éclaircir la voix, se lissa les cheveux, puis regarda autour de lui d'un air timide et méfiant, en jetant sur nous des regards scrutateurs. J'eus l'impression qu'il cherchait à savoir si l'un de nous riait[35]. » Durant les douze années suivantes, d'innombrables témoins décriront en termes pratiquement identiques ces rages brutales, qui laissent souvent l'interlocuteur paralysé par la gêne et par la crainte[*] – d'autant qu'elles s'accompagnent souvent de menaces qu'il serait dangereux de prendre à la légère. Et le *Pressechef* Otto Dietrich de conclure : « Il parlait si abondamment et avec tant de véhémence que l'entrevue se terminait avant que le visiteur ait eu l'occasion de répondre – à supposer qu'il en ait encore envie. [...] Les auditeurs en ressortaient dans un état de narcose intellectuelle[36]. »

Tel est donc le premier secret de l'influence qu'exerce Hitler sur ses subordonnés. Le maréchal Goering lui-même l'a d'ailleurs confié à Hjalmar Schacht : « Vous savez, Herr Schacht, je me promets toujours de dire à Hitler exactement ce que je pense, mais quand j'entre dans son bureau, mon cœur descend invariablement dans mes bottes[37]. » Ribbentrop, Himmler, Frick, Keitel, Frank, Ley, Hess et bien d'autres auraient pu en dire tout

* « Ses accès de colère, écrira Rauschning, effrayaient son entourage au point qu'on faisait n'importe quoi pour ne pas s'y exposer. » Par contre, personne ne confirmera la rumeur selon laquelle il se roulait par terre et mordait le tapis. Il s'agissait manifestement d'une interprétation un peu trop littérale du surnom que lui avaient donné certains militaires : *Der Teppichfresser* – « le bouffeur de tapis ». Beaucoup ont toutefois signalé ses fréquentes crises de larmes en réaction à des contrariétés soudaines.

autant*, et l'aide de camp naval d'Hitler, Karl Jesko von Puttkamer, le confirmera à l'auteur : « Combien de fois n'ai-je pas vu des hommes courageux entrer ici comme des furies et en ressortir comme des moutons**[38] ! » Mais précisément, les acolytes d'Hitler sont loin d'être des hommes courageux, ils sont prêts à toutes les bassesses pour éviter d'encourir les foudres du maître***, ils se détestent mortellement entre eux, et la plupart sont affectés de tares physiques ou psychologiques qui les rendent hautement vulnérables à l'autorité impérieuse du Führer : Goebbels est un nain affligé d'un pied-bot, Ley un ivrogne bègue et brutal, Funk un homosexuel alcoolique****, Amann un manchot minuscule, Hoffmann un bossu syphilitique, Esser un pervers polymorphe déjà condamné pour viol de mineure, Ribbentrop un arriviste inculte et parfaitement inapte à exercer ses hautes fonctions, Goering un morphinomane obèse dont le courage physique n'a d'égal que la lâcheté morale, Himmler un fonctionnaire souffreteux très complexé par son instruction

---

* Mais certains Allemands comme Otto Strasser, Konrad Heiden ou l'amiral Canaris demeurent imperméables à cette influence paralysante. Parmi les étrangers, Mussolini et Quisling y sont très vulnérables, tandis que d'autres comme Antonescu, Mannerheim, Franco, Molotov ou Matsuoka s'y montrent largement réfractaires.

** De fait, le général Guderian lui-même succombera à ce traitement de choc le 18 décembre 1941. Venu demander au Führer la permission de retirer ses deux armées derrière la ligne de l'Oka après l'échec de l'offensive contre Moscou, il repartira sans avoir pu faire valoir ses arguments. Mais un général comme Ludwig Beck va pousser le courage jusqu'à donner sa démission en 1938.

*** L'interprète Paul Schmidt écrira ainsi que « si Hitler n'était pas satisfait de lui, Ribbentrop en tombait malade et s'alitait comme une femme hystérique ». Il aurait pu dire exactement la même chose de Goering, de Goebbels, d'Himmler, de Ley, de Hess ou de Keitel.

**** L'homosexualité n'étant pas précisément un titre de gloire dans l'Europe de l'époque. (Elle était même spécifiquement réprimée en Allemagne, aux termes de l'article 175 du Code pénal.)

limitée et son physique insignifiant, Streicher un pédophile sadique doublé d'un escroc notoire, tandis que l'idéologue du Reich Alfred Rosenberg est désespérément velléitaire, le *Parteiminister* Hess présente des faiblesses psychiques et se réfugie dans le mysticisme, le chef suprême des SA Roehm est largement discrédité par ses propos immodérés et ses débordements homosexuels, son successeur Lutze est borgne et confit dans l'alcool, et ainsi de suite *ad infinitum.* À cela s'ajoute qu'ils sont presque tous corrompus jusqu'à la moelle*...

Voilà qui les rend hautement vulnérables aux yeux d'un maître qui n'ignore rien de leurs turpitudes, mais s'abstient de les sanctionner : plus ils sont compromis, plus ils se montreront soumis aux volontés du Führer. En outre, Hitler se refuse à arbitrer leurs querelles – préférant même les entretenir au besoin –, et il ne s'interpose que si elles menacent de discréditer le parti ou d'exposer au grand jour ses coupables secrets : ainsi, lorsque Goering fait emprisonner Lüdecke en mai 1934, le Führer ordonne sa libération, mais il le fait embastiller à nouveau lorsque Lüdecke s'apprête à porter plainte en justice pour emprisonnement arbitraire[39]. Hitler intervient également pour interdire le divorce du couple Goebbels, car la révélation publique des vingt-sept dernières infidélités du conjoint – et surtout des chantages et malversations dont il a usé pour parvenir à ses fins – ne manquerait pas d'éclabousser le parti tout entier. Streicher lui-même n'est jamais inquiété en dépit de ses publications pornographiques et de ses multiples détournements de fonds, mais Hitler le démet de ses fonctions de gauleiter lorsqu'il s'en prend publiquement à Goering. Parallèlement, Hitler veille à ce qu'aucun de ses vassaux ne cumule assez de responsabilités pour

* À l'exception notable de Hess, de Speer, du trésorier Schwartz et... d'Himmler !

constituer une menace à sa toute-puissance, il les reçoit de préférence séparément, leur interdit de se réunir et n'écoute que les conseils de ceux dont les vues confortent ses desseins et ses méthodes*.

Le résultat de tout cela, c'est que les dignitaires du IIIe Reich, depuis les ministres jusqu'aux gauleiters en passant par la plupart des chefs militaires**, se retrouvent entièrement soumis à l'autorité despotique du Führer. Ce qui est plus grave encore pour l'avenir, c'est qu'ils rivalisent de servilité pour conserver les faveurs du maître, ne lui transmettent que des nouvelles agréables et des rapports optimistes***, imitent ses manies, répètent religieusement ses paroles et rivalisent de zèle dans l'exécution de leurs tâches. Peu à peu, les hommes compétents, efficaces et modérés vont s'exiler ou démissionner : l'aide de camp principal Wiedemann, unique organisateur honnête dans le secrétariat du Führer ; le responsable de la presse étrangère Hanfstaengl, dernier maillon ténu qui reliait encore la chancellerie du Reich aux États-Unis ; le général Ludwig Beck, tête pensante et conscience de l'état-major allemand ; le ministre Hjalmar Schacht, banquier de réputation internationale et seul économiste digne de ce nom dans l'histoire du IIIe Reich…

---

* Goering, Ribbentrop et Himmler se font même informer au préalable de ce que le Führer veut entendre, avant de venir à la chancellerie pour donner un avis parfaitement concordant…

** Ces derniers étant également inféodés, car ils ont prêté serment à Hitler – et celui-ci leur attribue à l'occasion de confortables dotations.

*** La peur abjecte de passer pour « pessimiste » ou « défaitiste » en faisant état d'événements défavorables conduit à des dissimulations et à des falsifications flagrantes. Himmler l'avouera même partiellement à Felix Kersten en janvier 1941 : « Lorsque je fais un rapport au Führer, je souligne plus que je ne devrais ce que je sais qu'il veut entendre […]. Pourtant, ces choses-là ne devraient jamais se faire, car elles ruinent la valeur objective de n'importe quel rapport. » Certes…

Ainsi, bien avant le déclenchement de la guerre, Hitler se retrouve isolé, avec des subordonnés serviles, inaptes, corrompus, déséquilibrés ou fanatiques – certains cumulant même toutes ces distinctions à la fois. Six d'entre eux contribueront à entraîner l'Allemagne sur une pente fatale : le ministre des Affaires étrangères von Ribbentrop, dont la stupidité et la haine de l'Angleterre seront pour une bonne part à l'origine de la Seconde Guerre mondiale ; le ministre de l'Air Hermann Goering, également responsable du plan quadriennal et maître suprême de l'économie du Reich, qui se vantera de ne pouvoir lire ni les graphiques ni les statistiques ; le ministre de la Propagande Josef Goebbels, « nain venimeux » dont les discours enflammés et l'antisémitisme pathologique annoncent au monde les abominations à venir ; le Reichsleiter Martin Bormann qui, sous les apparences de la servilité la plus absolue, forge autour d'Hitler un véritable cercle de fer ; le futur maréchal Keitel, dit *Lakeitel*[*], un instrument docile et borné au service d'une politique d'expansion militaire délirante ; enfin le *Reichsführer* Heinrich Himmler, bureaucrate glacé de l'Ordre noir, qui mettra en œuvre méthodiquement et sans états d'âme le pire holocauste de l'histoire du monde. Mais naturellement, ces hommes-là ne sont que les courroies de transmission les plus visibles des desseins implacables du « sultan à la cour duquel personne n'ose plus dire un mot[40] ».

* *Lakei* signifie « laquais ».

4

La Nuit des longs couteaux

> « Mes hommes ne sont pas des anges. Ce sont des lansquenets. Qu'ils vivent donc comme des lansquenets. [...] J'ai besoin d'hommes à poigne, et qui ne méditent pas sur les principes avant d'assommer quelqu'un. »
>
> Adolf Hitler

Au cours de l'année 1933, on assiste à un démantèlement progressif mais implacable de l'ensemble des institutions politiques de la République de Weimar : incendie du Reichstag le 27 février 1933 ; ordonnance « pour la protection du peuple et de l'État » qui permet de suspendre la liberté de presse et de réunion, d'abolir le secret postal, téléphonique et télégraphique, et surtout d'arrêter 5 000 « traîtres marxistes » ; engagement de 50 000 SA et SS comme policiers auxiliaires ; élections du 5 mars, qui donnent la majorité absolue au parti national-socialiste – une fois invalidés les 81 sièges du parti communiste ; vote de l'*Ermächtigungsgesetz*, la « loi d'habilitation », qui confère au gouvernement le droit d'édicter toutes mesures pendant quatre ans sans en référer au Reichstag… Dès lors, la prise de contrôle s'accélère : les membres du NSDAP ont un accès privilégié à la fonction publique, les autorités des *Länder* sont invitées à harmoniser leur législation avec celle du Reich, la première campagne de boycott des magasins juifs débute en avril, Goebbels devient ministre de la Propagande et Goering ministre de l'Air, la Gestapo est créée en mai et les premiers camps de concentration s'ouvrent peu après. Ainsi, avant même la fin de 1933, le chancelier Hitler a épuré son gouvernement, balayé ses adversaires politiques, jugulé les libertés, laminé l'opposition, étouffé les *Länder*, éliminé les syndicats, mis au pas les Églises, bâillonné le Reichstag, instauré un État policier et largement imposé son autorité.

Pourtant, malgré les apparences, le nouveau régime reste vulnérable ; c'est qu'au-dessus du chancelier, il y a le président Hindenburg, fort de son prestige et du soutien inconditionnel de l'armée. Cette Reichswehr, commandée par le ministre de la Guerre von Blomberg, Hitler ne la contrôle pas, et il n'a guère plus d'autorité sur le ministère des Affaires étrangères de von Neurath ou sur la grande industrie, très proche de son vice-chancelier von Papen. En réalité, ces trois institutions sont restées monarchistes dans l'âme et viscéralement attachées à l'ordre ancien – tout comme le président Hindenburg lui-même. Du vivant de ce dernier, Hitler ne peut rien y changer ; mais lorsque le héros de Tannenberg aura quitté la scène, le Führer compte bien imposer son autorité absolue au peuple allemand. Pour cela, il a ses vieux acolytes, son parti… et ses SA.

On se souvient qu'après le départ d'Ernst Roehm*, Hitler avait confié la direction de ses quelque 25 000 SA au capitaine Pfeffer von Salomon, un ancien des *Freikorps*.

* Roehm s'était exilé à La Paz, où il était devenu instructeur de l'armée bolivienne.

Mais dès mars 1930, les SA, pour la plupart ouvriers, artisans ou chômeurs ne touchant aucune solde pour leur engagement au service du NSDAP, se sont révoltés contre les dirigeants du parti, dont le train de vie leur paraissait tout sauf prolétaire*. Hitler a réussi à les apaiser, mais ayant dès lors perdu confiance en Pfeffer von Salomon, il rappelle Roehm de son exil bolivien, et celui-ci prend ses fonctions au début de 1931. Ernst Roehm est resté un organisateur hors pair, et le moment lui est favorable, car la crise économique provoque un afflux considérable de volontaires dans les rangs de la SA – dont les manifestations de masse, les intimidations et la propagande ont beaucoup facilité la prise de pouvoir d'Hitler. Ces solides gaillards au coup de poing facile et à la conscience élastique sont 1,5 million au début de 1933, et 3 millions un an plus tard. En s'empressant de revêtir l'uniforme brun, tous espèrent trouver rapidement une fonction privilégiée sous le nouveau régime.

À côté des 100 000 hommes de la Reichswehr autorisés par le traité de Versailles, les SA représentent certes une force considérable, mais leur condition reste précaire et leur rôle incertain. Les responsables politiques du parti ont accaparé les sinécures grassement payées, tandis que les lieutenants de Roehm : Heines, Ernst, von Heydebreck, Schmid, Hayn, Schneidhuber et von Krausser – qui ont tous de lourds casiers judiciaires – sont devenus pour la plupart préfets de police ou députés. Dès lors, ils se sont considérablement enrichis en « réquisitionnant » les biens des Juifs, des communistes et des socialistes, ainsi qu'en extorquant des sommes considérables aux bourgeois

* Notamment contre Goebbels, qui avait détourné des sommes considérables pour se faire construire une luxueuse résidence et entretenir ses maîtresses. Mais Goering le dépassait encore en faste, et tous les dirigeants du parti – à commencer par Hitler – se déplaçaient en cortèges de puissantes Mercedes.

et aux industriels. Mais que faire de toute la piétaille des Chemises brunes désœuvrées, turbulentes, et qui s'estiment frustrées des fruits de la victoire ? Au cours des premiers mois de la prise de pouvoir, le ministre de l'Intérieur de Prusse Hermann Goering a certes conféré à 50 000 d'entre eux des pouvoirs de « police auxiliaire » dont ils ont largement abusé en rançonnant la population, en occupant des banques et des compagnies d'assurances, en rossant des bourgeois, des Juifs, des diplomates étrangers et des officiers de la Reichswehr, et surtout en torturant affreusement les opposants potentiels dans les *wilde Lager*, les « camps sauvages », ou dans les *Bunkers* – généralement des caves d'immeubles ou des usines désaffectées*. Quant à tous les autres fantassins des *Sturmabteilungen* dont les services ne sont plus requis en dehors des jours de parades, ils attendent toujours cette « seconde révolution » contre les possédants promise par leur chef Roehm, qui devrait enfin leur conférer prospérité et respectabilité.

Le « chef d'état-major » Ernst Roehm, nommé ministre sans portefeuille au début de 1934, n'a pas été le dernier à s'enrichir ; il s'est installé dans un hôtel particulier de la Standartenstrasse, qu'un visiteur médusé décrira en ces termes : « Décor opulent, tapisseries des Gobelins, toiles de maîtres, magnifiques miroirs en cristal, moquettes épaisses et meubles d'époque reluisants… Le tout ressemblait à un bordel pour millionnaires[1] » – un bordel strictement masculin, bien entendu. Il y tient même des banquets pour le corps diplomatique, qui sont plus somptueux que ceux du ministère des Affaires étrangères[2]. Dès lors, que demander de plus ? L'essentiel ! C'est que Ernst Roehm, l'ancien officier de corps franc, ex-capitaine de la Reichswehr et « roi de la

* Les excès ont été tels que Goering a dû leur retirer en juillet les fonctions de policiers auxiliaires.

mitrailleuse », qui avait si puissamment aidé le caporal Adolf Hitler à maintes reprises*, est resté un lansquenet dans l'âme. Au fond, il préfère les cours de caserne aux lambris des ministères, les défilés militaires aux soirées à l'Opéra et les beuveries de corps de garde aux dîners de gala. C'est pourquoi il a désormais une grande ambition, qu'il estime amplement justifiée par les services rendus depuis douze ans : devenir ministre de la Guerre et chef suprême des forces armées du Reich, avec tous ses acolytes pour généraux. Moyennant quoi il pourra constituer une véritable armée révolutionnaire de plusieurs millions d'hommes, distribuer des grades et des soldes à tous ses SA devenus militaires de carrière, incorporer les meilleurs officiers de la Reichswehr et renvoyer les autres dans leurs foyers, récupérer tout l'armement lourd qui fait défaut à ses miliciens, et pour finir, mener à bien sa « seconde révolution » véritablement socialiste, en se débarrassant de tous ses ennemis au sein de la hiérarchie nazie – à commencer par Himmler, Heydrich, Blomberg et Goering. Quant à Hitler, le vieil ami et compagnon de lutte, on le gardera comme figure de proue, en quelque sorte…

À Lüdecke, Roehm confie : « Je ne veux pas être à la merci de Goering et de Blomberg. Les effectifs de mes SA ne cessent d'augmenter. […] Hitler sait que je ne laisserai jamais s'éteindre la flamme de notre révolution. Bien sûr, il est confronté à un dilemme, et comme d'habitude, il hésite à trancher nettement. […] Il veut nous utiliser comme moyen de pression sur la Reichswehr et les gros capitalistes, ici et à l'étranger.

* En armant ses SA, en participant au putsch de novembre 1923, en maintenant la cohésion des formations SA pendant l'emprisonnement d'Hitler, en reprenant en main ces mêmes SA à la demande d'Hitler au début de 1931, et en servant d'intermédiaire lors des négociations avec von Schleicher et von Papen l'année suivante.

Mais s'il croit qu'il peut me manipuler indéfiniment pour servir ses intérêts, et un beau jour me jeter à la poubelle, il se trompe. Les SA peuvent aussi servir à contenir Hitler lui-même[3]. » À Hermann Rauschning, il déclare de même : « Adolf est ignoble. Il nous trahit tous. Il ne fréquente plus que les réactionnaires. Il méprise ses anciens camarades. […] Ce que je veux, Adolf le sait parfaitement, je le lui ai assez souvent répété. Je ne veux pas un replâtrage de la vieille armée impériale. Faisons-nous ou non une révolution ? […] Les généraux sont de vieilles badernes, assez de leur routine, qu'on les mette au rancart. Adolf a été à mon école. C'est de moi qu'il tient tout ce qu'il sait des questions militaires. La guerre n'est pas seulement du maniement d'armes. Mais Adolf est et reste un civil, un barbouilleur, un rêveur, un petit bourgeois qui veut qu'on lui fiche sa paix viennoise. Ce qui lui plaît, c'est de s'asseoir et de trôner comme le bon Dieu sur sa montagne de l'Obersalzberg ! Et pendant ce temps, nous nous tournons les pouces, alors que les doigts nous démangent. Croyez-vous que je me contenterai d'être le berger qui traîne un troupeau de vétérans médaillés ? Non, non. Je suis le Scharnhorst de la nouvelle armée. […] Il est impossible de greffer sur du bois mort. L'occasion est unique de construire quelque chose d'inouï, quelque chose qui fera sortir le monde de ses gonds. Mais Hitler me promène par le bout du nez. Il préfère ne rien brusquer, ne rien risquer. Ça, c'est de l'Adolf tout pur. Il veut hériter d'une armée toute prête. Il la fera rafistoler par les "hommes du métier". Rien qu'en entendant ce mot, je vois rouge. Il dit qu'il veut faire une armée nationale-socialiste et il commence par en charger les généraux prussiens. Je les mets tous dans le même sac, eux et Adolf[4] ! »

On le voit, Ernst Roehm est tout sauf discret, surtout après boire… Ses ambitions, il les proclame non seulement lors d'entretiens privés, mais encore dans une note adressée le 1er février 1934 au général von Blomberg, exigeant une fusion des SS, des SA et de la Reichswehr sous sa direction*. En outre, il couvre très officiellement les crimes, les rapines et les orgies de ses subordonnés, il promet l'enfer à Goering, Heydrich et Himmler, ne comprend toujours pas qu'il convient de se méfier du téléphone, et compte fermement sur la fidélité comme sur la reconnaissance d'Adolf Hitler – autant d'erreurs potentiellement fatales…

Voilà en tout cas qui crée une émotion certaine à tous les niveaux du régime. Le peuple, depuis le petit bourgeois jusqu'à l'ouvrier d'usine, est effaré par les débordements criminels et délictuels des SA, mais naturellement, il n'a pas voix au chapitre. Par contre, d'autres éléments de la société ont les moyens de se faire entendre : les représentants de la grande industrie qui soutiennent Hugenberg, et sans le concours desquels la survie d'un gouvernement en pleine crise économique serait compromise à très court terme ; le président Hindenburg, que la Constitution autoriserait à destituer son chancelier en cas de péril pour la nation ; la Reichswehr elle-même, dont les chefs von Blomberg et von Reichenau sont bien décidés à faire échouer les projets d'« armée du peuple » de Roehm – par la force au besoin ; le ministère des Affaires étrangères, seul capable de rassurer la France et la Grande-Bretagne, que tous ces bruits de bottes pourraient pousser à intervenir prématurément pour mettre fin aux violations du traité de Versailles ; le clergé catholique et protestant, ainsi que les Junkers, ces grands propriétaires terriens ultraconservateurs dont le vice-chancelier von Papen est le premier représentant au sein du gouvernement ; enfin, les principaux satrapes du régime Goebbels,

* Un document que von Blomberg fera immédiatement transmettre à la chancellerie. Selon Otto Strasser, Roehm aurait même présenté son projet en Conseil des ministres…

Himmler et Goering, dont le ministère de la Propagande, la SS* et la *Landespolizei* sont des forces avec lesquelles il faut compter. Goering dispose en outre de l'arme redoutable du *Forschungsamt*, qui lui permet de connaître en permanence les projets et les manigances de ces dirigeants SA auxquels les hauts grades, les pouvoirs exorbitants, les fortunes acquises et les vapeurs d'alcool confèrent une trompeuse sensation de sécurité.

Adolf Hitler n'ignore rien de tout cela, et il en mesure parfaitement les conséquences : que la droite conservatrice des Junkers, des monarchistes, de l'armée, de la grosse industrie, des Affaires étrangères, de l'Église et de la vice-chancellerie fassent alliance – avec la bénédiction du président Hindenburg –, et les SA seront balayés, en même temps que l'ensemble du régime national-socialiste**. D'ailleurs, Hitler aura besoin de soldats de métier pour mettre en œuvre ses plans futurs : « La sélection de ces troupes de métier ne peut pas être basée sur l'idéologie révolutionnaire ou sur l'affiliation au parti. [...] Puis-je sérieusement croire que les hommes des SA, qui ne sont même pas passés devant les conseils de révision, sont capables de fournir le matériel d'une élite militaire[5] ? » En raison de ces deux considérations essentielles, le Führer doit résister aux pressions de Roehm, d'autant qu'après le décès du président Hindenburg, il ne pourra s'arroger le pouvoir absolu qu'avec le soutien de la Reichswehr.

La cause paraît donc entendue, mais les choses sont beaucoup moins simples en réalité. Aussi curieux que cela puisse paraître chez un homme pour qui l'amitié, la fidé-

---

* À ce stade, les SS sont moins de 300 000, et ils restent subordonnés à la SA de Roehm – ce que leur chef Himmler supporte très mal.

** La supériorité numérique des SA ne doit pas faire illusion : une fraction seulement de ses membres est entraînée au combat, et la Reichswehr seule possède un armement lourd, qui serait décisif en cas de confrontation.

lité et la reconnaissance sont des mots vides de sens, Adolf Hitler semble s'être attaché au vieux baroudeur bavarois cousu de cicatrices*, qui reste un des très rares compagnons admis à le tutoyer. Son homosexualité ? Hitler n'en a cure** : « *Ach*, dit-il à Lüdecke, pourquoi me mêlerais-je de la vie privée de mes lieutenants ? Tout ce qui m'intéresse, ce sont les services qu'ils peuvent rendre à la cause. [...] Et même en dehors des hauts faits de Roehm, je sais que je peux compter entièrement sur lui[6]. » Effectivement, Hitler lui adresse une lettre ouverte particulièrement chaleureuse, publiée dans le *Völkischer Beobachter* du 2 janvier 1934 : « À la fin de cette première année de la révolution nationale-socialiste, je dois te remercier, mon cher Ernst Roehm, pour les services inoubliables que tu as rendus au mouvement national-socialiste et au peuple allemand, et t'assurer que je suis extrêmement reconnaissant au destin de m'avoir permis de compter des hommes comme toi parmi mes amis et camarades de combat. En gage d'amitié véritable et de reconnaissante considération. Ton Adolf Hitler[7]. »

À cela s'ajoute que certaines des ambitions de Roehm trouvent chez Hitler un certain écho ; ainsi, cette nazification d'une Reichswehr réactionnaire par l'introduction massive d'hommes de confiance au sein du corps des officiers, le Führer y songe lui-même depuis des années, pour un avenir plus lointain : « Je ne renoncerai jamais, confie-t-il au président Rauschning, à incorporer l'armée dans l'État national-socialiste, comme son plus fort appui à côté du parti[8]. » En outre,

---

* L'adjectif « vieux » est tout relatif, car Roehm n'a que quarante-six ans. Mais son embonpoint et ses cicatrices de guerre – notamment la partie supérieure du nez emportée par un éclat d'obus – le font apparaître bien plus âgé.

** Quoi qu'aient pu écrire des générations de psychiatres amateurs, Hitler n'était pas homosexuel.

Roehm n'est pas le seul tenant de la faction du NSDAP à prendre au sérieux la partie « socialiste » du national-socialisme : il y a aussi Gregor Strasser, Walther Darré, Alfred Rosenberg, Robert Ley et même – en paroles du moins – Josef Goebbels. Quant à la terreur que font régner les SA dans le pays, Hitler refuse tout net de la condamner : de son propre aveu, il a besoin d'« hommes à poigne, et qui ne méditent pas sur les principes avant d'assommer quelqu'un[9] ». Après tout, que serait devenu son parti sans la force d'intimidation des SA ? D'ailleurs, ceux-ci ne lui servent-ils pas aussi de protection contre un éventuel coup de force de la « réaction », qu'il soupçonne von Papen et certains généraux de vouloir mener ?

On voit donc que le Führer est pris en tenaille entre des aspirations contradictoires : à court terme, il doit naturellement privilégier ses relations avec l'ensemble des forces « réactionnaires », car c'est la condition même de la survie du régime ; à plus long terme, il voudrait se débarrasser de tous ces chefs militaires, diplomates, Junkers, industriels et ecclésiastiques encombrants, pour les remplacer par des hommes du parti entièrement soumis à son autorité. Le long terme s'opposant au court terme, Hitler, ferme et résolu en apparence mais timoré et indécis en réalité, va chercher pendant plusieurs mois à ménager les deux camps. À droite, il rencontre plusieurs fois von Blomberg, pour l'assurer de son intention de mater les SA et leur chef ; à gauche, il envoie Goebbels en émissaire pour rencontrer secrètement Roehm et lui promettre une extension de ses pouvoirs, en échange d'une certaine modération dans ses discours et dans l'action de ses hommes. Enfin, il organise le 28 février au ministère de la Guerre une « réunion de réconciliation » entre Reichswehr, SS et SA, au cours de laquelle il répartit les rôles : le politique aux SA et le militaire à la Reichswehr, qui doit être le

« seul bras armé de la nation » en prévision des grandes campagnes à venir*. La réconciliation semble donc scellée, mais lors du banquet qui suit le départ d'Hitler, Roehm, sans doute pris de boisson, exprime franchement ses arrière-pensées : « Ce qu'a dit ce caporal ridicule ne nous concerne pas. Je n'ai pas la moindre intention de respecter cet accord. Hitler ne connaît pas la loyauté et doit au moins prendre un congé. [...] Si on ne peut pas faire l'affaire avec lui, on la fera sans lui[10]. » Un de ses propres officiers, l'*Obergruppenführer*** borgne Viktor Lutze, s'empresse d'aller à Berchtesgaden rapporter ces propos à Hitler, qui répond sombrement : « Il faut laisser mûrir les choses[11]. »

À Berlin, pendant ce temps, certains s'emploient à accélérer la maturation. Heydrich, un habitué, constitue d'épais dossiers sur Roehm et ses lieutenants, dans lesquels il mêle comme toujours le vrai, le demi-vrai et le faux intégral ; ainsi, il fait circuler une liste d'hommes à abattre, prétendument obtenue au quartier général des SA : von Blomberg et Hitler y figurent naturellement en bonne place... Himmler, qui a mis la main en avril sur la Gestapo de Prusse, fait également travailler ses espions à plein régime. Le *Ministerpräsident* et général de fraîche date Hermann Goering, lui, a son service des écoutes, qui lui apporte chaque matin le compte rendu des propos éthyliques délirants des dirigeants SA ; or, ceux-ci parlent très librement de leur détestation pour Goering et Himmler, ainsi que de leur mépris pour Hitler. Entre mars et juin 1934, les renseignements ainsi recueillis vont s'empiler sur le bureau du Führer avec une déconcertante régularité. Les crimes, les viols, les tortures, les

---

* Il dévoile déjà une partie de ses projets pour l'avenir, en indiquant que « des frappes brèves et décisives à l'Ouest, puis à l'Est, pourraient se révéler nécessaires ».

** Général de corps d'armée.

rapines, les enlèvements et les extorsions perpétrés par les hommes de Roehm font partie du lot quotidien, et n'intéressent Hitler que dans la mesure où ils créent un sourd mécontentement dans le pays ; leurs commentaires désobligeants à l'endroit du « petit caporal de la dernière guerre » l'agacent autant que leurs rodomontades sur la nécessité d'une « seconde révolution véritablement socialiste » ; leurs imprudentes déclarations concernant une prochaine prise en main de la Reichswehr par les 3 millions d'hommes de la SA le gênent davantage, et les dernières informations selon lesquelles les SA accumulent dans leurs casernes des armes en provenance de l'étranger l'indisposent tout autant, sans encore le décider à agir : s'il frappe à gauche, il se rend vulnérable à droite, et vice versa…

Au début de juin, Baldur von Schirach déjeune avec Roehm, qui s'apprête à partir en cure à Bad Wiessee, près de Munich, pour y soigner ses rhumatismes. Comme toujours après un repas bien arrosé, le vieux soudard est en veine de confidences : « Ce qu'il nous faut, c'est une armée populaire. Mais ces crétins de la Bendlerstrasse* ne veulent pas le comprendre, et pour Adolf, la Reichswehr est maintenant l'enfant chéri. […] Je suis fidèle à Adolf. S'il me dit maintenant que je suis une charge pour lui, je retourne en Bolivie. Je ne pourrai jamais entreprendre quoi que ce soit contre lui. […] Le principal est que nous tenions. Tout s'est arrangé entre nous. Je m'entendrai toujours avec Adolf. C'est mon ami et je l'aime bien[12]. »

Pendant les semaines qui suivent, Hitler, toujours hésitant, multiplie les déplacements et les consultations ; il convoque même Gregor Strasser, qu'il a refusé de voir depuis dix-huit mois, et lui propose le ministère de l'Économie – ce que Strasser n'accepterait que

* Le siège du ministère de la Guerre.

moyennant le départ de Goering et de Goebbels[13]. Le 14 juin, le Führer va rencontrer Mussolini à Venise – une visite décevante, au cours de laquelle Mussolini lui conseille de se débarrasser de ses « radicaux ». Après cela, Hitler reprend ses déplacements incessants dans le pays et tient plusieurs conciliabules avec Goering, Himmler et Goebbels ; le 21 juin, il se rend également à Neudeck, où von Blomberg lui fait clairement comprendre qu'il ne peut espérer obtenir le soutien de l'armée qu'au prix de l'élimination des SA en tant que force politique – ce que le vieux maréchal Hindenburg lui confirme aussitôt : au cas où il serait incapable de mater ses trublions, l'état d'exception serait proclamé et l'armée s'en chargerait elle-même. Il y a là de quoi faire réfléchir le Führer, qui reste pourtant indécis durant les jours qui suivent. Pendant ce temps, Goebbels rencontre discrètement Roehm dans une salle privée de la brasserie munichoise Bratwurstglöckl ; il lui laisse entendre que le Führer pourrait bientôt frapper les « réactionnaires », et sans doute le croit-il lui-même…

C'est une double information en provenance de la Gestapo et du *Forschungsamt* qui va faire avancer les choses : d'après les rapports d'agents et les enregistrements téléphoniques, Roehm aurait mobilisé ses effectifs autour de Berlin en prévision d'un coup d'État imminent, et il se serait même entendu avec le général von Schleicher et Gregor Strasser pour former un nouveau gouvernement après sa prise de pouvoir. Afin d'ajouter à la vraisemblance, Goering et Himmler fournissent même un luxe de détails : von Schleicher deviendrait chancelier, Strasser ministre de l'Économie, Roehm ministre de la Défense, Theodor Croneiss* remplacerait Goering au ministère de l'Air, et le prince August Wilhelm, affublé du titre de régent, servirait de caution auprès des monarchistes ;

* Vice-président de la société Messerschmitt et officier SA.

enfin, les conspirateurs se seraient assuré le concours de la France pour faire réussir leur projet.

Ce rapport, également communiqué aux services de renseignements de la Reichswehr, mêle habilement le vrai et le faux : en réalité, il n'existe aucune collusion entre Roehm, Strasser et von Schleicher, qui n'ont pas les mêmes buts et ne se font aucune confiance ; l'implication de la France dans le complot est purement imaginaire, et destinée à criminaliser davantage les conjurés aux yeux du Führer ; enfin, si Roehm a bien quelques velléités révolutionnaires et n'en fait pas mystère, l'annonce de leur mise à exécution dans un proche avenir est nettement fantaisiste : les SA ont été mis en congé pour tout le mois de juillet ; leur chef à Berlin, Karl Ernst, s'apprête à partir en voyage de noces, et Roehm lui-même est en cure à Bad Wiessee. Rien de tout cela ne laisse présager un coup d'État imminent, mais la désinformation est aux mains de spécialistes, et Hitler y est très vulnérable. Le 25 juin, Rudolf Hess, manifestement en service commandé, prononce à la radio un discours menaçant : « Malheur à celui qui croit servir la révolution par la rébellion. [...] Malheur à celui qui piétine les projets du Führer dans l'espoir d'obtenir des résultats plus rapides[14]. » Mais Roehm ne prend pas au sérieux Rudolf Hess...

Un nouveau document, aussi faux que le premier, est transmis à la chancellerie le 26 juin : c'est un ordre d'attaque contre la Reichswehr, censé émaner de Roehm lui-même[15]. Dès le lendemain, le *Gruppenführer* SS Joseph « Sepp » Dietrich rend visite au général von Reichenau, auquel il demande des mitraillettes et des fusils, ainsi que des moyens de transport « à destination de l'Allemagne du Sud » pour sept cents hommes de sa *Leibstandarte Adolf Hitler**. Entre-temps, au siège de la

* Garde du corps personnelle d'Adolf Hitler.

Gestapo dans la Prinz Albrechtstrasse, plusieurs agents ont travaillé sans relâche à établir des fiches individuelles comportant les noms et les adresses précises de tous les officiers supérieurs SA et d'autres « ennemis du Führer[16] ». Pendant ce temps, Himmler et Heydrich ont établi autour de Roehm un étroit cordon de surveillance.

Le 28 juin, Hitler et Goering sont à Essen pour assister au mariage du gauleiter Terboven, lorsque le secrétaire d'État Koerner leur apporte des informations de Berlin selon lesquelles les SA s'apprêteraient à s'emparer de la capitale ; en outre, ils s'en seraient pris à un diplomate étranger, ce qui leur était expressément interdit. Hitler, furieux, rentre à son hôtel et convoque l'*Obergruppenführer* SA Victor Lutze, qui notera la suite dans son journal : « Dans la chambre d'hôtel, le téléphone fonctionnait presque sans interruption. Le Führer était absorbé dans ses pensées, mais il semblait évident qu'il serait désormais obligé de passer à l'action[17]. » De fait, Hitler hurle à ses compagnons : « J'en ai assez ; je vais faire un exemple ! » ; Goering reçoit l'ordre de rentrer à Berlin et de se préparer à passer à l'action dès qu'il recevra le mot de code *Kolibri*. Après quoi le Führer téléphone à Roehm, le prend rudement à partie au sujet de l'affaire du diplomate molesté, puis lui annonce qu'il se rendra personnellement à Bad Wiessee pour s'adresser à tous les chefs SA le surlendemain à 11 heures[18]. Goebbels, qui était discrètement en sympathie avec Roehm, s'empresse de changer de camp ; Goering, lui, regagne Berlin, où il met en alerte sa police personnelle et la *Leibstandarte* SS, s'adjuge les pleins pouvoirs en Prusse et envoie des instructions secrètes au commandant SS de Silésie : au signal, il devra arrêter les principaux dirigeants SA de sa région et faire occuper leur QG.

Hitler, en proie à une grande agitation, ne tient plus en place. Dans la journée du 29 juin, il visite un camp de travail en Westphalie, puis se rend à l'hôtel Dreesen de Bad Godesberg, où il est rejoint dans la soirée par le secrétaire Paul Koerner, qui lui apporte les derniers renseignements recueillis par Himmler et Goering ; ils indiquent que Karl Ernst, le commandant des SA de Berlin, n'ira pas à Bad Wiessee, mais fera occuper les principaux bâtiments publics de la capitale dès le lendemain[19]. « C'est un putsch ! » hurle le Führer, qui ne prend même pas le temps de vérifier ; en outre, il apprend quelques minutes plus tard que 3 000 SA passablement éméchés manifestent bruyamment dans les rues de Munich. Hitler reste silencieux durant le dîner, et vers 21 h 30, son pilote Hans Baur le voit pleurer[20]. Mais cet étrange velléitaire a l'habitude de s'arracher à la léthargie et à l'irrésolution en passant de l'excitation à la transe, puis de la transe à la rage, pour enfin prendre des décisions brusquées*. Ce sera encore le cas cette fois-ci : ayant ordonné à Sepp Dietrich de le rejoindre immédiatement à Munich avec ses hommes de la *Leibstandarte*, il embarque dans un Junkers 52 peu après 2 heures du matin, avec Lutze, Goebbels, Brückner, Schaub et Otto Dietrich. À Munich, les SS ont déjà entrepris de cerner les baraquements des SA, tandis que les hommes de la Reichswehr restent consignés dans leurs casernes. Cette journée du 30 juin 1934 qui commence à peine restera dans l'histoire sous un nom qui fait encore frémir : la Nuit des longs couteaux**.

---

* Malgré tout, il entre dans la décision d'Hitler une bonne part de calcul rationnel : ses informateurs lui ont fait savoir que le président Hindenburg, gravement malade, n'avait plus que quelques mois à vivre. Pour pouvoir prendre sa place, Hitler doit absolument avoir le soutien de l'armée, et nous connaissons déjà les conditions posées par von Blomberg au nom de la Reichswehr…

** Ce sont les SA eux-mêmes qui évoquaient à la fin de 1933 une seconde révolution, en prévision de laquelle ils « aiguisaient leurs longs couteaux ».

À 4 heures du matin, le Ju 52 se pose sur le terrain d'aviation d'Oberwiesenfeld, près de Munich. Dans le petit matin gris, au milieu des rafales de vent et de pluie, le comité d'accueil du parti et de l'armée voit débarquer un Hitler très pâle dans son manteau de cuir noir, qui regarde fixement devant lui et marmonne : « C'est le jour le plus sombre de ma vie, mais je vais aller à Bad Wiessee et sévir durement[21]. » Pendant dix minutes, il fait les cent pas sur le tarmac en compagnie du gauleiter Wagner*, en frappant spasmodiquement sa tige de botte avec son fouet. Au moment où il prend place dans la voiture de Wagner, son pilote médusé l'entend hurler : « Je vais régler son compte à ce porc[22] ! » Conduit à vive allure vers Munich, il bondit hors de la voiture devant le ministère de l'Intérieur de Bavière et y pénètre à grandes enjambées, suivi de Wagner et d'une petite escorte. Les deux chefs SA de Munich, l'*Obergruppenführer* Schneidhuber et le *Gruppenführer* Schmidt, sont rudement bousculés par un Hitler quasiment hystérique, qui arrache leurs insignes de grade en hurlant : « Vous êtes en état d'arrestation et vous serez fusillés[23] ! » Vers 6 heures du matin, le Führer, toujours hors de lui, sort du bâtiment et s'engouffre dans sa voiture. Les renforts SS de Sepp Dietrich n'étant pas encore arrivés**, il n'a que ses neuf

* Wagner était également ministre de l'Intérieur de Bavière.

** Les témoignages sur la présence de Sepp Dietrich et de ses hommes au matin du 30 juin sont contradictoires. Selon son biographe Charles Messenger, Sepp Dietrich et sa *Leibstandarte* n'ont pu arriver à temps pour accompagner Hitler à Bad Wiessee, en raison de l'état des routes et de la vétusté des véhicules fournis par l'armée (C. Messenger, *Hitler's Gladiator*, Brassey's, Londres, 1988, p. 59). Voir également I. Kershaw, *Hitler,* vol. I, Penguin, Londres, p. 514. Wilhelm Brückner confirmera en 1949 qu'il n'y avait pas de SS pour participer à l'expédition, mais seulement les « deux groupes d'accompagnement habituels, dans deux voitures ». Par contre, il est pratiquement certain que des agents de la Gestapo étaient déjà à Wiessee depuis la veille au soir, et avaient neutralisé les gardes du corps de Roehm pendant la nuit.

gardes du corps pour l'accompagner en plus de Goebbels, Lutze, Brückner et Dietrich, mais il ordonne à son chauffeur Kempka de se diriger sans retard vers Bad Wiessee.

Les quelque soixante kilomètres séparant Munich de Bad Wiessee sont parcourus à vive allure, et peu après 6 h 30, la Mercedes d'Hitler et les deux voitures d'escorte s'arrêtent devant la pension Hanselbauer, où Roehm et ses lieutenants se sont installés. L'endroit n'est pas gardé et Hitler pénètre en premier dans le hall, qui est désert*. Pendant que ses hommes investissent les étages, Hitler frappe à la porte de la chambre n° 7. « Qui est là ? », demande Roehm d'une voix endormie. « C'est moi, Hitler, ouvre vite. » « Déjà ! Je t'attendais à midi[24]... » Lorsque la porte s'ouvre, Hitler entre en trombe, le pistolet à la main, pour annoncer à son vieux camarade éberlué : « Ernst, tu es en état d'arrestation ! » Suivent un chapelet d'accusations, un ordre de s'habiller immédiatement, et avant même que Roehm ait eu le temps de protester, Hitler est déjà dans le couloir. Il tambourine à la porte de la chambre d'en face, occupée par le *Gruppenführer* Heines et son chauffeur, qui est aussi son amant. Heines, que l'irruption d'Hitler, de Lutze et d'un policier en civil a tiré brutalement de son sommeil, refuse d'abord de s'habiller, mais Hitler lui donne le choix entre obtempérer et être abattu sur-le-champ. En moins de vingt minutes, Roehm, Heines, Bergmann, Uhl**, le comte, Spreti deux aides de camp, quatre jeunes gens au rôle peu équivoque et dix gardes du corps au sommeil trop lourd se retrouvent enfermés dans la buanderie du sous-sol.

---

* Visconti n'ayant pas encore pris les choses en main, il n'y avait pas eu d'orgie à la pension cette nuit-là.

** Le *Standartenführer* (colonel) Julius Uhl, chef de la garde personnelle de Roehm. Dans le document incriminant fabriqué par Heydrich, il était l'homme désigné pour abattre Hitler.

Les choses menacent de se gâter lorsqu'un camion rempli de quarante hommes armés appartenant à la *Stabswache* – la garde d'état-major de Roehm – s'arrête devant la pension ; une confrontation menace, mais Hitler leur intime l'ordre de rentrer à Munich, et ils s'exécutent. Après quoi le Führer fait monter Roehm dans une voiture et les autres prisonniers dans un autobus réquisitionné, et tous reprennent la route de Munich en passant par la rive sud du Tegernsee[25*]. En chemin, on arrête plusieurs voitures d'officiers SA en route pour Wiessee ; ils sont interrogés et invités fermement à se joindre au convoi. Vers 9 h 30, celui-ci parvient à la Maison brune, gardée par les SS – qui ont arrêté entre-temps plusieurs officiers SA dans leurs casernes, et en ont cueilli beaucoup d'autres à leur descente du train. Hitler ordonne à Goebbels de téléphoner à Goering le mot de code *Kolibri*.

Depuis son palais de la Leipziger Platz, Goering, qui attendait en compagnie d'Himmler et du général von Reichenau, donne aussitôt le feu vert à l'exécution du plan établi de longue date. Partis des casernes de l'école des cadets de Lichterfelde, les camions chargés de commandos de la *Landespolizei*, précédés de pelotons motocyclistes, pénètrent dans Berlin par des routes détournées et viennent cerner le quartier général des SA dans la Wilhelmstrasse. Quelques instants plus tôt, Franz von Papen, en délicatesse avec les nazis depuis son discours de Marburg[**], avait été convoqué d'urgence à la résidence de Goering. Ayant traversé les jardins du

---

* Il s'agit d'une précaution de la part d'Hitler, pour le cas où les gardes du corps de Roehm se raviseraient et tenteraient de les intercepter sur le chemin de Munich. C'est effectivement ce qu'ils vont faire, mais ils attendront en vain sur la rive nord.

** Dans ce discours, prononcé le 17 juin, von Papen avait dénoncé sans équivoque les abus du régime hitlérien.

ministère de l'Air, le vice-chancelier est stupéfait d'y découvrir un palais transformé en forteresse : « Tout le secteur grouillait de gardes SS armés de mitraillettes. Goering était dans son bureau avec Himmler. Il me dit qu'Hitler avait été obligé de prendre l'avion pour Munich, afin de mater une révolte dirigée par Roehm, tandis que lui-même avait reçu les pleins pouvoirs pour faire face à l'insurrection dans la capitale. J'ai immédiatement protesté, et j'ai fait remarquer que en l'absence du chancelier, de tels pouvoirs ne pouvaient que m'être conférés en ma qualité de vice-chancelier. Goering m'a répondu qu'il n'en était pas question. [...] J'ai dit alors qu'il était essentiel d'informer le président, de déclarer l'état d'urgence et de faire intervenir la Reichswehr pour qu'elle rétablisse l'ordre. Mais là encore, Goering a refusé : il était inutile de déranger Hindenburg, puisqu'il contrôlait parfaitement la situation avec l'aide des SS. Nous avons commencé à nous échauffer, mais Goering a mis un terme à la conversation en m'invitant à rentrer chez moi et à ne plus en sortir sans le prévenir – ma propre sécurité en dépendait. J'ai répondu que je m'occuperais moi-même de ma sécurité, et que je refusais de me soumettre à ce qui revenait à une arrestation[26]. »

Pendant cette conversation, l'assistant de von Papen, le comte von Tschirschky, entend Himmler dire à voix basse au téléphone : « Vous pouvez y aller maintenant ! » Il comprendra peu après : von Papen a été attiré hors de la vice-chancellerie pour que les sbires de Goering et d'Himmler puissent l'investir en toute tranquillité – ce qu'ils vont faire sur l'heure, en abattant au passage le chef du service de presse Herbert von Bose et en arrêtant tous les secrétaires. Pendant ce temps, au palais de Goering, l'entretien s'achève, et von Papen écrira : « Pour finir, Goering, qui recevait un flot de messages, m'a plus ou moins mis à la porte. [...] Nous sommes repartis en voiture vers la vice-chancellerie de la Vosstrasse, afin que je puisse y prendre mes dossiers. J'ai trouvé le bâtiment occupé par les gens d'Himmler, et un garde armé d'une mitraillette m'a empêché d'entrer. L'un des employés a réussi à me chuchoter que Bose avait été abattu, après quoi nous avons été séparés et j'ai reçu l'ordre de retourner à ma voiture. Nous étions cernés par des hommes de la SS et des membres de la police secrète de Goering, qui essayaient tous d'arrêter Tschirschky. La tension est montée à tel point qu'ils ont failli se tirer dessus. C'était une bonne indication de la confusion qui régnait. Il y avait manifestement deux groupes à l'œuvre, l'un commandé par Goering, l'autre par Himmler[27]. »

C'est parfaitement exact : les deux complices agissent de concert, mais comme leurs intérêts diffèrent, ils n'ont pas toujours les mêmes comptes à régler. Du reste, von Papen a toutes raisons de s'en féliciter ; rentré à son domicile, il n'échappera aux agents d'Himmler chargés de l'exécuter que grâce aux hommes de Goering chargés de le protéger. C'est que Hermann Goering, plus réfléchi que le chef de la Gestapo, considère l'assassinat comme un art à pratiquer avec discernement : en l'occurrence, Hindenburg ne pardonnerait jamais aux nazis le meurtre de son favori Franz von Papen. Or, le vieux maréchal est toujours commandant suprême des armées du Reich… Entre-temps, les commandos de la *Landespolizei* ont occupé le quartier général des SA et désarmé tous ses occupants. Goering, délaissant un instant son bureau, est venu se rendre compte sur place, pour désigner les personnes à fusiller et interroger les autres : « J'ai demandé à ce capitaine des SA : "Avez-vous des armes ?" "Mais non, *Herr Polizeichef*, m'a répondu ce saligaud, aucune, sauf ce pistolet pour lequel vous m'avez donné une autorisation…" J'ai alors trouvé dans la cave un arsenal plus important que tout l'armement des forces de police prussiennes ! Je vous le dis, ils auraient pu faire un sacré feu d'artifice ! Dans un tel cas, il n'y avait qu'une chose à faire : exécuter[28] ! »

On exécutera donc beaucoup ce jour-là, en Prusse, en Poméranie, en Silésie et partout ailleurs : l'ancien chancelier von Schleicher, que les hommes de Goering sont venus arrêter, mais que ceux d'Himmler venaient d'abattre* ; le général von Bredow, ami et successeur de Schleicher au bureau politique du ministère de la Guerre ; Edgar Jung, secrétaire de von Papen et véritable auteur du discours de Marburg ; l'*Oberregierungsrat* von Bose, chef du service de presse du vice-chancelier ; le *Doktor* Voss, avocat de Gregor Strasser ; Erich Klausener, directeur de l'Action catholique… Et bien sûr tous les collaborateurs de Roehm, d'Ernst et de Heines : Gehrt, Sander, Beulwitz, Mohrenschild, Ramshorn, von Detten, Kirschbaum, « Mademoiselle Schmid** » et des dizaines d'autres, qui sont amenés au camp de Lichterfelde, puis enfermés dans la cave à charbon de l'école des cadets. L'un des rares rescapés de cet enfer racontera la suite : « Quatre noms étaient appelés à intervalles d'environ quinze minutes ; ces quatre hommes n'avaient plus que quelques minutes à vivre. Les prisonniers n'étaient pas vraiment démoralisés. La plupart se rendaient compte que c'étaient leurs dernières heures. Il faudra vingt-quatre heures pour exécuter les 150 hommes. […] Il ne leur venait même pas à l'esprit qu'ils allaient être fusillés sur ordre d'Hitler ; au contraire, ils pensaient que leur chef suprême était emprisonné comme eux, peut-être déjà mort, victime des "réactionnaires". […] Par un soupirail de la cave, ceux qui restaient pouvaient voir leurs camarades menés jusqu'à un mur de l'autre côté de la cour. […] Les

* Ainsi que son épouse, pour faire bonne mesure.

** L'aide de camp de Heines.

victimes étaient mises en rang devant le mur. Un SS ouvrait leur chemise et traçait un cercle au charbon autour de leur sein gauche : c'était la cible. À cinq ou six mètres de là se tenaient huit SS armés de fusils. Puis l'ordre résonnait : "Par ordre du Führer. *Heil Hitler !* En joue ! Feu !" […] Tirées à courte distance, les balles arrachaient la chair des victimes. À l'endroit où elles sortaient du corps sous l'épaule gauche, il y avait un trou béant, […] et depuis leur cave, les prisonniers pouvaient voir des morceaux de chair collés au mur, et parmi ceux-ci, on distinguait nettement les fragments de cœur, qui étaient plus sombres. Le mur n'était pas nettoyé entre les exécutions, de sorte qu'il a été bientôt entièrement couvert de sang et de restes d'organes humains[29]. »

Au ministère de l'Intérieur, comme partout ailleurs, personne ne se sent véritablement à l'abri – pas même le général Daluege, chef du département de la police au ministère de l'Intérieur et commandant de la police prussienne ! Son subordonné Hans Bernd Gisevius décrira parfaitement l'ambiance en cette fin de matinée terrifiante : « Que se passe-t-il réellement ? Il semble que l'on soit encore à la poursuite de Gregor Strasser, d'après ce que révèle un dramatique appel au secours lancé à Daluege par un ancien camarade du Parti. Curieux, tout de même, ce putsch qui fait collaborer Roehm, Schleicher et Strasser*. Et voici qu'arrivent en masse les radiotélégrammes de la police. Tous les grands chefs des SA ont été arrêtés ou doivent l'être. Les traîtres ont dû être extraordinairement nombreux. Mais combien sont-ils au juste ? Qui sont les chasseurs, qui sont les chassés ? Nous décidons de nous informer quelque peu. Je propose donc d'aller au palais de Goering où

* Gisevius sait manifestement que les trois hommes ne se supportent pas.

j'espère rencontrer Nebe*, pour qu'il me dise ce qui se passe. Je suis également motivé par l'impression qu'il vaut mieux être là-bas qu'à mon bureau, ou même chez moi. [...] Je préfère donc rester à proximité de Daluege, escomptant que c'est dans la gueule du loup, c'est-à-dire au palais de Goering, que j'ai le moins de chances d'être recherché. Nous faisons ensemble les deux ou trois cents mètres qui séparent le ministère de la Leipziger Platz, sans rien voir de particulier. [...] Les gens circulent très paisiblement. Tout au plus remarquons-nous que les uniformes SA ont disparu de la circulation. Ce n'est qu'en arrivant à la Leipziger Platz que de graves événements s'annoncent. On y voit de très nombreux hommes de la *Landespolizei* et des attroupements, car il se passe manifestement quelque chose. Nous franchissons à présent le petit passage qui donne accès au palais de Goering. Ce bâtiment n'est pas visible de l'extérieur, grâce au Ciel, car à peine avons-nous franchi le tournant que de tous les toits, de tous les balcons, de toutes les embrasures, des mitrailleuses sont braquées sur nous. La cour grouille de policiers. [...] Pendant que je me glisse derrière Daluege à travers les barrages et que nous montons les quelques marches qui conduisent au grand hall de réception, une angoisse soudaine me prend à la gorge. Je respire une atmosphère de haine, de nervosité, de tension, de guerre civile, et surtout de sang, de beaucoup de sang. Sur tous les visages, de celui des sentinelles à celui du dernier planton, on lit qu'il se passe quelque chose de terrifiant. Des aides de camp vont et viennent nerveusement. Des messagers, portant de gros dossiers secrets, courent avec des airs importants. Anxieux, les gens qui attendent s'interrogent les uns les autres. Pas un mot plus fort que l'autre ; on se chuchote

* Chef de la police criminelle et ancien supérieur de Gisevius à la Gestapo.

à l'oreille. Par bonheur, je découvre tout de suite Nebe. [...] Il feint l'indifférence ; en un pareil moment et au milieu d'un tel entourage, il ne faut surtout pas paraître ému, et encore moins horrifié. Prudemment, nous nous retirons dans le coin le plus proche. À deux pas de nous, un *Gruppenführer* SA est effondré sur une chaise, tremblant du menton et claquant des dents. Nebe m'explique qu'il a dû l'arrêter il y a quelques instants. Le malheureux a été convoqué par téléphone ; à peine arrivé, Goering l'a reçu en le traitant de cochon d'homosexuel, et lui a annoncé qu'il serait fusillé sans délai. Un peu plus loin, un autre misérable est accroupi : c'est l'*Obergruppenführer* SA Kasche, pris dans la rue et amené ici par précaution. Il a tout l'air de compter les secondes qui lui restent encore à vivre. [...] Nebe me fait savoir que les choses empirent depuis ce matin. À Lichterfelde, on fusille sans arrêt. Il me murmure une grande quantité de noms que je n'ai jamais entendus. Je retiens seulement ceux des *Gruppenführer* SA von Detten et von Falkenhausen, celui de Ramshorn, qui est préfet de police à Gleiwitz, puis celui de Schragmuller, préfet de police de Magdebourg, ceux du *Standartenführer* Beiding et de l'avocat Voss. [...] Nous sommes tout près du cabinet de travail de Goering, où le comité exécutif délibère. À tout instant accourent des messagers de la Gestapo qui apportent de petites fiches blanches. Par l'entrebâillement de la porte, on aperçoit Goering, Himmler, Heydrich, et le petit Pilli Koerner. L'entretien a l'air des plus animés. Par moments, on perçoit un mot comme “Ouste !”, ou “Ahah !”, ou “Fusiller !”, ou simplement un rire brutal. En tout cas, ils semblent être de fort bonne humeur[30]. »

C'est à ce même spectacle qu'assiste depuis l'antichambre le général Erhard Milch, sous-secrétaire d'État au ministère de l'Air, qui a été convoqué au palais de Goering en fin de matinée : « Himmler lisait lentement une liste de noms. Pour chacun, Goering et von Reichenau faisaient oui ou non de la tête. Si tous étaient d'accord, Himmler dictait le nom à Koerner, en ajoutant sèchement : “Confirmation !” [...] De temps en temps, Paul Koerner sortait avec la liste des noms qui s'allongeait à vue d'œil, et la remettait à d'autres qui communiquaient leurs instructions par téléphone à des hommes de confiance sur le terrain. À l'évidence, ce n'était pas une promotion qui attendait les hommes portés sur la liste[31]. »

La suite est racontée par Gisevius, qui s'est attardé sur les lieux : « Tout à coup retentissent des éclats de voix. Le major de police Jakobi se précipite hors de la salle, le shako sur la tête, la jugulaire au menton, et derrière lui tonne Goering : “Tirez dans le tas... Prenez toute une compagnie avec vous, tirez dedans... tirez immédiatement... vous n'avez qu'à tirer... tirez !” On ne saurait comment évoquer après coup toute la rage brutale, toute la haine vindicative, et en même temps toute la peur, la lâche peur, qui s'expriment dans cette scène. On le devine : quelqu'un s'est échappé, qui ne doit pas survivre, sans la mort de qui la journée serait vaine. Nous supposons tout d'abord qu'il doit s'agir de Roehm ou de Karl Ernst. Mais Goering continue à hurler. De nouveau, il arpente sa cage somptueuse, et à plusieurs reprises, nous l'entendons crier d'une voix rauque ce même refrain : “C'est justement ce Paul... c'est justement ce Paul... ce Paul...” Nous savons, l'un des aides de camp nous le confirme, qu'il s'agit de Gregor Strasser et de Paul Schulz. Il paraît que l'arrestation de Strasser n'a pu se faire, parce que les travailleurs de son exploitation le protégeaient. [...] C'est à cela que se rapportait le farouche : “Tirez dans le tas.” Quant à “Paul”, c'était l'ami de Strasser, le lieutenant Paul Schulz[*32]. »

* Le lieutenant Schulz sera arrêté, abattu de six balles dans le ventre... et survivra.

Mais Goering a un dernier compte à régler avec un prisonnier qui vient de lui être amené : c'est le prince August Wilhelm, dit « Auwi », qui avait voulu faire preuve de zèle national-socialiste en entrant dans la SA, et figurait encore récemment en bonne place dans les plans de réorganisation gouvernementale prétendument établis par Roehm. « Où as-tu parlé à Karl Ernst pour la dernière fois ? » lui demande Goering. « Au téléphone », répond le prince. « De quoi avez-vous parlé ? » « Ernst voulait seulement prendre congé de moi avant de partir pour l'étranger. » « Heureusement pour toi que tu as dit la vérité », répond Goering sèchement, en lui faisant entendre l'enregistrement de la conversation. « Je suis heureux que tu aies décidé d'aller en Suisse pour quelques jours ! », dit ensuite Goering au prince, qui le regarde avec ahurissement. « Je ne t'ai jamais dit que tu avais la tête la plus stupide du monde ? Fous le camp et ferme-la[33] ! », ajoute aimablement Goering en le congédiant. Le prince ressort donc libre de l'antre de la Leipziger Platz, mais ce n'est pas son innocence qui l'a sauvé ; Goering s'est simplement rendu à l'évidence : on ne fusille pas un Hohenzollern, si stupide soit-il…

En milieu d'après-midi, le grand ordonnateur des purges se rend au ministère de la Propagande, afin d'y faire une déclaration à la presse. Gisevius est dans l'assistance et décrit la scène : « Une tension effroyable règne dans la salle. […] Goering arrive. Il est en grand uniforme. Il ne marche pas, il parade et monte majestueusement à la tribune. Après une longue pause, d'un grand effet, il se penche un peu en avant et appuie la main sur le menton. […] Il parle sur un ton lugubre, d'une voix sourde, comme un professionnel des oraisons funèbres. La déclaration est un peu confuse : putsch de Roehm, dépravation homosexuelle, troubles dans le pays, réaction, haute trahison, deuxième révolution, châtiment sévère, clémence du Führer. Schleicher conspirait avec une puissance étrangère. “Au moment de son arrestation, il a tenté de lancer une attaque éclair” ; malheureusement, “ce geste lui a coûté la vie”. Il n’est pas question de Strasser, ni de l’incident qui s’est produit dans l’antichambre de von Papen. Voici le tour de Roehm, et c’est très net : “Lui non plus ne compte plus parmi les vivants.” […] Le Führer, qui a dirigé aujourd’hui à Wiessee un “court procès”, lui a donné “il y a quelques jours” l’ordre de “frapper à son signal”. Et plus loin, cette phrase lourde de sens : “J’ai élargi ma mission”, ce qui veut dire que Goering ne s’est pas contenté de tirer sur le commandement putschiste des SA, mais également, de sa propre initiative, dans le cercle des “éternels mécontents d’hier”[34]. »

Au nombre de ceux-ci, il y a bien sûr Gregor Strasser, qui est finalement arrêté par la Gestapo en début d’après-midi, amené au QG de la Prinz Albrechtstrasse et enfermé au sous-sol, dans la cellule 16. Il y passera douze longues heures, jusqu’à ce que trois hommes entrent et tirent presque à bout portant ; criblé de balles, Strasser vit encore, et Heydrich, arrivé peu après, ordonne de « laisser ce porc se vider de son sang[35] ».

Goering a mentionné que le Führer dirigeait à Wiessee « un court procès ». L’adjectif est exact, mais le substantif ne l’est pas, car la séance n’a rien de judiciaire : au cours de cet après-midi sanglant, Hitler, enfermé dans la « salle des Sénateurs » de la Maison brune avec Goebbels, Hess, Amann, Buch, Lutze et Sepp Dietrich, ne décolère pas : en éructant, il dénonce la « pire trahison de l’histoire du monde ». « Roehm, hurle-t-il, a reçu 12 millions de marks des Français pour faire arrêter et exécuter son Führer, et livrer l’Allemagne à ses ennemis. […] Je les ferai tous fusiller. » Rudolf Hess, manifestement gagné par l'ambiance, se propose d'exécuter Roehm de sa propre main*[36].

Les SA capturés sont toujours regroupés au sous-sol, mais leurs principaux chefs ont déjà été transférés à la prison de Stadelheim. Roehm lui-même est isolé, et le gauleiter Wagner s'efforce en vain de le faire avouer : « Si j'ai quelque chose à avouer, braille Roehm, ce ne sera qu'au Führer. Je n'ai pas préparé de putsch. Je veux parler à Adolf. Il a été trompé par mes ennemis. J'exige qu'il m'entende ! » Mais à l'évidence, Hitler n'y tient pas, et Roehm se remet à vociférer : « Je veux voir Goebbels et lui cracher au visage – ce sale traître**[37] ! » Pendant ce temps, Hitler étudie les longues listes de SA capturés, et il marque d'une croix les noms de six hommes à exécuter sur-le-champ : Hayn, Heydebreck, Heines, Schneidhuber, Schmid et le comte von Spreti. Vers 17 heures, le *Gruppenführer* Sepp Dietrich*** se rend à Stadelheim sans enthousiasme, car les condamnés sont pour la plupart d'anciens camarades de combat ; mais un vieux soldat se doit d'obéir, et les six hommes sont dûment menés devant le peloton d'exécution. Comme à Lichterfelde, l'ordre retentit : « Par ordre du Führer. *Heil Hitler !* En joue ! Feu ! » Dietrich, écœuré, quitte les lieux avant la dernière salve.

---

* Considérant l'état d'excitation de Hess à ce moment, les déclarations ultérieures de son aide de camp Leitgen selon lesquelles il se serait « battu opiniâtrement pendant une heure » pour sauver de nombreux chefs SA peuvent être sérieusement mises en doute – d'autant que Leitgen n'était pas à Munich au moment des faits.

** Propos révélateur, qui confirme que Goebbels lui avait fait récemment certaines promesses – avant de changer de camp.

*** Il semblerait que lui et ses troupes ne soient arrivés à Bad Wiessee qu'à 11 heures, alors que le convoi d'Hitler était déjà reparti avec ses prisonniers. Dietrich avait alors reçu l'ordre de retourner à Munich avec sa *Leibstandarte*.

C'est dans cette cour de Stadelheim que bien d'autres officiers SA vont tomber criblés de balles, avant même d'avoir compris ce qui leur arrivait ; dans la frénésie, on fusille même trois agents de la Gestapo infiltrés dans la SA, qui ne se sont pas identifiés à temps. Les tueries se poursuivent également autour de Munich, ce qui permet de solder au passage quelques vieux comptes – et d'autres plus récents : l'ancien ministre-président von Kahr, qui avait fait échouer le putsch de Munich en 1923, est retrouvé découpé en morceaux dans un marécage de Dachau ; Fritz Gerlich, directeur du journal catholique *Die Gerade Weg*, qui dénonçait depuis dix ans les exactions des nazis, est torturé à mort en prison ; le père Stempfle, ce vieux camarade du parti qui savait beaucoup de choses et parlait trop*, est rappelé à Dieu prématurément – tout comme le critique musical Wilhelm Schmid, qui tombera victime d'une homonymie** ; le propriétaire, le sommelier et le maître d'hôtel de la brasserie Bratwurstglöckl, où Goebbels avait rencontré Roehm deux semaines plus tôt, sont froidement abattus : pour gommer les faits embarrassants, il suffit d'effacer les témoins encombrants... Mais curieusement, Ernst Roehm, l'homme qui aurait dû les précéder tous dans la tombe, est encore vivant au soir du 30 juin : Hitler refuse d'ordonner son exécution, et il s'en explique à Max Amann : « Après tout, Ernst était à mes côtés autrefois devant le tribunal***[38]. » Sur le champ d'aviation d'Oberwiesenfeld, quelques minutes avant de

* Notamment au sujet du manuscrit initial parfaitement illisible de *Mein Kampf*, et des relations d'Hitler avec sa nièce, Geli Raubal. (Voir chapitre 5.) Le père Stempfle sera retrouvé dans la forêt près de Harlaching, avec la nuque brisée et trois balles dans le cœur.

** Les SS l'avaient confondu avec Ludwig Schmitt, un ancien partisan d'Otto Strasser.

*** En 1924, lors du procès des participants au putsch manqué de Munich.

décoller pour Berlin, il confie également au général von Epp : « J'ai gracié Roehm, en considération des services rendus[39]. » Qui comprendra jamais la psychologie tourmentée d'Adolf Hitler ?

À Berlin, depuis son poste au ministère de l'Intérieur, Hans Bernd Gisevius essaie toujours de suivre la spirale infernale des événements : « Dans l'intervalle, les radiogrammes se sont accumulés. La plupart sont déjà périmés, d'autres sont incompréhensibles, seuls quelques-uns apportent du nouveau. Une douzaine de ces télégrammes concerne Karl Ernst ; l'oiseau s'est donc envolé. Je présume que c'est là le fameux numéro deux dont on s'inquiète si rageusement, car il devrait être fusillé depuis longtemps. Brusquement nous parvient la nouvelle que le Führer a décollé de Munich il y a une heure ; il va bientôt atterrir à Tempelhof. Voilà une arrivée à ne pas manquer. Tout l'aérodrome est occupé par des SS lourdement armés. Il y a en outre plusieurs compagnies d'aviateurs. [...] Nebe est venu aussi. Il a appris dans l'intervalle que Gregor Strasser était mort, prétendument suicidé. Nous en sommes outrés. [...] Tandis que Nebe et moi, un peu à l'écart, faisons les cent pas sur l'aérodrome, nous voyons atterrir un petit Junkers. Trois SS en sautent, suivis de Karl Ernst, menottes aux mains. Ils ont donc fini par l'avoir ! Le gaillard semble être de très bonne humeur. Il passe en sautillant de l'avion à l'auto et sourit à la ronde, comme s'il voulait montrer qu'il ne prend pas son arrestation au sérieux. Bon, le sourire s'effacera vite : on le conduit en toute hâte à Lichterfelde[40]. »

Enfin, l'avion de Munich est annoncé : « Nous le voyons paraître, poursuit Gisevius ; un point sombre qui grossit à vue d'œil dans le ciel du soir. L'horizon a pris une symbolique couleur de sang, cette fois sans intervention d'Hitler. Tout le monde est ému, la tête agitée de mille questions au sujet de l'homme dans l'avion. Le gros appareil se pose rapidement, roule avec un fort grondement, puis s'arrête, et lorsque les hélices s'immobilisent, nous retenons notre souffle. Que va-t-il se passer ? Comment va-t-il arriver ? Des commandements retentissent ; la compagnie d'honneur présente les armes. Goering, Himmler, Koerner, Frick, Daluege et une vingtaine d'officiers de police s'avancent vers l'avion. Voici que la porte s'ouvre, et Adolf Hitler descend en premier. [...] Tout est sombre sur sa personne : chemise brune, cravate noire, manteau de cuir brun foncé, hautes bottes d'ordonnance noires. Il est tête nue, le visage blanc comme un linge, mal rasé, les traits à la fois creusés et bouffis, les yeux éteints au regard fixe, mal dissimulés sous des mèches pendantes. [...] On se salue dans les formes. Hitler tend la main en silence à ceux qui l'entourent. Nebe et moi, qui observons la scène à quelque distance, ne percevons dans le silence de mort que des claquements de talons. Pendant ce temps, les derniers passagers descendent de l'avion : Brückner, Schaub, Sepp Dietrich et les autres. Ils paraissent graves, en tout cas accablés. Pour finir, une figure diabolique et grimaçante fait son apparition : c'est Goebbels. Lentement, cérémonieusement, Hitler passe en revue la compagnie d'honneur. Il avance péniblement, à pas lourds, de flaque en flaque. On a l'impression qu'il va s'y enfoncer d'un moment à l'autre[41]. »

Gisevius est trop loin pour entendre leurs paroles, mais il voit le groupe poursuivre son chemin : « En se dirigeant vers la file des voitures éloignées de quelques centaines de mètres, Hitler s'arrête avec Goering et Himmler. [...] Il leur demande un rapport, bien qu'il soit certainement resté toute la journée en contact avec eux par téléphone. Le prédécesseur de Roehm, von Pfeffer, flairant l'aubaine, tente de s'approcher, mais Himmler l'éloigne d'un geste menaçant de la main. Alors, Himmler tire de sa manche une longue liste chiffonnée. Hitler la lit, tandis que les deux hommes ne cessent de lui parler à l'oreille. On voit Hitler suivre sa lecture du doigt, s'arrêter de temps à autre un peu plus longuement sur un nom. Les chuchotements deviennent alors plus animés. Soudain, il rejette la tête en arrière, d'un geste de si profonde émotion, pour ne pas dire de révolte, que tous les assistants le remarquent. Nebe et moi échangeons un regard appuyé – nous avons eu la même pensée : ils ont dû l'informer du "suicide" de Strasser. Finalement, le cortège se remet en route. Hitler, Goering et Himmler marchent en tête. L'allure d'Hitler est toujours traînante. [...] Le reste du cortège suit à distance respectueuse, dans le plus profond silence. [...] Le blasphème atteint son point culminant lorsque brusquement, du haut d'un hangar d'aviation, un cri part d'un groupe d'ouvriers : "Bravo Adolf !"[42]. »

Le lendemain, les acclamations seront plus discrètes, mais non moins enthousiastes : l'homme de la rue est rassuré d'avoir été épargné par toute cette agitation martiale, et soulagé de voir disparaître la clique bruyante et malfaisante des compagnons d'Ernst Roehm ; des autres victimes, il ne sait rien encore. Les chefs militaires, eux, se réjouissent de l'élimination de leurs plus dangereux concurrents, et ils le font savoir par la voix du ministre de la Guerre von Blomberg ; sans doute leur déplaît-il que les généraux von Schleicher et von Bredow aient été engloutis dans la tourmente, mais si le salut de l'armée est à ce prix... Le président Hindenburg lui-même est pleinement satisfait de cette mise au pas des pires trublions du parti ; quant au reste, il n'en a manifestement pas été informé par son entourage, qui l'isole presque complètement du monde extérieur. Ainsi s'expliquent les chaleureux télégrammes de félicitations qu'il va adresser à Hitler et à Goering.

Mais en ce radieux dimanche du 1er juillet 1934, alors que les bourreaux poursuivent leur triste besogne,

Himmler et Goering sont loin d'être satisfaits ; car sans l'élimination physique de Roehm, rien n'est encore gagné. Or, le Führer a bien dit la veille au soir qu'il avait décidé d'épargner son vieux compagnon. Mais que Roehm survive, qu'il se réconcilie avec Hitler, que celui-ci lui confie de nouvelles fonctions, et les deux principaux comploteurs de la Nuit des longs couteaux seront plus menacés que jamais ! Il ne saurait donc en être question. C'est pourquoi, lors de la garden-party donnée à la chancellerie ce dimanche-là, les deux compères font le siège d'Hitler pour le persuader d'« achever le travail ». Lorsque le ministre de l'Agriculture Walther Darré les rejoint en début d'après-midi, ils sont toujours à l'œuvre. Mais vers 14 heures, Hitler cède, et les ordres sont transmis au ministère de l'Intérieur à Munich : Roehm doit être abattu, mais il faut lui offrir au préalable une chance de se suicider. Le commandant du camp de Dachau, Theodor Eicke, se rend à la prison de Stadelheim en compagnie de deux officiers SS ; peu avant 15 heures, ils entrent dans la cellule de Roehm et posent sur la table un pistolet avec une seule balle, ainsi qu'un exemplaire du *Völkischer Beobachter* annonçant le « putsch de Roehm » et la répression qui a suivi. Le prisonnier, en sueur, torse nu, épuisé mais toujours indigné, dédaigne cet ultime privilège* ; au bout d'une dizaine de minutes, les SS ouvrent la porte de la cellule, constatent qu'il n'a pas bougé et l'abattent de deux balles dans la poitrine. Avant de recevoir le coup de grâce, le vieux spadassin murmure : *« Mein Führer, Mein Führer*[43]*… »*

Au soir du 1er juillet, alors que le rythme des tueries ralentit, des instructions très strictes sont données pour

* Malgré tout, c'est bien d'un privilège qu'il s'agit : Hitler a souvent affirmé qu'il considérerait son propre suicide d'une balle dans la tête comme une libération, et il a été plusieurs fois sur le point de s'exécuter.

que les documents relatifs à toute cette affaire soient immédiatement détruits. Combien de victimes a-t-on dénombrées durant cette sanglante fin de semaine ? Officiellement, 77 à 84, dont une cinquantaine de SA ; officieusement, 150 à 200 pour les seules villes de Berlin et Munich, et probablement trois fois plus si l'on compte les « accidents », les « erreurs », les « arrêts cardiaques » et les « morts en détention » dans l'ensemble du pays ; en outre, certains jeunes SS ayant participé aux exécutions sont si traumatisés qu'ils se suicident, tandis que d'autres, trop bavards, sont aidés à le faire[44]. Le discours d'Hitler au Reichstag le 13 juillet ne sera qu'une longue justification de son action et de la terreur qui a suivi, avec une indignation remarquablement simulée lorsqu'il évoquera les mœurs de Roehm et de ses lieutenants. Pourtant, un auditeur attentif comme Albert Speer remarquera que « son sentiment de culpabilité transparaissait nettement à travers ses protestations d'innocence[45] ».

De fait, le flot de paroles masque mal le conflit intérieur, ainsi qu'en témoigne Hermann Rauschning : « Il était encore loin, du moins dans la période qui suivit le 30 juin, de faire figure de vainqueur. [...] Il avait le visage boursouflé, les traits tirés. Son regard était terne. [...] J'avais l'impression que le dégoût, la lassitude et le mépris lui remontaient aux lèvres, et que ses pensées étaient loin de nos affaires. [...] On m'avait dit qu'il ne dormait plus que quelques heures depuis le massacre du 30 juin, qu'il errait la nuit d'une chambre à l'autre, que les somnifères étaient sans effet ou qu'il refusait d'en prendre, par crainte d'être empoisonné. Au petit jour, il tombait comme terrassé sur son lit et s'éveillait bientôt dans une crise de larmes. Il avait eu des vomissements à plusieurs reprises[46]. »

Hitler a-t-il conscience d'avoir été manœuvré ? Serait-il accessible au remords ? Aurait-il conservé quelque trace de sentiment humain envers Roehm et Strasser, ces deux compagnons des premiers jours qui l'avaient si puissamment épaulé pendant quinze ans*? On ne peut le nier catégoriquement, car chaque homme reste un mystère – surtout le plus malfaisant. Mais en réalité, la dépression résulte sans doute du contrecoup de l'action, et sûrement de la crainte d'être devenu plus vulnérable à droite après avoir frappé à gauche. Devant Rauschning, en effet, Hitler poursuit ainsi son monologue : « "Ces bandits entassent sous mes pas les obstacles, cinq minutes avant la mort du vieux maréchal, au moment même où tout dépend de savoir qui sera président du Reich, moi ou quelqu'un de la camarilla réactionnaire. Pour leur seule bêtise, ces gens mériteraient d'être fusillés. Ne leur ai-je pas répété que seule l'union compacte et serrée de notre parti peut assurer le succès de notre assaut ? Le poteau d'exécution pour qui se permet de danser hors du rang ? N'ai-je pas adjuré dix fois, cent fois, ces gens de m'écouter ? Et c'est maintenant, à l'heure la plus dangereuse, que je me laisserais dire par les réactionnaires que je ne sais pas faire régner l'ordre et la discipline dans ma propre maison ? Que mon parti est un foyer de révolte, pire que le communisme ? Que la situation est plus grave qu'au temps de Brüning et de Papen ? Je me laisserais poser un ultimatum par ces lâches et ces misérables, moi, moi ?" Il hurlait à tue-tête. "Mais ils se trompent, reprit-il sur un ton plus calme. Ils croient que je suis au bout du rouleau. Ils ne me connaissent pas. Parce que je viens d'en bas, parce que je suis sorti de la 'lie du peuple', comme ils disent, parce que je manque d'éducation, parce que j'ai des manières et des méthodes qui choquent leurs cervelles d'oiseaux. Ah ! si j'étais des leurs, je serais un grand homme dès

* Hitler était également le parrain des jumeaux de Gregor Strasser – même si cela n'avait sans doute aucune signification pour lui.

aujourd'hui. […] L'insubordination de mes SA m'a déjà coûté de nombreux atouts. Mais j'en ai encore d'autres en main. […] Le plan de ces beaux messieurs ne réussira pas. Ils ne pourront pas, pour la succession du Vieux, passer par-dessus ma tête. Qu'ils essaient de désigner un chef provisoire de l'État, de jeter dans mes jambes un de leurs hommes de paille ! […] Ce que j'ai perdu dans la purge des SA, je le regagne en me débarrassant des conspirateurs féodaux et des aventuriers professionnels, des Schleicher et consorts. J'ai supprimé les meneurs, même les meneurs éventuels qui guettaient dans l'ombre. Les réactionnaires ont voulu me séparer du parti pour s'emparer de moi comme d'un instrument docile. Eh bien, me voilà donc, Messieurs Papen et Hugenberg, je suis prêt pour le round suivant."

C'est ainsi, conclura Rauschning, qu'Hitler s'encourageait lui-même. L'audience était terminée. Il me donna l'impression d'un homme qui venait de se faire une piqûre de morphine[47]. » De la morphine ? De l'adrénaline plutôt ! Dopé par cette transe, le Führer se prépare à gagner de nouvelles altitudes, toujours plus vertigineuses… Car depuis le 30 juin 1934, les dés sont jetés : la SA ne sera jamais un État dans l'État, l'armée reconnaissante va se soumettre inconditionnellement, et personne ne remettra plus en question l'autorité du Führer…

5

L'homme à femmes

> « Je trouverais irresponsable de fonder une famille, alors que je n'aurais pas assez de temps à consacrer à ma femme. En outre, je ne veux pas d'enfants : les descendants de génies ont une vie difficile, car […] on ne leur pardonne pas d'être des gens ordinaires. D'ailleurs, la plupart deviennent des crétins. »
>
> Adolf HITLER

Au cœur du IIIe Reich, il y a un homme qui est seul à connaître ses ultimes desseins, ne consulte personne et n'accepte de dire aux gens que « ce qu'ils doivent savoir, au moment où ils doivent le savoir ». Hitler s'est vu attribuer d'innombrables maîtresses, mais ce personnage maladivement secret n'étant pas un homme ordinaire, ses relations avec le beau sexe ne le sont pas davantage. Quiconque tente de séparer les affabulations des faits avérés doit donc s'attendre à découvrir un paysage pour le moins tourmenté.

À un historien qui lui demandait si les mauvais résultats de l'écolier Adolf Hitler pouvaient « avoir un rapport avec les filles », son camarade de classe Josef Keplinger avait répondu catégoriquement : « Non, c'est exclu. Adolf ne s'intéressait jamais aux filles[1]. » Il est vrai que, même après avoir quitté l'école à l'âge de seize ans, Hitler, que ce soit par mépris, par timidité ou par simple manque d'intérêt, semble avoir évité soigneusement la compagnie des jeunes filles de Linz. Tout au plus éprouve-t-il un amour platonique et fantasmatique pour une certaine Stefanie, qu'il regarde passer sans jamais oser l'approcher*, mais à qui il écrira une lettre – sans doute anonyme – pour lui faire savoir qu'il va étudier à l'Académie des beaux-arts de Vienne, qu'elle doit l'attendre et qu'il reviendra l'épouser[2].

Les renseignements sur ses fréquentations durant les années d'errance à Vienne sont parcellaires et parfois contradictoires : l'« artiste peintre » Hitler, qui hante les asiles de nuit et le *Männerheim*, s'intéresse bien davantage à sa survie matérielle, à l'architecture et à l'opéra qu'aux jeunes beautés de la capitale autrichienne. Son ami d'enfance August Kubizek se souviendra qu'au printemps de 1908, lorsqu'ils allaient ensemble au théâtre, « les fauteuils des premiers rangs étaient toujours attribués aux jeunes filles, par courtoisie. Mais Adolf ne leur prêtait aucune attention. Il venait au théâtre, disait-il, pour en profiter. Ces femelles ne comprenaient rien à l'art, elles voulaient seulement flirter. Nous allions donc dans la fosse d'orchestre, où les femmes n'étaient pas admises[3] ».

Pourtant, dès cette époque, le jeune artiste peintre mélomane et misogyne ne semble pas laisser les femmes indifférentes, peut-être en raison de ses yeux d'un bleu presque translucide – très semblables à ceux de sa mère. Kubizek se souviendra que les Viennoises se retour-

* Cette dernière confirmera en 1949 n'avoir pas même soupçonné l'existence du jeune Adolf.

naient sur son passage, et qu'un jour à l'Opéra, lorsqu'un planton lui avait transmis un billet doux, Adolf s'était contenté de grommeler : « Encore un[4]... » Mais dès cette époque, le contact physique avec les jeunes filles semble lui répugner, et il avoue souvent à son ami qu'il ne veut pas avoir de relations sexuelles avec elles, « par peur de l'infection[5] ». De fait, il gardera une crainte permanente de la syphilis – à laquelle il va même consacrer une large place dans *Mein Kampf*[6] ! –, mais son obsession de la propreté, les souvenirs de la brutalité de son père et son propre tempérament enfiévré, auxquels peut s'ajouter une tare physiologique réelle ou imaginaire*, semblent se liguer pour lui faire fuir toute relation intime avec la gent féminine. Par contre, ses rares compagnons de l'époque se souviendront qu'il était à la fois attiré et repoussé par les lieux de débauche, et que les spectacles, tableaux et ouvrages à caractère pornographique exerçaient sur lui une intense fascination[7].

Dès cette époque, tout cela se dissimule sous d'interminables discours moralisateurs, et si Hitler confiera plus tard à sa secrétaire Christa Schroeder qu'il avait eu à Vienne une maîtresse nommée Emilie[8], il est permis de supposer que cette relation s'apparentait à celle qu'il avait fantasmée avec Stefanie. Rétrospectivement, du reste, on se demandera sans doute ce que le Führer entendait par « maîtresse ». À cet égard, le dernier mot appartient à son unique ami Kubizek : « Je crois pouvoir

---

* Contrairement à de nombreuses rumeurs ayant circulé sur ce sujet, Hitler avait bien ses deux testicules, ainsi que l'établira le docteur von Hasselbach, un des très rares médecins à l'avoir entièrement ausculté en 1944. Les allégations du Soviétique Lev Bezymenski sur une prétendue autopsie d'Hitler ayant révélé son monorchisme ne sont pas à prendre au sérieux : on ne retrouvera du Führer en mai 1945 que l'os du maxillaire inférieur et une prothèse dentaire, le reste ayant été réduit en cendres par une crémation de trois heures avec deux cents litres d'essence.

dire avec certitude qu'à Linz comme à Vienne, ce qui a manqué à Adolf, c'est une rencontre réelle avec une femme[9]. » Voilà qui ne semble pas évoluer après son arrivée à Munich, et la Grande Guerre n'y change rien non plus : durant ses quatre années passées au front entre 1914 et 1918, le caporal Hitler refuse catégoriquement toute relation avec des femmes belges ou françaises, ce que ses camarades de combat mettront avec indulgence et hilarité sur le compte de son intransigeance patriotique[10]. Il en résulte en tout cas que les élucubrations complaisamment colportées par l'historien allemand Werner Maser au sujet de Jean-Marie Loret, le « fils français d'Adolf Hitler[11] », sont entièrement dénuées de fondement.

Pourtant, lors de l'expansion inexorable de son parti après la guerre, l'orateur prodige de Braunau va montrer un degré surprenant d'empathie à l'égard des aspirations féminines. Il est vrai que les femmes assistent nombreuses à ses discours publics, et elles sont bien souvent les premières à se pâmer, comme le relèvera d'emblée Ernst Hanfstaengl : « [Hitler] avait aussi le bon sens, ou le réflexe instinctif, d'en appeler aux femmes qui l'écoutaient – un facteur politique nouveau dans les années vingt. [...] C'étaient bien souvent d'elles que venaient les premiers applaudissements, et après cela, la glace était rompue[12]. » Ce que confirmera Lüdecke, en ajoutant cette précision perfide : « Franchement, je ne pouvais manquer de noter que certaines de ces femelles dévouées étaient des hystériques qui recherchaient une extase émotionnelle en s'abandonnant à l'orateur[*13]. »

---

* Les nazis exploiteront ensuite systématiquement cette tendance, en plaçant au premier rang des « tricoteuses » chargées de déclencher l'enthousiasme – et d'empêcher d'éventuels opposants de s'asseoir trop près de l'orateur.

Mais les « femelles » en question ne forment qu'une petite partie de l'auditoire, et certaines des premières converties ont largement dépassé l'âge de l'effervescence juvénile. On trouve d'ailleurs parmi elles ses premières bienfaitrices : Carola Hofmann, une veuve de soixante et un ans qui lui offre l'hospitalité, lui lave son linge, le gave de pâtisseries et l'encourage à se vêtir correctement ; Elsa Bruckmann, cinquante-neuf ans, épouse de l'éditeur Hugo Bruckmann, qui l'introduit auprès de riches industriels, lui rend fréquemment visite dans sa prison de Landsberg, paye son loyer et écoute religieusement ses discours ; la plantureuse Helene Bechstein, quarante-huit ans, épouse du célèbre fabricant de pianos Edwin Bechstein, qui tient un salon mondain à Berlin, finance le parti d'Hitler, lui donne de nombreux bijoux à mettre en gage, lui rend également visite à la prison de Landsberg – en se faisant passer pour sa mère adoptive –, et s'efforce même de lui faire épouser sa fille Lottie* ; Winnifred Wagner, belle-fille de Richard Wagner, qui l'accueille dans sa maison de Bayreuth et le traite comme un membre de la famille ; la quinquagénaire mondaine Viktoria von Dirksen, femme de diplomate et nazie convaincue, qui lui ouvre les portes de la haute société berlinoise…

Toutes ces femmes ont plusieurs choses en commun : elles ont un âge respectable**, demeurent fascinées par l'éloquence publique et la réserve privée d'Hitler, le couvrent de cadeaux et d'argent, ne s'intéressent guère à ses idées politiques*** et lui portent un amour aussi maternel

---

* Qui n'est pas précisément une beauté, mais a suffisamment de présence d'esprit pour refuser.

** À l'exception de Winnifred Wagner, qui a vingt-sept ans et un époux résolument homosexuel.

*** Exceptée Viktoria von Dirksen, à qui l'entourage d'Hitler reprochera plutôt de s'y intéresser un peu trop.

que platonique. Hitler appelle Carola Hofmann *Mutti* *, tandis que Frau Bechstein, appuyant la tête d'Adolf contre son opulente poitrine, lui caresse tendrement les cheveux en murmurant « *Mein Wölfchen* **[14] ». Quant à Elsa Bruckmann, elle couve tellement son protégé qu'elle n'invite plus jamais celles qui lui ont parlé trop longuement lors des réceptions[15] ! Toutes ces maîtresses femmes, qu'Hitler appellera ses « amies maternelles[16] », ont été baptisées moins respectueusement par son service d'ordre l'« escadron des bas à varices »…

Aux yeux de telles femmes, en tout cas, ce jeune Autrichien tour à tour timide et survolté représente le fils, le gendre ou le mari idéal : il fait preuve d'une galanterie toute viennoise – baisemain, compliments et bouquets de fleurs inclus –, il ne boit pas, ne fume pas et semble indemne de toute contagion marxiste***. Les aspects plus sombres du personnage leur échappent manifestement, à moins qu'elles refusent d'en tenir compte. Étant libre de telles inhibitions, nous tenterons d'y voir plus clair. D'une part, l'entourage d'Hitler fait état très tôt d'un comportement étrange : invité chez un de ses acolytes, il profite de son absence momentanée pour se mettre à genoux devant sa conjointe et lui faire une déclaration passionnée, tout en se proclament indigne d'elle. Parmi les dames ainsi « honorées », on trouve la femme d'un ancien pilote de course, Elizabeth Büchner, ainsi que l'épouse de Hermann Esser et celle d'Ernst Hanfstaengl, qui décrira ainsi le processus : « Alors que j'étais sorti pour appeler un taxi, il s'est mis à genoux devant ma femme, lui a avoué sa flamme, lui a dit qu'il était bien dommage qu'il ne l'ait pas rencon-

---

* « Maman ».

** « Mon petit loup ».

*** La terreur du « rouge » est encore très présente dans la bourgeoisie et la haute société allemandes pendant toutes les années vingt.

trée lorsqu'elle était encore libre, et s'est déclaré son esclave. Hélène l'a persuadé de se relever et, lorsqu'il est parti, elle m'a demandé ce qu'elle devait faire. Comme je savais qu'il avait déjà joué cette scène avec plusieurs autres femmes, je lui ai dit de l'ignorer et de traiter tout cela comme une aberration de la solitude[17]. » Hitler ne pourra s'empêcher de récidiver dans d'autres foyers, ce qui entraînera quelques complications avec des maris moins compréhensifs*.

Jusqu'en 1925, rien n'indique qu'Adolf Hitler ait eu avec le sexe faible des relations approchant la normale. Lors d'une réception à la veille du jour de l'an 1924, une jolie femme parvient à l'entraîner sous le gui pour l'embrasser. Le photographe Hoffmann interloqué racontera la suite : « Je n'oublierai jamais l'expression d'étonnement et d'horreur qui s'est reflétée sur le visage d'Hitler ! [...] Il était déconcerté et désemparé comme un enfant, et il se mordait les lèvres pour tenter de maîtriser sa colère. Dès lors, l'atmosphère [...] est devenue presque glaciale[18]. » Mais à partir de 1925, le Führer de trente-sept ans semble tout de même s'intéresser aux demoiselles – ou plutôt aux adolescentes, qu'il considère comme « modelables comme de la cire[19] ». La première à bénéficier de ses attentions se nomme Ada Klein : à l'été de 1925, il l'invite dans le chalet *Wachenfeld* sur l'Obersalzberg, la couvre de compliments, lui donne des petits noms affectueux, lui précise qu'il « ne peut pas se marier »... et en reste là[20]. L'année suivante, il s'intéresse à une petite vendeuse d'à peine seize ans, Maria Reiter, qu'il appelle *« Mein Kind** »*, promène en Mercedes, tient par la main, emmène au cimetière et consent à

* À commencer par Hermann Esser. La brouille qui en résulte explique qu'il n'aura jamais accès à des postes de responsabilité après la prise du pouvoir.

** « Mon enfant ».

embrasser – en lui soufflant qu'il « pourrait l'écraser sur-le-champ ». Mais après ces préliminaires… encourageants, il s'interrompt, lui avoue que sa « mission » l'empêche de fonder une famille, et repart pour Munich[21] ! La « relation » va durer un an, sans que l'on sache vraiment comment elle a évolué – sans doute aussi curieusement qu'elle a commencé, puisque Maria Reiter tentera peu après de mettre fin à ses jours.

Un an plus tard, Hitler s'intéresse à Henriette, dite « Henny », la fille du photographe Heinrich Hoffmann. Elle n'a pas encore dix-sept ans, et Otto Strasser, qui l'a visiblement bien connue, la décrira comme « une adolescente d'une rare beauté, une blonde, transparente, au corps d'éphèbe ». La suite est édifiante : « Hitler l'attira dans son intimité. Les petites filles sont rarement discrètes, et Mlle Hoffmann bavarda, tant et si bien que son père s'en vint un jour demander des explications au séducteur de Munich. […] J'étais au courant des impossibilités d'Adolf ; j'avais, comme tous les initiés, entendu parler des exigences extravagantes auxquelles s'était prêtée Mlle Hoffmann[22]. » S'agissant des « impossibilités d'Adolf », on comprend aisément qu'il doit s'agir d'impuissance, ce dont nous trouverons bientôt d'amples confirmations. Mais qu'en est-il des « exigences extravagantes » ? Par décence, et sans doute par crainte de n'être pas cru, Otto Strasser n'en dit pas davantage, et l'agent de la Gestapo Hansjürgen Köhler n'est guère plus explicite lorsqu'il confirme qu'Hitler est affligé d'une « disposition sexuelle extrêmement malheureuse, qui pourait passer pour une sorte de perversion, et qui exclut toute relation normale avec les femmes, […] mais qu'il est impossible d'exposer en détail[23] ». Pour l'heure, nous ne serons donc pas plus avancés, mais dans l'intervalle, Hitler a jeté son dévolu sur une quatrième jeune fille, qui n'est autre que sa propre nièce…

On se souvient que la demi-sœur d'Hitler, Angela Raubal, devenue veuve en 1910, avait dû aller à Vienne pour y trouver un emploi et élever ses trois enfants, Leo, Angela et Elfriede. Or, lorsqu'en 1927, Hitler loue le chalet *Haus Wachenfeld* sur l'Obersalzberg, il fait venir sa demi-sœur pour tenir la maison. Celle-ci arrive donc en Bavière accompagnée de ses deux filles, dont l'aînée, Angela Maria, dite « Geli », âgée de dix-neuf ans, s'inscrit à la faculté de médecine de Munich. Elle n'y reste pas plus d'un semestre, et va ensuite prendre des cours de chant au studio Streck, dans la Gedonstrasse. L'endroit étant proche de l'appartement de neuf pièces qu'Hitler loue en 1929 sur la Prinzregentenplatz, elle emménage chez son oncle en novembre de cette même année. La suite est connue : Hitler s'attache à sa nièce*, lui achète de coûteux habits, se montre partout avec elle, semble jouir de son rôle de Pygmalion et fait pour la première fois à ses compagnons l'effet d'un amoureux transi.

Personne ne paraît y trouver à redire, pas même la mère de Geli, mais il y a tout de même trois problèmes : la jeune nièce, qui a vingt ans de moins que son *Onkel Alf*, est éprise de liberté**, mais l'oncle amoureux est maladivement jaloux, il lui interdit de sortir seule et semble cette fois encore avoir quelques exigences particulières. Geli confie seulement à une amie : « C'est un monstre. Tu ne croirais jamais ce qu'il me fait faire[24]. » Elle s'en ouvre également à Otto Strasser, qui pourra écrire : « Sincèrement, j'avais cru alors que la fille du photographe était hystérique et mentait à plaisir. Mais Geli, dans l'ignorance complète de l'autre aventure de

---

* Sa demi-nièce, en réalité.

** Et semble avoir eu plusieurs liaisons, dont une avec le chauffeur d'Hitler Emil Maurice – ce qui entraînera le renvoi et la disgrâce de ce dernier.

son oncle, me confirmait point par point ce que l'imagination d'un homme sain a de la peine à croire. […] Avec colère, dégoût, horreur, elle me conta les étranges propositions que lui faisait son oncle[25]. »

Konrad Heiden, à la fois témoin et historien de cette époque, nous fournira le chaînon manquant : « Au début de 1929, Hitler avait écrit à la jeune fille une lettre conçue en termes non équivoques. Dans cette lettre, l'oncle et amant se dévoilait entièrement ; il exprimait des sentiments qui ne pouvaient émaner que d'un homme aux penchants masochistes et coprophiles. […] Hitler avait laissé traîner la lettre, et elle était tombée aux mains du fils de sa logeuse, un certain docteur Rudolph. […] La lettre ne pouvait que compromettre Hitler et le rendre ridicule aux yeux du public[26]. » On ne saurait mieux dire, et en avril 1929, grâce à l'entremise du père Stempfle*, le trésorier du NSDAP Franz Xaver Schwartz parvient à racheter la missive – aux frais du parti, naturellement. Mais Schwartz n'est pas au bout de ses peines, ainsi que le relatera Ernst Hanfstaengl : « Si je me souviens bien, c'était au tout début de 1930 […]. Schwartz paraissait plutôt déprimé, et il me raconta ce qui le tracassait. Il venait d'acheter le silence de quelqu'un qui avait tenté de faire chanter Hitler, mais le pire de l'histoire, c'était l'origine du chantage : d'une façon ou d'une autre, cet homme était entré en possession d'un carton de dessins pornographiques réalisés par Hitler. […] Peut-être avait-il été volé dans la voiture d'Hitler. Il s'agissait d'esquisses intimes et dépravées de Geli Raubal, n'omettant aucun détail anatomique – le genre de choses que seul un voyeur pervers aurait pu coucher sur le papier. […] Schwartz les avait rachetées.

* On connaît le sort réservé au père Bernhard Stempfle cinq ans plus tard, et le fait qu'il ait pu lire cette lettre n'est peut-être pas étranger à sa disparition.

"Juste Ciel, lui dis-je, pourquoi ne déchires-tu pas ces ordures ?" "Non, répondit Schwartz, Hitler veut les récupérer. Il m'a dit de les mettre dans le coffre-fort de la Maison brune[27]." »

On commence donc à mieux cerner la question. Quant à la fin de l'idylle, elle sera soudaine et tragique : au soir du 18 septembre 1931, à la suite d'une violente querelle avec son oncle*, Geli Raubal se tire une balle dans la poitrine. Lorsque Hitler, alerté le lendemain matin, rentre de Nuremberg, il est déjà trop tard : sa nièce est morte. Hitler est atterré, et il ne s'en consolera jamais vraiment : pour autant qu'on puisse en juger, il ne semble avoir eu d'attachement véritable que pour sa mère et sa nièce**. En attendant, grâce à l'aide de Goering, Strasser et Hess, ainsi qu'à la complicité du ministre de la Justice bavarois Gürtner, le scandale est étouffé et les perspectives politiques du Führer n'en sont pas affectées.

Pour diverses raisons, dont beaucoup tiennent à son emprisonnement en 1924 et à la propagande effrénée de son parti depuis 1925, Hitler est immensément populaire auprès des femmes allemandes bien avant la prise du pouvoir. Ses chauffeurs, son photographe, son responsable de presse, son ordonnance, ses secrétaires, son pilote et bien d'autres encore témoigneront unanimement du fait que le Führer faisait l'objet d'une sorte de culte très comparable à celui que connaîtront des décennies plus tard certaines vedettes de la chanson[28]. Magie du verbe ? Puissance de la publicité ? Besoin de rêver et

---

* La cause immédiate paraît avoir été le refus d'Hitler de la laisser partir pour Vienne. D'après certains membres de la famille, elle y aurait eu un amant, mais l'affaire est restée mystérieuse – tout comme les circonstances du suicide lui-même.

** Sur l'insistance d'Hitler, les chambres de Geli dans l'appartement de la Prinzregentenplatz et dans le chalet de l'Obersalzberg seront conservées en l'état, avec tous ses objets personnels, et le Führer viendra s'y recueillir chaque année.

d'idolâtrer ? Vulnérabilité aux mises en scène organisées par le parti et les SA ? Toujours est-il que lors des déplacements d'Hitler, d'innombrables jeunes filles surexcitées – et d'autres moins jeunes mais tout aussi passionnées – lui offrent des bouquets, s'efforcent de le toucher, lui remettent des billets enflammés, et vont jusqu'à se jeter sous les roues de sa voiture…

Voilà pourquoi, dès le printemps de 1929, la jeune Munichoise Eva Braun, dix-sept ans à peine et employée depuis peu au studio de photographie Hoffmann, considère avec quelque admiration l'étrange client de son patron : ce quadragénaire au fort accent autrichien ne paie pas vraiment de mine avec son manteau de cuir noir, son teint blafard, sa courte moustache plutôt ridicule et le fouet dont il ne se sépare jamais*, mais il semble n'avoir aucun problème d'argent**, roule en Mercedes à turbocompresseur, se fait accompagner de deux imposants gardes du corps en uniforme, et figure bien souvent à la une des journaux locaux… Comme toutes les jeunes filles de son âge, Eva se désintéresse complètement de la politique, mais elle se passionne pour tout ce qui est à la mode ; or, dans la capitale bavaroise comme partout ailleurs, le nazisme et son chef représentent tout ce qui est nouveau, jeune, fort, dynamique et porteur d'avenir. Tout juste sortie de l'école catholique, sans expérience de la vie ni prétentions intellectuelles, cette jeune fille blonde, rêveuse et naïve est séduite par la galanterie toute viennoise de ce *Herr Wolf* au regard bleu magnétique, que son patron lui présente comme le

* Trois de ses « amies maternelles » lui en ont offert un, et son préféré semble avoir été le modèle en cuir d'hippopotame ; jusqu'en 1940, il ne s'en séparera pratiquement jamais. (Son père en avait toujours eu un, et n'hésitait pas à s'en servir.)

** Les droits d'auteur de *Mein Kampf* lui rapportent chaque année des centaines de milliers de marks, et il est millionnaire après 1931.

futur sauveur de l'Allemagne. Il est vrai que le père d'Eva, Fritz Braun, l'a prévenue qu'il s'agissait d'un démagogue et d'un arriviste de la pire espèce, mais quelle jeune fille de dix-sept ans ne s'est jamais opposée à son père ? Bref, Eva Braun va progressivement tomber amoureuse, sans oser l'avouer à sa famille. Mais Hitler étant à l'époque entièrement absorbé par les échéances électorales et par son attirance pour sa nièce, il ne montre guère d'empressement à combler ses désirs – ce qui ne fait naturellement que les exacerber…

Il est peu probable qu'Eva Braun ait soupçonné l'existence de Geli avant le 18 septembre 1931, Hitler étant aussi peu communicatif sur ses affaires sentimentales que sur ses projets politiques. Mais après le suicide de la nièce idolâtrée, Eva croit son heure arrivée. De fait, après une assez longue période de deuil, Hitler se montre plus attentionné – toutes choses étant relatives par ailleurs : il lui offre des fleurs, mais ne cesse de répéter que sa seule épouse est l'Allemagne, et que la conquête du pouvoir est son unique horizon. Pourtant, Eva semble avoir pris exemple sur Geli pour retenir l'attention du bien-aimé trop souvent absent : sa coiffure, ses vêtements, sa démarche même, sont calqués sur ceux de la nièce tels qu'ils lui ont été rapportés[29]. Mais le 1er novembre 1932, la frustration aidant, Eva Braun pousse un peu trop loin l'imitation, en se tirant une balle dans la poitrine avec le pistolet de son père.

C'est le docteur Plate, beau-frère de Heinrich Hoffmann, qui opère Eva Braun. Hitler, alerté, se précipite chez Hoffmann pour prendre des nouvelles et s'exclame : « Comment a-t-elle pu faire une chose aussi absurde ? Il n'y avait pourtant rien entre elle et moi[30] ! » En fait, la blessure d'Eva n'étant que superficielle, sa convalescence sera assez rapide et son but parfaitement atteint : politiquement, Hitler ne peut se permettre deux suicides dans son entourage en moins de quinze mois, et il dit à Hoffmann : « Désormais, il faut que je m'occupe d'elle. Cela ne doit pas se reproduire[31]. » Il s'efforce bien de tenir parole, mais lorsque surviennent les événements de janvier 1933 qui le portent au pouvoir, le nouveau chancelier va résider le plus souvent à Berlin, et ne faire à Munich que quelques visites rapides, généralement à l'improviste. Entre l'incendie du Reichstag et la Nuit des longs couteaux – en passant par son voyage en Italie –, Hitler ne peut guère consacrer de temps à Eva, et il néglige même de lui écrire ou de lui téléphoner. À cela s'ajoute que le Führer ne semble toujours pas être devenu un amant au sens habituel du terme : les membres de son proche entourage, à commencer par la secrétaire Christa Schroeder, le photogaphe et confident Heinrich Hoffmann, l'attaché de presse Ernst Hanfstaengl, l'ordonnance et factotum Julius Schaub et la logeuse Frau Winter certifieront qu'il s'agissait d'une relation toute platonique[32*]. En outre, une inscription dans le journal d'Eva Braun le 11 mars 1935 – « Je ne lui sers qu'à des fins particulières[**33] » – laisse penser que la perversion d'Hitler ne l'a pas quitté non plus. Deux mois et demi plus tard, en tout cas, la maîtresse délaissée avale vingt comprimés de somnifère pour sa seconde tentative de suicide.

---

* Et le garde du corps Rochus Misch, resté au service du Führer jusqu'en 1945 : « Je n'ai jamais observé la moindre manifestation d'intimité entre Hitler et Eva. Mes camarades non plus. » (Misch, Rochus, *Der Letzte Zeuge*, *op. cit.*, p. 110).

** *« Er braucht mich nur zu bestimmten Zwecken. »* On pourrait interpréter cela comme signifiant qu'Hitler se sert d'elle comme d'un faire-valoir en société, mais comme il évite justement de se montrer en sa compagnie, ce n'est pas l'hypothèse la plus vraisemblable. (Il s'agit naturellement du fragment de journal authentifié par sa sœur Ilse Braun. Par contre, le *Journal intime d'Eva Braun*, présenté par Douglas L. Hewlett, Editions du cheval ailé, Paris, 1948, est un faux grossier, qui n'est malheureusement pas signalé comme tel dans les bibliothèques.)

Elle échoue de nouveau – ce qui était sans doute le but recherché –, mais l'effet produit dépassera cette fois toute espérance : Hitler va lui acheter une coquette petite maison dans la Wasserburgstrasse et mettre une Mercedes à sa disposition : elle n'aura plus besoin de travailler chez Hoffmann, et il ne se passera pratiquement plus un soir sans qu'il lui donne signe de vie. Mieux encore, il va lui faire aménager une chambre à côté de la sienne dans sa retraite sur l'Obersalzberg, l'ancienne *Haus Wachenfeld* bientôt transformée en Berghof à la suite de travaux pharaoniques. La demi-sœur Angela tente bien dès 1936 de pousser son frère à se séparer de la *blöde Kuh** qu'elle déteste cordialement, mais mal lui en prend, car Adolf la chasse séance tenante** ! Dès lors, Eva Braun s'installe presque à demeure au Berghof, avec ou sans Hitler. Mais celui-ci, qu'elle appelle bizarrement *Der Chef* ou *Mein Führer*[34], revient toujours se reposer dans son chalet alpin – où sa jeune compagne fait désormais figure de maîtresse de maison.

Adolf paraît satisfait de cet arrangement, et Eva a toutes raisons de l'être aussi : le Berghof est confortable, il y a une armée de serviteurs, de régisseurs et de cuisinières, les restrictions qui touchent le peuple allemand s'arrêtent au pied de la montagne, et Eva peut recevoir dignement ses amies comme ses deux sœurs***. Ainsi que le dira un membre du personnel, Rochus Misch : « Elle était très joyeuse – en l'absence d'Hitler s'entend[35]. » Il y a tout de même quelques inconvénients,

---

* Qualificatif pratiquement intraduisible en français, mais littéralement : « vache idiote ».

** Angela Raubal va ensuite faire une cure à Bad Nauheim, où elle rencontre et épouse le professeur Martin Hammitzsch. Elle ne reverra son demi-frère que très rarement, et son époux mourra sur le front de l'Est en 1942.

*** Ilse, l'aînée, et Gretl, la cadette.

dont le principal est sans doute que ce couple est singulièrement mal assorti : Adolf est végétarien, ne fume pas, ne boit pas, ne fait pas de sport, méprise la danse, n'aime que les films de cow-boys ou de gangsters, déteste les femmes maquillées, ne lit que des ouvrages d'architecture ou de technique d'armement, n'apprécie que la musique d'opéra, s'habille n'importe comment et sort le moins possible de son repaire, sauf pour discourir et intriguer ; Eva, elle, ne dédaigne pas l'alcool, fume beaucoup, change de robes jusqu'à sept fois par jour, se maquille avec enthousiasme, se désintéresse résolument de la politique comme de l'architecture, ne lit que des magazines de mode et de cinéma, adore la danse, le ski, la natation, la photographie, la musique de jazz, les films romantiques, les fêtes, les voyages et tous les plaisirs de son âge. Ils aiment certes tous deux les chiens, mais pas les mêmes – et leurs chiens respectifs s'agressent impitoyablement*.

Les querelles avec les autres femmes de dignitaires sont à peine moins féroces : Magda Goebbels, Emmy Goering et Annelies von Ribbentrop ont le plus grand mépris pour la jeune Eva Braun, de sorte que le Führer finit par les écarter du Berghof**. Malgré tout, la maîtresse officieuse devra se contenter d'une existence très discrète dans l'ombre du Führer sur l'Obersalzberg, à Munich et lors de ses rares passages à Berlin – où elle logera à l'hôtel jusqu'en 1939. Comme le dira l'architecte Albert Speer : « Elle était bien consciente de sa position ambiguë à la cour d'Hitler[36]. » Il est vrai qu'offi-

---

* Les deux fox-terriers d'Eva, Negus et Stasi, haïssent Blondi, la chienne berger allemand d'Hitler.

** En revanche, elle s'entend bien avec les épouses de Speer, de Bormann, d'Esser et de Hess. Ses relations avec Bormann sont tendues, mais l'un comme l'autre s'abstiennent de déclencher les hostilités, de peur de s'attirer les foudres d'Hitler. Himmler est pour Eva un objet de répulsion, de sorte qu'Hitler évite de l'inviter au Berghof.

ciellement, elle n'est qu'une secrétaire du Führer parmi d'autres, et pratiquement personne en Allemagne n'a entendu parler d'elle*. Hitler lui témoigne une affection superficielle et condescendante, accompagnée de certains propos de table aussi peu flatteurs que celui-ci : « Un homme hautement intelligent doit se choisir une femme primitive et stupide. Imaginez ce qui se passerait si en plus de tout, j'avais une femme qui me gênait dans mon travail[37]. » En outre, ce galant compagnon lui interdit toute apparition lors des réceptions publiques, et ne lui autorise les voyages que lorsqu'elle est dûment accompagnée. Un jour de grande déprime, elle avouera à l'épouse de Hermann Esser : « Je ne suis qu'une prisonnière** », et elle ajoutera cette confidence discrète mais révélatrice : *« Als Mann habe ich von ihm überhaupt nichts*[38] » – « De l'homme, je ne reçois absolument rien ».

Il est vrai que les deux « amants » occupent au Berghof des chambres séparées, et lorsqu'en 1942, le docteur Felix Kersten posera à Himmler la question des relations d'Hitler avec Eva Braun, le *Reichsführer* lui répondra sans hésiter : « Une amitié absolument platonique. » Et Kersten d'ajouter : « Après cela, il me donna quelques détails au sujet de cette étrange amitié. » Sans s'étendre sur ces détails, le bon docteur note la conclusion d'Himmler : « Eva Braun est un être pathétique et sexuellement frustré[39]. » Un dossier que lui donne à lire Himmler peut évidemment l'expliquer : « Il ressortait [...] de ses antécédents médicaux qu'Hitler souffrait

---

* Il est intéressant de noter que le fonctionnaire de la Gestapo Hansjürgen Köhler, pourtant de service au Berghof à l'époque, ne semble pas conscient du rôle joué par Eva Braun dans l'entourage du Führer. Il en est de même pour Otto Wagener, qui ne voit en elle qu'une « petite assistante sans importance ».

** Au cameraman Walter Frenz, elle avait confié de même : « Je ne suis qu'une prisonnière dans une cage dorée » – mot pour mot ce qu'avait dit Geli Raubal cinq ans plus tôt !

d'impuissance depuis des années, et se trouvait hors d'état d'avoir des relations sexuelles avec les femmes[40]. »

La liaison entre Eva et Adolf reste effectivement bien étrange, d'autant que ce dernier lui a dit : « Si tu devais un jour tomber amoureuse d'un autre homme, fais-le-moi savoir et je te rendrai ta liberté[41]. » Pourtant, Eva Braun n'y tient pas, et son intimité très limitée avec l'homme le plus célèbre d'Allemagne paraît lui suffire amplement.

Malgré tout, cette intimité ne semble pas exclusive, et c'est probablement ce qui chagrine le plus la très tolérante mais très jalouse Eva Braun. Alors qu'elle doit rester dans l'anonymat avec les quatre secrétaires d'Hitler, Goebbels proclame dans un discours officiel que « le Führer n'a pas de vie privée, car il se consacre entièrement au bien de son pays ». Mais ce même Führer s'affiche dans les réceptions officielles avec la « première dame » Emmy Goering*, ainsi qu'avec nombre de vedettes du cinéma, du théâtre, du ballet et de l'Opéra : Margarete « Gretl » Slezak, Manon Erfuhr, Doris Kreysler, Marlene Dietrich, Renate Müller, Magda Schneider**, Olga Tscheschova, Irma Beilke, Käthe Dorsch, Konstanze Nettesheim, Carola Höhn, Anny Ondra, Henny Porten, Dorothea Wieck, Hilde Körber, Jenny Jugo, les sœurs Höpfner et bien d'autres, qui trouvent dans une proximité affichée avec le maître du Reich l'occasion unique de promouvoir leur carrière. De fait, tout cela n'échappe pas aux photographes de presse, et les « amies » d'Eva Braun lui montrent perfidement tous les clichés qui lui auraient échappé.

Au vu de ces mondanités, Eva Braun peut imaginer certaines idylles torrides avec des créatures de rêve.

---

* Ce rôle était dévolu en principe à Magda Goebbels, mais elle était trop maladive et trop souvent enceinte pour l'exercer pleinement.

** Magdalena Schneider, la mère de Romy Schneider, débutait alors sur la scène en jouant des rôles de soubrettes.

Pourtant, la réalité est nettement plus prosaïque : s'il est vrai qu'Hitler est un admirateur galant qui invite ces dames à sa table avec une timidité de premier communiant, se confond en compliments et leur offre bouquets et cadeaux, son admiration est « purement esthétique[42] », et ses amourettes restent exclusivement déclamatoires. Hermann Rauschning, le président du sénat de Dantzig, devait écrire : « Je me rappelle un propos du gauleiter “Bubi” Forster, l'ami intime d'Hitler : “Ah ! Si seulement Hitler pouvait savoir combien il est agréable d'avoir dans les bras une belle fille toute fraîche ! Ce pauvre Hitler[43] !” » Mais à l'évidence, ce n'est pas au niveau des bras que se situe le problème, ainsi qu'en témoignera Ernst Hanfstaengl – entre beaucoup d'autres : « Il ne fait aucun doute qu'Hitler s'intéressait aux jolies femmes, et deux ou trois d'entre elles sont censées avoir bénéficié de ses faveurs particulières. Mais j'ai pu constater qu'aucune de celles-ci ne faisait davantage que hausser les épaules, soupirer et lever les yeux au ciel pour indiquer jusqu'où la relation avait été poussée. Il les appelait “sa princesse” ou “sa petite comtesse” et n'était pas avare de déclarations passionnées ; il ne reculait nullement devant les préliminaires, mais lorsqu'il s'agissait de conclure, ou [...] lorsqu'il était parvenu à éveiller l'intérêt de la femme et à obtenir son consentement à la perspective d'une consommation, il ne pouvait rien y faire[44]. » Ce que confirmera délicatement Baldur von Schirach en écrivant : « Il y avait dans les rapports d'Hitler avec les femmes à la fois une forte tension érotique et une inhibition sexuelle[*45]. » Du reste, l'intéressé lui-même l'avait pratiquement avoué à Otto Wagener en 1932 : « J'ai surmonté le besoin de posséder physiquement une femme[46]. »

---

* Schirach précisera à cette occasion qu'Hitler n'était « pas en état » de rendre heureuse la femme qu'il aimait.

Cette propension à présenter ses insuffisances en termes héroïques apparaît comme une constante chez Hitler, et de fait, certaines soupirantes en puissance comme Leni Riefenstahl, Gretl Slezak, Magda Goebbels, Inga Ley, Sigrid von Laffert, Unity Mitford et Martha Dodd* se sont heurtées à un mur lorsqu'elles ont entrepris d'achever la conquête du nouveau maître de l'Allemagne[47]. « C'était un admirateur plutôt qu'un amant ; pas un Don Juan, mais plutôt une bizarre espèce de moine[48] », constate le *Reichpressechef* Otto Dietrich. On oubliera sans doute le moine, mais ce rappel de l'étrangeté du personnage n'est pas inopportun ; nous savons en effet que l'impuissance n'est qu'un aspect du problème d'Hitler, ainsi que l'illustrera très clairement le collègue de Dietrich, Ernst Hanfstaengl : « À l'hôtel Kaiserhof, [...] Hitler jetait aux passantes un regard qui aurait été lubrique s'il avait été soutenu par quelque capacité à le traduire en actes. [...] D'un seul coup, il a repris son rôle tragique à la *Tannhäuser* : "*Mein lieber Hanfstaengl*, j'ai cessé d'avoir une vie privée", a-t-il dit. De fait, rien n'indiquait que ses goûts soient devenus moins bizarres. C'est vers cette époque**, ou peut-être un peu plus tard, que les initiés du parti commençaient à parler de deux petites ballerines [...] qui sortaient parfois au petit matin de la chancellerie du Reich par une grille latérale. Elles étaient sœurs et ne se quittaient jamais, et les histoires qui circulaient sur leur compte ne semblaient pas indi-

* La fille de l'ambassadeur des États-Unis William Dodd, qui a eu également des relations très agitées avec plusieurs dignitaires nazis. Unity Mitford, sœur de Diana et belle-sœur du leader fasciste anglais Oswald Mosley, était devenue une nazie convaincue et avait entrepris de payer de sa personne pour amener une entente entre la Grande-Bretagne et l'Allemagne. Eva Braun en était très jalouse – bien à tort, en l'occurrence.

** Le printemps de 1934.

quer qu'Hitler était devenu plus normal – bien au contraire. Plus tard, à peu près au moment de ma fuite*, Hitler avait pris goût au spectacle des danseuses de cabaret et des acrobates du music-hall La Scala**, et moins elle étaient vêtues, plus il appréciait. Je devais rencontrer l'une d'elles durant mon exil à Londres, [...] et elle me confia en grimaçant : "Vous savez, votre monsieur Hitler n'est qu'un vieux voyeur[49]." »

Hanfstaengl pouvait difficilement l'ignorer, mais ce n'est là qu'un autre aspect anodin du problème. Les indices d'une perversion plus accentuée referont bientôt surface, même s'ils paraissent toujours aussi délicats à décrire : Hansjürgen Köhler, l'agent de Heydrich dont la tâche consistait à surveiller les gardes du corps d'Hitler, s'y essaiera à nouveau pendant son exil : « Il faut souligner que le Führer n'a rien d'un homosexuel. [...] Son anomalie sexuelle est de nature tout à fait différente. Il ne m'appartient pas de donner les détails de cette perversion plutôt rare, car en le faisant, je ne ferais que choquer le lecteur. [...] Ce sera à la profession médicale de se pencher plus tard sur le sujet[50]. » Mais pour l'heure, tout cela est dûment enregistré dans les redoutables dossiers du *Sicherheitsdienst* – comme en témoignera plus tard le général SS Walter Schellenberg : « Heydrich était informé des plus infimes détails de la vie privée d'Hitler. Il voyait tous les diagnostics établis par ses médecins, et savait tout de ses étranges penchants anormaux et pathologiques. J'ai moi-même vu quelques-uns de ces rapports lorsqu'ils ont été transférés au bureau d'Himmler***. [...] Ils montraient qu'Hitler avait cessé de penser en termes de cohabitation normale avec une femme[51]. »

---

* Février 1937.

** Ou du Metropol, comme en témoignera Albert Speer.

*** Après la mort de Heydrich. Voir chapitre 3.

Ce que peut être une cohabitation « anormale » est tragiquement illustré par la mésaventure de l'actrice Renate Müller, qui se confiera à son impresario Zeisler au lendemain d'une soirée passée à la chancellerie : « Elle était sûre qu'il allait lui faire l'amour ; ils s'étaient déshabillés et s'apprêtaient apparemment à gagner le lit, lorsque Hitler s'est laissé tomber au sol et l'a priée de lui donner des coups de pied. Elle a refusé, mais il l'a suppliée, s'est déclaré indigne d'elle, s'est couvert d'opprobre et s'est mis à ramper de façon abjecte. La scène étant devenue intolérable, elle a fini par accéder à ses désirs et lui a donné un coup de pied. Cela l'a beaucoup excité, et il l'a suppliée de continuer, en répétant sans cesse qu'il n'en méritait pas tant et qu'il n'était pas digne d'être dans la même pièce qu'elle[*52]. » Il est inutile de poursuivre, le reste n'étant guère plus supportable – et de fait, Renate Müller se suicidera peu après, le 7 octobre 1937.

Tout cela paraît difficile à admettre, mais on se souviendra que le comportement franchement pathologique d'Hitler a déjà été signalé en termes analogues par Strasser, Rauschning, Hanfstaengl, von Schirach, Köhler, Heiden, Forster, Kersten et Schellenberg. Il est également indéniable que les tentatives de suicide se sont enchaînées chez neuf femmes ayant bénéficié des… attentions du Führer : Geli et Eva, bien sûr, mais aussi Maria Reiter, Suzi Liptauer, Martha Dodd, Unity Miford, Renate Müller, Gretl Slezak et Inga Ley[53]. Le cas d'Unity Mitford est certes particulier : elle s'est tiré une balle dans la tête le jour de la déclaration de guerre de sa

* Ce qui coïncide de façon frappante avec cette observation d'Ernst Hanfstaengl : « Impuissant mais doté d'une réserve considérable d'énergie nerveuse, Hitler devait soulager cette tension d'une façon ou d'une autre. Il était tour à tour sadique et masochiste. » (E. Hanfstaengl, *Hitler*, Arcade, New York, 1974, p. 124.)

patrie à l'Allemagne*. Mais il reste que neuf suicides – dont quatre réussis – chez les compagnes du Führer, c'est tout de même beaucoup**… D'autant que nous ne sommes encore qu'en septembre 1939, au moment où se déclenche la Seconde Guerre mondiale.

---

* Dans le cas d'Inga Ley, n'importe quelle compagne du très désaxé Robert Ley se serait sans doute suicidée. Mais celle-ci avait également fréquenté Hitler…

** « Je ne porte pas chance aux femmes », dira Hitler à Heinrich Hoffmann – sans doute la litote de la décennie.

6

L'affaire Rudolf Hess

> « Rudolf Hess était un intellectuel et un artiste, un officier et un poète, beau garçon exalté et fidèle. Il se prit pour Hitler d'une admiration sentimentale qui ne devait jamais se démentir. Les mauvaises langues l'appelaient "Mademoiselle Hess", en raison de sa passion pour Adolf. Je crois personnellement que cet amour était absolument pur. »
>
> Otto STRASSER

En dehors du décès de Napoléon, des méfaits de Jack l'Éventreur, de l'assassinat du président Kennedy et du 11 septembre 2001, aucune affaire n'a fait couler autant d'encre depuis un demi-siècle que l'envol de Rudolf Hess pour l'Écosse au soir du 10 mai 1941. Toutes les hypothèses sur cet événement rocambolesque ont été avancées, démontrées, démenties, modifiées, enjolivées, abandonnées et réintroduites sous diverses variantes, au milieu d'un aveuglant brouillard de révisionnisme*, de

* Au sens américain du terme, qui signifie faire table rase de toutes les connaissances acquises sur la question, pour introduire une théorie

conspirationnisme et de mercantilisme dans la plus pure tradition éditoriale anglo-saxonne*. Pourtant, en naviguant prudemment parmi les épais nuages de la fiction, il reste possible d'approcher au plus près la réalité des faits.

Rudolf Hess, déjà maintes fois croisé au cours des chapitres précédents, est né à Alexandrie en avril 1896, d'une mère suisse et d'un père bavarois devenu négociant dans l'import-export. Il passe en Égypte ses quatorze premières années – de son propre aveu les plus heureuses –, puis est envoyé en Allemagne et en Suisse pour y faire des études commerciales. Le jeune Rudolf est bien plus intéressé par les mathématiques et la technique que par le commerce[1], mais la Grande Guerre survient sur ces entrefaites et l'étudiant de dix-huit ans se porte immédiatement volontaire. D'abord enrôlé dans le 7e régiment d'artillerie bavarois, il est blessé à Douaumont en 1916 ; combattant ensuite sur le front roumain à l'été de 1917, il reçoit deux nouvelles blessures, dont une au poumon qui manque de l'emporter. Sans attendre la fin de sa convalescence, Hess s'engage dans l'aviation en mars 1918, mais il n'est affecté à une escadrille combattante qu'en octobre, un mois avant l'armistice.

Ce lieutenant de vingt-deux ans, idéaliste, patriote, remarquablement courageux et férocement antibolchevique, rejoint après la fin des hostilités le corps franc du colonel von Epp qui investit Munich le 2 mai 1919 pour

---

entièrement nouvelle. Ceci satisfait l'esprit pionnier des Américains, pour qui le nouveau est forcément meilleur. Après quelques années, la nouvelle théorie est généralement abandonnée au profit d'une autre, ce qui a l'avantage de faire vendre chaque fois beaucoup de papier.

* La tâche est rendue plus complexe par le fait que plusieurs dossiers relatifs à cette affaire en Grande-Bretagne restent fermés jusqu'en 2017 – ce qui alimente naturellement les théories conspirationnistes.

renverser le pouvoir rouge de la *Räterepublik**. Une fois démobilisé, il s'inscrit à l'université de Munich pour y étudier l'économie et devient rapidement un disciple du général Karl Haushofer, spécialiste de l'Extrême-Orient et l'un des pionniers de la géopolitique. Mais Hess, obnubilé comme beaucoup d'autres par la légende du coup de poignard dans le dos, est attiré par les nombreuses associations de vétérans et d'étudiants nationalistes de Munich, où il rencontre le poète Dietrich Eckart et le capitaine Ernst Roehm**. Tout comme eux, il est fasciné par les premiers discours d'un obscur caporal nommé Adolf Hitler, et il devient le seizième membre du NSDAP en juin 1920.

Rudolf Hess n'est pas un homme qui s'engage à moitié : délaissant quelque peu ses cours à l'université, il assiste à toutes les réunions du parti, devient membre du service d'ordre des SA, colle des affiches et distribue des tracts, avec l'aide d'une jeune étudiante nommée Ilse Pröhl qui deviendra sa femme. Toutefois, elle devra toujours le partager, car le jeune Rudolf Hess est définitivement tombé sous l'influence de l'agitateur autrichien qui veut effacer l'humiliation du traité de Versailles et rétablir la grandeur de l'Allemagne. C'est pourquoi on retrouve Hess aux côtés d'Hitler et de Goering dans la Bürgerbräukeller lors de la célèbre nuit du 8 novembre 1923 ; il y joue même un rôle essentiel, en arrêtant plusieurs ministres du gouvernement bavarois qu'il retient en otages, pendant que les autres conjurés entreprennent d'occuper les principaux points stratégiques de la

* La République des Conseils, sous l'autorité despotique d'Ernst Toller, Eugen Leviné et Gustav Landauer. À cette époque, Hess est également membre de la *Thule Gesellschaft*, une société secrète nationaliste, antimarxiste et antisémite.

** À cette époque officier à l'état-major de Ritter von Epp, devenu général.

ville. Mais on sait que l'entreprise échouera le lendemain devant la Feldherrnhalle, et Hess va devoir se réfugier en Autriche. Pourtant, ne pouvant rester longtemps séparé d'Hitler, il se constitue prisonnier en avril 1924, et une condamnation à dix-huit mois de détention lui permet d'aller rejoindre son idole à la forteresse de Landsberg.

Dans cette prison plutôt confortable, qu'Adolf Hitler appellera « mon université aux frais de l'État[2] », Hess s'estime comblé de pouvoir partager le quotidien de l'homme qu'il s'est choisi pour maître. Avec tout l'enthousiasme de la jeunesse, il l'admire sans le moindre esprit critique et lui sert d'auditeur complaisant, d'assistant, de porte-parole, de secrétaire et de rédacteur. À ce titre, il va dactylographier lui-même (avec deux doigts) le manuscrit de *Mein Kampf* – et sans doute en inspirer la partie géopolitique, telle qu'il l'a comprise des enseignements du professeur Haushofer[*]. Pendant les huit mois que Hess et Hitler passent ensemble, il se crée entre eux une intimité certaine, que Hess va pousser jusqu'à la vénération[**]. Malgré tout, comme les autres détenus de Landsberg, il avouera plus tard n'avoir jamais compris les véritables ressorts de l'homme secret et solitaire auquel il a définitivement associé son destin[3].

Lorsque Hess est libéré au début de janvier 1925 – deux semaines seulement après Hitler –, il est résolu à pour-

---

* Hitler lui-même n'en a retenu que ce qui coïncidait avec ses propres préjugés, notamment la théorie du *Lebensraum* (« espace vital »). Karl Haushofer déclarera plus tard qu'aucun des deux n'avait vraiment compris ce qu'était la géopolitique. De Rudolf Hess, le professeur Haushofer dira que « c'était un étudiant très attentif », mais que « sa force résidait moins dans son intelligence que dans son enthousiasme ».

** « [Hitler] est un homme d'une rare décence, plein de bonté, religieux et bon catholique. Il n'a qu'un but : le bien de son pays, et il se sacrifie pour cela avec une complète abnégation. » Il serait difficile d'aller plus loin dans la candeur.

suivre son association avec celui qu'il n'est pas loin de considérer comme le Messie. Le professeur Haushofer, qui a introduit le jeune étudiant dans sa famille, lui fait miroiter une brillante carrière universitaire, mais Rudolf Hess étant déjà un homme sous influence, il préfère devenir le secrétaire particulier d'Hitler, qui entreprend de reconstituer son parti. Il ne pourrait guère trouver de collaborateur plus zélé : Hess l'aide à terminer *Mein Kampf*, filtre soigneusement ses visiteurs et participe à créer au sein du parti l'image d'un dirigeant infaillible – qu'il va faire appeler *« Der Führer »*, à l'imitation du *Duce* Mussolini. Durant ces premières années de la reconquête, il sert également de porte-parole, d'intermédiaire, de propagandiste, de garde du corps et d'interlocuteur passif, sur qui Hitler peut tester ses idées et ses effets oratoires. La passion de l'aviation ne l'ayant pas quitté, il emprunte 12 000 reichsmarks en 1930 pour acheter un petit avion* sur lequel il peint une svastika et la bannière du *Völkischer Beobachter* ; aux commandes de l'engin, il va survoler à basse altitude pendant des heures les rassemblements du *Reichsbanner* socialiste, pour y semer un maximum de perturbation[4]. C'est également par son intermédiaire qu'Adolf Hitler rencontre l'industriel Emil Kirdorf, puis Fritz Thyssen, et dès lors, le parti va disposer de ressources démesurément accrues, au moment précis où la crise économique et les échéances électorales lui donnent une occasion unique d'accéder au pouvoir. Enfin, Hess est l'homme de confiance par excellence : lors du suicide de Geli Raubal, il est présent pour soutenir le moral de l'oncle désespéré** et pour égarer au mieux les enquêteurs ; lors de la démission de Gregor Strasser en novembre 1932,

* À un constructeur encore obscur nommé Willi Messerschmitt.

** Avec Goering et Gregor Strasser, il fait sans doute partie de ceux qui l'ont empêché de se suicider à l'époque.

Rudolf Hess reprend ses fonctions d'organisateur, avec le titre de « directeur de la Commission politique centrale ». Dans la Maison brune nouvellement acquise à Munich, il dispose désormais d'un spacieux bureau jouxtant celui d'Hitler*.

À la veille de la prise du pouvoir, cet homme de trente-six ans a fière allure : grand, mince, bien bâti, l'expression résolue du vétéran endurci, avec une petite lueur de fanatisme au fond de ses yeux gris-bleu, que surmonte une ligne continue de sourcils très épais. La chroniqueuse Bella Fromm lui trouve certes « un aspect quelque peu efféminé[5] », mais les femmes mesurant 1,77 mètre, avec un menton carré, un nez de boxeur et des sourcils broussailleux sont plutôt rares à l'époque, et Bella Fromm n'est pas exactement une observatrice objective.

Au soir du 30 janvier 1933, alors que d'interminables cortèges défilent à la lueur des flambeaux devant la chancellerie du Reich, on peut voir à la fenêtre du premier étage la silhouette de Rudolf Hess, légèrement en retrait derrière Hitler et Goering. S'il n'apparaît pas dans le nouveau gouvernement, le secrétaire particulier du Führer et directeur de la Commission politique centrale se voit confier un poste stratégique : le *Verbindungsstab*, un organisme de liaison entre le parti et le gouvernement, dont la tâche essentielle est de faire pénétrer le parti nazi à tous les niveaux de l'administration régionale et nationale. Mais comme tous les autres dignitaires nazis, Hess va s'empresser d'élargir considérablement son fief : représentation des gauleiters, nomination des fonctionnaires, propagande du parti, renseignement en Allemagne et à l'étranger, relations avec les *Volksdeutsche***, supervision des universités, recherche généa-

* Ce qui n'a qu'une signification purement symbolique, Hitler n'utilisant pratiquement jamais son bureau.

** Citoyens étrangers d'origine ethnique allemande.

logique, évaluation de la « santé héréditaire du peuple* », coordination des législations provinciales, censure des publications nationales, ainsi que la réception des plaintes émanant de citoyens spoliés par les SA, les gauleiters ou les profiteurs en tout genre. L'*Auslandsorganisation* de Bohle**, la *Diensstelle* de Ribbentrop, la Commission de politique économique de Köhler, le service technique du NSDAP de Todt, l'Office de construction de Speer, le Bureau des finances et de la politique fiscale de Reinhardt, la section des affaires politico-culturelles de Bouhler, le service de renseignements de Pfeffer von Salomon, la Commission de contrôle du parti pour la protection des écrits nationaux-socialistes (PPK***) de Hederich, et même l'Office des questions aériennes de l'aviateur Croneiss lui sont tous initialement subordonnés ! Le 21 avril 1933, le chef de cet organisme tentaculaire installé à la Maison brune de Munich et dans un palais de la Wilhelmstrasse de Berlin est très officellement nommé *Vertreter des Führers* – représentant du Führer –, habilité à le représenter pour toutes les affaires concernant le parti. Voilà qui en fait pratiquement le numéro deux du régime, avec bientôt les titres supplémentaires de Reichsleiter, ministre sans portefeuille, député au Reichstag et *Obergruppenführer* SS…

Il y a pourtant bien des failles derrière ces glorieuses apparences, ainsi que l'expliquera le ministre des Finances Lutz Schwerin von Krosigk : « En tant qu'unique ascète au sein des cercles dirigeants, [Hess] entretenait le culte de la modestie. […] Se considérant comme le héraut du Führer, il se sentait obligé de

---

* Qui organise et supervise les stérilisations de masse, puis l'euthanasie – ce que Hess ne peut ignorer.

** Dont l'adjoint n'est autre qu'Alfred Hess, le frère de Rudolf.

*** *Parteiamtliche Prüfungskommission zum Schutze des NS-Schrifttums.*

s'effacer entièrement derrière lui. C'est ainsi que lors des manifestations du parti, il se présentait en simple chemise brune, sans insignes de grade ni décorations, et n'en était que plus remarquable à côté d'hommes comme Goering, au ramage bigarré d'oiseaux de paradis. En faisant de Hess son représentant personnel, Hitler avait distingué son plus fidèle paladin, [...] un homme à la vie personnelle irréprochable, auquel les intrigues étaient aussi étrangères que la vanité. Mais en le nommant à une fonction consistant à rassembler et à discipliner ses partisans, il créait davantage un vide qu'un centre de gravité. Avec Hess, pas de révoltes ni de combats, pas de jalousies mesquines ni de divisions, mais pas davantage de stimulation ou de discipline, là où elles se seraient pourtant imposées. Plus il se voyait conférer de responsabilités par Hitler, plus les frottements dans la machinerie de l'État se faisaient sentir. Hess était bien conscient des responsabilités qui lui incombaient, mais il n'avait ni les capacités ni l'énergie qu'exigeait sa fonction. C'est ainsi que tous les projets passant par ses services s'y enlisaient, et ce n'était pas chose facile que de les débloquer*. Sa réserve le rendait dépendant de membres plus assurés de son service, parmi lesquels Bormann ne tarda pas à jouer un rôle croissant[6]. »

De fait, le secrétaire Martin Bormann, ancien fermier râblé au cou de taureau, est un personnage grossier, inculte, intrigant et arriviste, auquel Hess laisse une liberté d'action pratiquement illimitée – ce qu'il aura bientôt l'occasion de regretter. Mais là ne s'arrêtent pas les faiblesses du premier représentant d'Hitler, et l'on

* En fait, il finit généralement, après une longue étude, par transmettre les dossiers à d'autres instances – qui ne sont pas nécessairement les plus compétentes. Ayant tendance à tout promettre à chacun, il finit par ne rien faire, de peur de déplaire à tous.

retrouve souvent les mêmes expressions dans les jugements portés par son entourage ou ses relations passagères : « Bienveillant, mais faible et rêveur, sans la moindre personnalité[7] », dira Hans Frank ; « Le plus grand idéaliste d'Allemagne, de nature très modérée, [...], il se montrait rarement en public[8] », selon le gauleiter Ernst Bohle ; et à en croire sa secrétaire, Hildegard Fath, « il était *trop* bon, et il s'imaginait que tout le monde était aussi droit et honnête que lui[9] ». D'après son aide de camp Leitgen, il était « très instable, nerveux, sensible et pensif ; prudent et besogneux, [...] c'était un ardent idéaliste qui évitait les réalités[10] ». Baldur von Schirach le considérait seulement comme « lourd et distrait[11] », Ernst Hanfstaengl comme « un introverti maussade, jaloux et soupçonneux vis-à-vis de ceux qui approchaient Hitler de trop près[12] », mais pour Albert Speer, il était surtout « trop sensible, trop réceptif, trop instable, sans aucune des qualités nécessaires pour s'affirmer au milieu d'un marécage d'intrigues et de luttes pour le pouvoir[13] » ; le secrétaire parlementaire au ministère de la Santé britannique Geoffrey Shakespeare, qui le rencontrait fréquemment dans un sanatorium bavarois, en fera la description suivante : « Personnage aimable et non dénué de charme, un courage superbe [...]. Il est entièrement dévoué à Hitler, qui est son Dieu. Pas de grandes capacités intellectuelles, une étrange veine de mysticisme, [...] avec une physionomie et un regard me paraissant être ceux d'un déséquilibré[14]. » « Il était difficile de savoir, ajoutera le secrétaire d'État von Weizsäcker, si son regard rêveur reflétait de la compréhension, de l'opposition ou bien un vide complet[15]. » Et le ministre von Krosigk de préciser : « Lorsqu'on s'adressait à lui, il donnait souvent l'impression de descendre d'une autre planète et de ne reprendre pied sur terre qu'avec difficulté. Hess vivait en partie dans l'irréel, il croyait à l'interprétation des rêves, aux prophéties et à l'astrologie, [...] et en était influencé[16]. » Le professeur von Müllern-Schönhausen pourra même écrire que Hess « n'aurait nullement été surpris de voir Lohengrin ou l'archange Gabriel lui apparaître, porteurs d'un message de la part du Maître de l'au-delà[17] ».

Les avis sont donc remarquablement concordants, mais ils omettent un autre aspect essentiel du personnage : l'ascétique, mystique, incorruptible et besogneux Rudolf Hess, qui se veut l'« interprète d'Hitler[18] » et gère tant bien que mal son empire protéiforme*, a en outre de gros problèmes de santé, auxquels ses cinq blessures de guerre et son surmenage ne sont sans doute pas étrangers. Ses douleurs paraissent se concentrer autour de la vésicule biliaire, et la médecine traditionnelle ne pouvant lui apporter aucun soulagement, il se tourne vers des diététiciens, des physiothérapeutes, des homéopathes, des guérisseurs, des magnétiseurs, des hypnotiseurs, des chiropracteurs, des naturopathes, des sourciers, des iridologues, des astrologues, des cosmobiologistes et autres practiciens plus exotiques encore. En fait, plus ils s'éloignent du domaine scientifique, plus ils trouvent auprès de Hess une oreille attentive**.

Si tout cela n'a pas empêché Hitler de choisir un tel personnage comme représentant personnel et successeur présomptif, c'est qu'il tient compte avant tout de la fidélité à sa personne, et à cet égard, Rudolf Hess est sans égal. Du reste, si réservé et maladif soit-il, l'ancien pilote de la Grande Guerre est capable d'exploits surprenants :

---

* Comme la plupart des hauts dignitaires nazis, Hess est plus doué pour agrandir son empire que pour l'administrer.

** Son médecin le trouvera un jour allongé sous un gros aimant suspendu au plafond, avec douze autres aimants sous le lit, « pour évacuer les mauvaises substances et lui donner des forces ». En fait, il a un ulcère duodénal, qu'il gardera pendant trente-cinq ans...

en 1934, il se classe bon premier dans le raid aérien autour du Zugspitze, aux commandes d'un Messerschmitt Bf 109. Même revenu sur terre, il peut faire preuve d'initiatives foudroyantes lorsque son sens moral est heurté par quelque malhonnêteté ou injustice majeure. Ainsi, il n'hésite pas à user de son influence pour protéger de la Gestapo la famille de son ancien maître Haushofer, dont l'épouse est à moitié juive ; il intervient pour faire réprimer les excès des SA, parfois avec succès ; il fait émigrer en Angleterre l'ancien chancelier Brüning, deux semaines seulement avant la Nuit des longs couteaux qui lui aurait été fatale ; il soutient les démarches de l'amiral Raeder en faveur d'officiers de marine dont l'ascendance n'est pas purement aryenne ; il reçoit *ex officio* les plaintes des humbles victimes de l'arbitraire des « petits Hitlers » du parti, et s'efforce d'y faire droit ou de les soumettre à la chancellerie*. L'aide de camp du Führer Fritz Wiedemann, manifestement étonné de trouver parmi les dirigeants nazis « un homme intègre », se souviendra que « lorsque Hess a appris qu'à Munich, les marchands de lait et de pain purement aryens ne voulaient plus vendre d'aliments aux Juifs, il est intervenu pour y mettre un terme[19] ». Enfin et surtout, il y a cette directive n° 174/38 émanant du cabinet de Hess et adressée à tous les gauleiters le 10 novembre 1938, lors de la Nuit de cristal : « Pour action immédiate : sur ordre spécifique émis au plus haut niveau, il ne doit y avoir absolument aucun attentat par le feu contre les commerces juifs et assimilés, quelles que soient les circonstances[20]. »

Pourtant, comme tous les autres dignitaires du régime, Hess n'est généralement que la voix de son maître : le 8 juillet 1934, dans un discours prononcé à

* D'où le surnom de « Mur des Lamentations » qu'il s'est lui-même attribué.

Königsberg, il justifie les massacres de la Nuit des longs couteaux, car « pour le peuple allemand, la question était d'être ou de ne pas être », et l'on avait dû « procéder à une décimation sans se poser un instant la question de savoir si chaque homme était individuellement coupable ou non »[21]. Ses interventions publiques pour condamner les Juifs et les bolcheviks ne se comptent plus, et dès l'année suivante, il appose sa signature aux lois de Nuremberg. Enfin, aucun des débordements ultérieurs du régime, depuis les emprisonnements arbitraires jusqu'à l'invasion de la Tchécoslovaquie, ne provoquera la moindre objection de sa part, tant il redoute de susciter le déplaisir de son seigneur et maître.

C'est malgré tout ce qui va se produire, lentement mais inexorablement ; d'une part, la réserve, l'effacement, l'incorruptibilité et le train de vie résolument modeste de Rudolf Hess ne correspondent pas à l'image que se fait Hitler de l'homme national-socialiste dur, arriviste, agressif et sans scrupules, sur le modèle de Goering, Ley, Bormann ou Ribbentrop ; d'autre part, le Führer est ainsi fait qu'il déteste les « défaitistes » porteurs de mauvaises nouvelles ou de problèmes délicats à résoudre : « Goering, déclare-t-il, a une façon stimulante de présenter les choses. Avec Hess, toute conversation devient une épreuve insupportable ; il vient toujours me soumettre des questions désagréables et ne me lâche plus[22]. » À cela s'ajoute que ces « questions désagréables » concernent les affaires du parti, dont Hitler se désintéresse rapidement après son arrivée au pouvoir : « Il se disait trop absorbé par les affaires d'État pour leur consacrer plus de temps[23] », se souviendra son *Reichpressechef* Otto Dietrich. Il y a aussi des raisons apparemment plus triviales à l'ostracisme dont souffre Hess, mais elles ont pour Hitler une importance démesurée : d'une part, le Führer affiche un mépris certain pour l'astrologie et l'occultisme qui rythment le quotidien de Hess[24] ;

d'autre part il est scandalisé par son manque de goût en matière d'architecture, ainsi qu'en témoignera Albert Speer : « Lors d'une visite au QG berlinois de Hess, [...] Hitler avait vu un escalier peint en rouge vif et un ameublement nettement plus simple et austère que le style de paquebot transatlantique qu'il affectionnait, tout comme les autres dirigeants du Reich. De retour à la chancellerie, il avait vivement critiqué le manque de goût de son représentant : "Hess n'a aucun sens artistique. Je ne lui laisserai jamais construire quelque chose de nouveau. [...] Il n'y connaît rien du tout." Une telle critique à l'égard du jugement esthétique de quelqu'un pouvait parfois signifier la fin d'une carrière, et dans le cas de Rudolf Hess, c'est bien ainsi que tout l'entourage l'avait interprété. Mais Hitler lui-même ne l'a guère fait sentir à Hess ; seule l'attitude désormais réservée des courtisans à son égard pouvait lui faire comprendre que sa cote à la cour venait de baisser considérablement[25]. » De fait, Hitler avait déclaré peu de temps auparavant devant sa secrétaire Christa Schroeder : « J'espère seulement qu'il ne me succédera jamais, car je ne sais pas si je le regretterais davantage pour Hess ou pour le parti[26]. »

On ignore si de bonnes âmes ont répété ces paroles à l'intéressé, mais ayant rapidement perçu sa perte d'influence à la chancellerie et l'inexorable déclin de ses capacités d'action dans le pays, il s'en est ouvert à son médecin dès 1937 : « Il était préoccupé, dira le docteur Ludwig Schmitt, par le fait que Bormann et Ley sapaient sa position auprès d'Hitler ; il m'a laissé entendre que ses deux puissants subordonnés détournaient les fonds issus des ventes de *Mein Kampf* et les dividendes de la Volkswagen – mais il était hors d'état d'agir contre l'un et l'autre[*27]. » Se voulant à la fois conscience du parti et

---

* Devant ce médecin, Hess exprimera également des remords d'avoir demandé l'exécution de Roehm en 1934.

premier paladin du Führer, Rudolf Hess souffre autant de son impuissance face au comportement délictueux des gauleiters* que de sa brutale perte de prestige aux yeux d'Hitler. Tout cela n'est nullement compensé par l'attribution officielle à Hess des titres de « membre du cabinet secret » en 1938 et « membre du Conseil des ministres pour la Défense du Reich » un an plus tard : dans l'Allemagne d'Hitler, un ministre, avec ou sans portefeuille, n'a guère de pouvoirs, et les divers cabinets et Conseils – secrets ou non – ne se réunissent pratiquement jamais.

Dès lors, le fidèle adjoint du Führer ne peut qu'attendre dans l'ombre l'occasion de se mettre en valeur aux yeux de son Führer. Il lui est impossible de faire concurrence à Goering, Himmler ou Goebbels, la nature l'ayant privé à la fois de la forfanterie rubiconde, de la cruauté méthodique et de l'éloquence diabolique de ces trois sinistres personnages. Toutefois, il reste la politique étrangère, devenue au début de 1938 le fief de Joachim von Ribbentrop, l'ancien représentant en champagne et ambassadeur à Londres ; il est aussi inculte que vaniteux, et beaucoup le considèrent comme bien trop stupide pour représenter dignement le Reich face au vaste monde...

Rudolf Hess est naturellement de ceux-là. Mais ce qui le heurte avant tout, c'est moins l'incompétence manifeste du personnage que son anglophobie pathologique, qui menace de précipiter l'Allemagne dans une nouvelle conflagration mondiale. En tant qu'ancien *Auslandsdeutscher*** né à Alexandrie, Hess connaît-il beaucoup mieux que ses comparses la Grande-Bretagne et son Empire ? Nullement : il parle mal l'anglais, ne sait pas

* Malgré tous ses efforts, il n'obtient pas même la destitution du gauleiter Streicher, dont les exactions sont pourtant considérées comme excessives même par la hiérarchie nazie. Seul Goering aura l'autorité suffisante pour provoquer sa chute en 1940.

** Allemand de l'étranger.

grand-chose des Britanniques et ignore tout de leurs institutions. Mais entre 1924 et 1932, il a été le plus proche compagnon d'Hitler, dont il connaît mieux que quiconque les convictions et les préjugés. Parmi ceux-ci, il y a bien sûr l'antibolchevisme fanatique, l'antisémitisme pathologique et les folles ambitions de conquête d'un espace vital à l'Est*. Mais parce que Hess a participé si étroitement à la rédaction de ses livres et entendu pendant tant d'années les monologues d'Hitler, il ne peut ignorer que le Führer est également un anglophile aussi frustré qu'impénitent. N'écrivait-il pas déjà dans *Mein Kampf* : « L'Angleterre et l'Italie sont les deux seuls États en Europe avec lesquels il est possible et souhaitable de forger une étroite relation[28] » ? En 1925, il confiait à Lüdecke : « Je pense que pour l'avenir lointain, nos projets mondiaux nécessitent la participation de l'Angleterre, davantage que celle de n'importe quel autre pays[29]. » Et l'année suivante, devant ses plus proches collaborateurs : « Je ne souhaite pas que la couronne de l'Empire britannique perde une seule de ses perles. Ce serait une catastrophe pour l'humanité[30]. » Dans la suite de *Mein Kampf*, dictée en 1928**, on peut également lire : « Il n'y a aucune raison pour que se perpétue l'animosité anglaise envers l'Allemagne. [...] Si l'Allemagne mène à bien une réorientation politique fondamentale qui n'entre plus en conflit avec les intérêts maritimes et commerciaux fondamentaux de l'Angleterre, mais se limite plutôt à des buts continentaux, alors il n'y aura plus de raisons logiques à l'hostilité de l'Angleterre[31]. »

Une fois parvenu au pouvoir, Hitler ne dit pas autre chose ; en 1934, il confie à Hermann Rauschning :

* En partie dérivées d'une interprétation très personnelle des théories géopolitiques du professeur Haushofer.

** Et qui ne sera publiée que trente ans plus tard, en 1958.

« L'Angleterre a besoin d'une Allemagne forte. [...] Je ferai tout ce qu'il faudra pour empêcher une coalition anglo-française. Si je réussis à mettre de mon côté l'Angleterre et l'Italie, la première partie de notre plan de conquête sera beaucoup plus facile à réaliser[32]. » Et l'année suivante, après la conclusion de l'accord naval anglo-allemand, Hitler déclare à l'historien britannique Arnold Toynbee : « L'Angleterre est à mes yeux une puissance mondiale parfaitement reconnue, et même réellement admirée. [...] Grâce à l'accord naval, j'ai renoncé pour toujours, au nom du peuple allemand, à toute prétention du Reich à rivaliser sur mer avec l'Angleterre. Mais en échange, celle-ci doit m'aider en Europe. [...] L'Angleterre doit reconnaître le droit de l'Allemagne à régler ses affaires vitales légitimes en Europe[33]. »

Il reste naturellement à en convaincre la perfide Albion elle-même ; c'est pourquoi d'innombrables personnalités britanniques sont invitées à Berlin, Nuremberg, Munich et Carinhall au cours des années qui suivent : Leo Amery, lord Londonderry, Lloyd George, lord Halifax, Tom Jones*, Samuel Hoare, John Simon, lord Beaverbrook, Harold Balfour, Anthony Eden, lord Rothermere, le duc de Windsor et bien d'autres encore. Tous entendent le même « disque de phonographe », selon l'expression de l'intepréte Paul Schmidt, et certains y prêtent une oreille complaisante. Parallèlement, on invite des officiers supérieurs britanniques pour leur faire entendre le même refrain, et les impressionner en leur montrant les progrès du réarmement allemand. Les confidences faites à ces militaires par le secrétaire d'État à l'Air Milch, le maréchal Goering et le général von Reichenau sont parfois étourdissantes : Milch répond à toutes les questions des aviateurs britanniques avec une franchise désarmante, au motif que « nous avons un

* Le secrétaire particulier du Premier ministre Stanley Baldwin.

ennemi commun, le bolchevisme[34] ». Goering déclare à l'ancien attaché de l'Air Malcolm Christie qu'il « espère que la Grande-Bretagne laissera à l'Allemagne les mains libres à l'Est pour régler la question russe et trouver de l'"espace vital"[35] ». Quant à von Reichenau, il expose au major Winterbotham, du MI6, les détails de la future *Blitzkrieg*, ainsi qu'un plan d'attaque en trident contre l'URSS qui se révélera extraordinairement similaire au déroulement de *Barbarossa* sept ans plus tard[36] ! Du reste, le major Winterbotham est également reçu à la chancellerie par le Führer en personne – une entrevue mémorable, qu'il décrira en ces termes : « La voix d'Hitler s'est durcie lorsqu'il a déclaré : "Si nous ne détruisons pas les communistes, ce sont eux qui nous détruiront." [...] Lorsque je lui ai dit que la question du communisme lui tenait manifestement très à cœur, il s'est levé et je n'ai pu m'empêcher de remarquer que ses yeux, déjà exorbités, paraissaient sortir encore un peu plus de leurs orbites. Il semblait être devenu quelqu'un d'autre. J'ai vu sa petite moustache se hérisser et sa nuque devenir écarlate. Après quoi il s'est mis à lancer en rafales des phrases courtes et saccadées, en hurlant comme s'il se trouvait devant un vaste auditoire, et pendant trois minutes entières, il a déversé toute sa bile contre le communisme. Je n'avais jamais vu une prestation aussi extraordinaire. [...] Tout cela m'a semblé si risible que je me suis surpris à sourire. Le regard d'Hitler s'est abaissé vers moi, et d'un seul coup, il est redevenu parfaitement normal, ses yeux ont cessé de saillir, il m'a souri à son tour et a repris d'une voix tout à fait normale : "Voilà ce que je pense des Russes et de ce qu'il faut leur faire*." Et il a ajouté, en posant un doigt

* On remarquera que cette relation correspond de façon frappante à celle faite par Hermann Rauschning d'une de ses propres entrevues avec Hitler à la même époque. (Voir *infra*, chapitre 3.) Tous deux ont manifestement eu affaire au même personnage.

sur son nez : “S'il vous plaît, dites à vos politiciens anglais de ne pas y fourrer leur nez – pour une fois !”[37]. »

On voit donc qu'il ne s'agit pas vraiment d'une anglophilie sentimentale, mais bien de l'aspiration véhémente à une alliance militaire, ou du moins à une neutralité bienveillante de la part des Britanniques. Le partage lui paraît équitable : la vaste mer pour le Royaume-Uni et son Empire, la terre ferme en Europe centrale et en Russie pour le grand Reich allemand. Rudolf Hess semble trouver naturelle cette approche férocement conquérante, pourtant digne d'un autre âge ; c'est qu'à ses yeux, Hitler est infaillible, et lui-même est resté fanatiquement antibolchevique. Malgré tout, huit années de déclarations anglophiles de la part de son maître ne peuvent manquer de laisser des traces… En outre, il y a au sein du Reich des personnalités qui ont une conception moins expansionniste des relations anglo-allemandes : on en trouve au ministère des Affaires étrangères, à la chancellerie, au ministère de la Guerre, à l'Amirauté, au ministère de l'Air, à l'Abwehr, au ministère des Finances, et même dans la SS de Heinrich Himmler ! Plus près de Rudolf Hess, il y a Albrecht, le fils de son mentor Karl Haushofer ; c'est un brillant universitaire, spécialiste du monde anglo-saxon et de l'Extrême-Orient, qui enseigne la géographie et la géopolitique à l'École supérieure d'études politiques de Berlin, écrit des articles dans le *Zeitschrift für Geopolitik* édité par son père, et s'est acquitté de missions diplomatiques en Chine, au Japon et en Grande-Bretagne pour le compte de la *Diensstelle* de Ribbentrop*. Or, Albrecht Haushofer, resté le protégé de Rudolf Hess** et un de ses agents de renseignements,

* L'organisme qui doublait le ministère des Affaires étrangères jusqu'au début de 1938.

** Une protection toujours indispensable, du fait de ses ascendances juives.

est loin d'être un nazi convaincu ; plus encore, il est très proche dès 1934 de l'opposition secrète à Hitler*.

Lors des Jeux olympiques de 1936 à Berlin, Albrecht Haushofer rencontre parmi les membres de la délégation britannique un certain Douglas, marquis de Clydesdale et futur duc d'Hamilton ; ancien étudiant d'Oxford, champion d'Écosse de boxe poids moyen, député de la circonscription écossaise d'East Renfrew, le « marquis volant » est surtout un aviateur passionné – le premier à avoir survolé l'Everest –, et il est commandant d'escadre de réserve dans la RAF. Albrecht Haushofer, avec qui il sympathise aussitôt, le présente à Goering, qui charge Milch de lui faire visiter quelques installations de la Luftwaffe et de répondre à toutes ses questions. Mais même après les Jeux olympiques, l'anglophile Haushofer et le germanophile Clydesdale poursuivent leurs relations et se lient d'amitié ; durant l'année 1937, ils se rendent mutuellement visite, Albrecht séjournant au domicile de l'aviateur écossais à Dungavel House, au sud de Glasgow. Douglas n'ignore pas qu'Albrecht est un agent de Hess, et Albrecht doit se douter que son ami le « marquis volant » travaille à l'occasion pour les services de renseignements de l'aviation britannique. Mais au fond, ils poursuivent tous deux le même but, qui est très différent de celui des nazis : une entente anglo-allemande conduisant à la paix plutôt qu'à la guerre…

Du fait de leur passion commune pour les exploits aériens, le marquis de Clydesdale et le représentant du Führer Rudolf Hess auraient pu sympathiser lors des Jeux olympiques, mais sans doute à cause de la réserve quasiment maladive de Hess, il n'y a pas eu de véritable

* Comprenant entre autres à l'époque le ministre des Finances de Prusse Popitz, le chef d'état-major Beck, le diplomate von Hassel et l'ancien fonctionnaire de la Gestapo Gisevius. Mais cette opposition est loin d'être structurée.

rencontre entre les deux hommes : « Il est inexact, affirmera Hess trente-cinq ans plus tard, de dire que je connaissais le duc d'Hamilton. Je ne l'avais jamais rencontré, je n'avais jamais dîné avec lui. Si nous nous sommes trouvés dans la même salle pendant les Jeux olympiques de Berlin, nous ne nous sommes jamais parlé[38]. » Dès lors, Hess ne connaît vraiment le futur duc d'Hamilton que par les rapports que lui fait son agent Albrecht Haushofer. Encore ces rapports seront-ils quelque peu édulcorés, car Albrecht n'ignore pas que le chef du parti et *Stellvertreter* Hess reste d'une loyauté aveugle à l'égard d'Hitler. Malgré cela, Hess est de plus en plus ostracisé dans l'entourage du Führer, et les grandes réunions stratégiques au cours desquelles Hitler commence à dévoiler ses projets se tiennent en son absence – à commencer par celle du 5 novembre 1937, qui marque un tournant décisif dans la stratégie du Führer : il y annonce entre autres sa « décision irrévocable de résoudre le problème de l'espace vital allemand au plus tard entre 1943 et 1945 », en précisant que la première tâche consistera à « faire tomber simultanément la Tchécoslovaquie et l'Autriche ». Toutefois, il reste convaincu que « les difficultés de l'Empire britannique et la perspective d'être à nouveau entraîné dans une guerre européenne prolongée contribueront de façon décisive à empêcher l'Angleterre de participer à une guerre contre l'Allemagne[39] ».

On sait que le Führer va choisir d'accélérer la cadence : En 1938, les coups de force se succèdent : Anschluss, puis occupation des Sudètes après la sinistre comédie de Munich, qui renforce Hitler dans ses convictions : ni les Britanniques ni les Français ne risqueront une guerre pour contrecarrer ses projets. L'entrée à Prague de la Wehrmacht en mai 1939, sans la moindre réaction militaire de la part de Londres ou de Paris, achève de convaincre Hitler qu'il a « affaire à des nullités », et qu'il peut sans risques passer à l'étape suivante : l'attaque de la Pologne. Ribbentrop, son expert en politique étrangère, certifie que les Britanniques ne déclareront jamais une guerre pour la Pologne, et Hitler a la faiblesse de le croire – principalement parce que cela coïncide avec ses propres préjugés. C'est au milieu du mois d'août que le major von Lossberg, de l'OKW, se rend pour la première fois dans la demeure d'Hitler à Munich, en compagnie du général Keitel. Le Führer leur parle de la Pologne, « dont l'attitude se raidit de plus en plus, et qui multiplie les empiètements contre les Allemands, ce qui est uniquement dû au soutien accordé aux Polonais par l'Angleterre ». À ce stade, note von Lossberg, Hitler a commencé à s'énerver : « Il s'est mis à gesticuler, en frappant du poing sur la table et en s'écriant : "En tant que Führer du Grand Reich allemand, je ne suis pas disposé à tolérer longtemps de tels procédés. [...]. J'ai rencontré à Munich Chamberlain, l'homme au parapluie, ainsi que Herr Daladier. Ils ne pourront pas m'empêcher de régler la question polonaise. Les commères des salons de thé londoniens et parisiens vont devoir se tenir tranquilles cette fois encore. [...] S'il y a une guerre, elle restera limitée à la Pologne. Ce plan *Weiss* ne débouchera jamais, jamais, jamais sur une guerre mondiale[40]." »

D'autres en sont beaucoup moins convaincus : avec ou sans l'assentiment du Führer, le maréchal Goering, l'amiral Canaris, le secrétaire d'État von Weizsäcker et les frères Kordt tentent séparément d'interrompre la course à l'abîme*. Mais à l'insu de tous les autres – et très probablement de Rudolf Hess lui-même –, il y a un

* Les frères Kordt par des avertissements donnés au Foreign Office sur les intentions d'Hitler, Goering par l'intermédiaire de l'homme d'affaires suédois Birger Dahlerus, et Canaris par ses contacts avec le général Roatta, attaché militaire italien à Berlin (voir chapitre 7).

cinquième personnage qui tente d'avertir les Britanniques avant qu'il ne soit trop tard : c'est Albrecht Haushofer. Le 16 juillet 1939, il a écrit à son ami Douglas, marquis de Clydesdale, une lettre assez explicite pour le prévenir que « le grand homme du régime n'est pas près de ralentir », et qu'« il n'y a pas encore d'échéance ferme pour le déclenchement de l'explosion proprement dite, mais la date fatidique peut survenir n'importe quand après le milieu du mois d'août. Pour le moment, ils veulent éviter la "grande guerre", mais l'homme de qui tout dépend espère toujours pouvoir s'en tirer avec une "guerre localisée"* »[41]. Comme une telle lettre n'aurait pas échappé à la censure allemande – avec pour son auteur des conséquences prévisibles –, Albrecht Haushofer la poste à l'occasion d'une croisière le long des côtes norvégiennes.

Tout cela sera en vain : du côté britannique, le gouvernement ne veut pas d'un second Munich, et Winston Churchill lui-même, à qui Clydesdale montre la lettre, répond qu'il est déjà trop tard, car « la guerre va éclater très bientôt[42] ». Comme toujours, l'instinct de Churchill ne le trompe pas : ayant assuré ses arrières en concluant un pacte avec Staline, Hitler attaque la Pologne le 1er septembre. Tout comme Goering, qui a tenté jusqu'au dernier moment de prévenir la catastrophe**, Hess se résigne : à ses yeux, le Führer reste infaillible, même si, contrairement à ses prévisions, Londres et Paris déclarent la guerre à l'Allemagne le 3 septembre 1939.

Le grand conflit qui s'annonce va achever de repousser dans l'ombre le fidèle paladin du Führer ; c'est que

* Haushofer ajoute quelques propositions de compromis, portant notamment sur le corridor polonais et la possibilité d'« importantes modifications territoriales accompagnées d'échanges de populations ».

** En proposant même d'aller personnellement à Londres avec son avion pour sauver la paix *in extremis*. Hitler a refusé, mais l'initiative de Goering n'a probablement pas échappé à Hess.

le rôle de son parti devient insignifiant dès lors que l'on ne discute plus à la chancellerie que de stratégie, d'avions, de bombes, de sous-marins, de chars et de matières premières. Du reste, le maréchal Hermann Goering vient d'être désigné très officiellement comme successeur d'Adolf Hitler : Rudolf Hess n'est donc plus que le numéro trois du régime... Pour lui, le plus important reste de se distinguer aux yeux de son Führer, mais encore faut-il en trouver le moyen : ce ne sera pas sur les champs de bataille, car Hitler, connaissant sa réputation de casse-cou, lui a interdit de voler, et Hess a promis de s'en abstenir pendant une année entière ; la diplomatie secrète paraît exclue elle aussi, car les interlocuteurs britanniques de ses agents* semblent prendre la guerre au sérieux, même si leurs autorités demeurent l'arme au pied. À l'automne de 1939, Hess ne paraît pas davantage au ministère des Affaires étrangères qu'à la chancellerie, au Berghof ou à l'état-major de la Wehrmacht ; en fait, son rôle se résume à la gestion d'un parti fractionné et à la tenue de discours publics que sa réserve naturelle lui fait haïr** ; en réaction, il se réfugie de plus en plus dans l'occultisme et les médecines parallèles, ce qui lui vaut les sarcasmes redoublés d'Hitler[43]. Alfred Rosenberg, pourtant assez indolent lui-même, estime à l'époque que « les services de Hess font peu de travail fructueux », et que leur chef est « certes décent, mais malade et irrésolu »[44].

L'éternelle lutte sournoise contre Ley, Goering, Goebbels, Himmler et Bormann monopolise sans doute une

* Outre Albrecht Haushofer, il y a le docteur Franz Gerle, un vieil ami de Hess qui pratique également à Londres et a des contacts dans les cercles germanophiles très proches du pouvoir. Les services de Hess ont également un agent dans l'ambassade des États-Unis à Londres.

** Son épouse Ilse dira qu'il « suait sang et eau avant de prononcer un discours ».

grande partie de son énergie, d'autant que de nombreux éléments de son fief prétendent également mener une existence indépendante*. Toutefois, le service de renseignements de son *Verbindungsstab* lui est resté fidèle, et il recueille très tôt des informations sur les nouveaux projets guerriers du Führer, de sorte que Hess sait avant bien d'autres dignitaires qu'au printemps, la Wehrmacht va envahir la Norvège, le Danemark, la Belgique, les Pays-Bas et la France**. Mais c'est là une piètre consolation pour celui qui se veut avant tout un homme d'action. Le sous-secrétaire d'État américain Sumner Welles, venu en mission de paix à Berlin au début de mars, rencontre effectivement un Hess très déprimé, qu'il trouve « d'une intelligence des plus limitées », et faisant preuve vis-à-vis d'Hitler « d'une vénération canine »[45]. Bien sûr, tout comme Ribbentrop et Goering, Hess a dû lui répéter servilement les propos d'Hitler.

Au début de juin 1940, l'attaque à l'Ouest va fournir à Hess une occasion de s'approcher du front. Se rendant au QG d'Hitler près de la frontière belge, il fait quelques confidences à son thérapeute Felix Kersten, qui notera dans son journal : « [Hess] m'a assuré qu'il n'avait qu'un désir : mourir en héros aux commandes d'un appareil. Mais le Führer l'avait interdit de vol, de sorte qu'il était condamné à rester derrière un bureau. [...] Il ne pouvait

---

* Notamment l'*Auslandsorganisation*, le bureau de Speer et l'organisation Todt. Ce NSDAP théoriquement géré par Hess et fractionné en d'innombrables organisations compte 28 millions de membres, 3,5 millions de fonctionnaires et 300 000 dignitaires (Reichsleiters, gauleiters, Kreisleiters, Ortsgruppenleiters...)

** Le *Verbindungsstab* lui a également fourni des renseignements précis sur les liquidations de Juifs, d'ecclésiastiques et d'intellectuels polonais dans le Warthegau et le Gouvernement général, mais rien n'indique que Hess en ait été particulièrement troublé – sans doute parce qu'il a appris que le processus se déroulait en exécution des ordres du Führer.

supporter cette existence et était fermement résolu à mettre sa vie en jeu pour accomplir un grand exploit au service de l'Allemagne. » Et lorsque les deux hommes traversent des contrées touchées par les récents combats, Kersten rapporte que « Hess m'a dit avec les larmes aux yeux qu'il était horrible de voir des régions autrefois florissantes ainsi dévastées. La guerre ne devrait pas se prolonger ; le monde devait finir par reconnaître que l'Allemagne était invincible. Lui, Hess, devrait tendre la main pour amener une réconciliation entre l'Allemagne et les autres nations[46] ».

Hess est ensuite accueilli par Hans Baur, le pilote d'Hitler, qui l'accompagne jusqu'au QG du Führer. La rencontre entre le vassal et le suzerain a lieu dans la petite école de Brûly-de-Pesche, dont Hess ressort très abattu : « Il voulait avoir la permission de faire une tournée du front, rapportera Baur, mais Hitler a refusé, en déclarant qu'il fallait absolument qu'en son absence, il y ait en Allemagne quelqu'un sur qui il puisse compter. Hess ne devait donc pas prendre de risques au front et rentrer immédiatement à Munich. Le lendemain matin, lorsque je l'ai conduit à l'aéroport, Hess, manifestement déprimé, s'est ouvert à moi : "Vous voyez où j'en suis, Baur. J'aimerais mieux commander une compagnie au front qu'être ministre du Reich au pays. En temps de guerre, la place d'un homme valide est au front, pas coincé derrière un bureau à des centaines de kilomètres à l'arrière. Quand je pense à mes fonctions actuelles : écouter et arbitrer les conflits incessants à l'intérieur du parti[47]..." »

On peut naturellement compatir, tout en observant que Hess veut à la fois mettre fin aux dévastations et aller se battre sur le front, tout comme il veut simultanément l'entente entre les nations et la victoire de l'Allemagne. Mais le *Stellvertreter* Hess reste un monument de contradictions, dont la logique échappe souvent à son entourage : l'homme est à la fois sensible et implacable, féroce et larmoyant, pacifiste et belliqueux, exalté et calculateur, modeste et vaniteux, candide et rusé, timide et fanatique, souffreteux et téméraire... Hitler sait tout cela, mais il apprécie par-dessus tout sa fidélité « canine », et il va lui permettre d'assister à la cérémonie d'armistice en forêt de Compiègne le 22 juin. Hess en reviendra enchanté, et Felix Kersten, qui le soignera à Bad Godesberg deux jours plus tard, pourra noter ses confidences dans son journal : « "Nous ferons la paix avec l'Angleterre comme nous l'avons faite avec la France. Il y a quelques semaines encore, le Führer a parlé de la grande valeur de l'Empire britannique pour l'ordre mondial." L'Allemagne et la France devaient se joindre à l'Angleterre contre le bolchevisme, ennemi de l'Europe. C'est pourquoi le Führer avait permis à l'armée anglaise de s'échapper à Dunkerque*. Il ne voulait pas compromettre la possibilité d'une entente. Les Anglais devaient le comprendre et saisir leur chance[48]. »

Si les Anglais ont du mal à le comprendre, c'est que les initiatives du Führer ne sont pas exactement pacifiques : dès le début de juillet, un bombardement de basse intensité se poursuit contre les côtes anglaises et la navigation alliée dans la Manche ; le « discours de paix » d'Hitler au Reichstag le 19 juillet n'est qu'un rameau d'olivier flétri tendu au bout d'un sabre d'abordage**, et il est rejeté par

* C'est une rumeur infondée. Le Führer n'a rien permis du tout, et il a été surpris par les conséquences imprévues de son *Haltbefehl* – qui laissait à la Luftwaffe la mission d'empêcher le rembarquement britannique.

** « Je considère comme de mon devoir d'en appeler à la justice et au bon sens. Je crois pouvoir lancer cet appel parce que je ne suis pas le vaincu qui quémande des faveurs, mais le vainqueur qui parle au nom de la raison. Je ne vois pas pourquoi cette guerre devrait se prolonger. » Rarement offre de paix aura été formulée avec tant d'arrogance.

Londres trois jours plus tard ; le bombardement massif des objectifs stratégiques en Grande-Bretagne au mois d'août achève de compromettre les chances de paix, si tant est qu'elles aient jamais existé. Le projet de débarquement en Angleterre paraît chimérique, ce dont les hauts responsables de la Wehrmacht et de la Kriegsmarine sont parfaitement conscients dès le mois d'août ; au début de septembre, la Luftwaffe commence à bombarder les villes anglaises, faisant des milliers de victimes civiles ; enfin et surtout, le service de renseignements du *Verbindungsstab* a appris au plus tard à la fin de juillet que le Führer comptait attaquer l'URSS au printemps de 1941. Les visiteurs étrangers, depuis Geoffrey Shakespeare jusqu'à Sumner Welles, semblent avoir beaucoup sous-estimé l'intelligence de Rudolf Hess, qui est sans doute plus développée que celle de son Führer : il comprend d'emblée que ce qui se dessine est une guerre simultanée contre le bolchevisme tant haï et contre l'Empire britannique tant admiré. D'ailleurs, dès 1920, le professeur Karl Haushofer ne condamnait-il pas devant ses étudiants la perspective d'une guerre sur deux fronts ? Si irrésolu soit-il en apparence, le *Stellvertreter* d'Hitler décide de passer à l'action sans retard : le 8 septembre 1940, il va rencontrer Albrecht Haushofer à Bad Gallspach, près de Linz.

Ce qui s'est dit à cette occasion, le jeune professeur Haushofer l'a consigné dans un mémorandum écrit une semaine plus tard. Hess lui a confié d'emblée : « Si la guerre continue, la race blanche ira au suicide. [...] Le Führer n'a jamais eu l'intention de détruire l'Empire britannique. N'y a-t-il pas quelque personnalité en Grande-Bretagne qui soit disposée à négocier la paix ? » La réponse de Haushofer n'est guère encourageante : les responsables britanniques considèrent tous un traité signé avec Hitler comme un simple chiffon de papier, et « dans l'ensemble du monde anglo-saxon, le Führer est considéré comme l'envoyé du diable sur terre ». Hess ne peut évidemment concevoir une telle chose, et il demande : « Pensez-vous que nos approches ont été mal orientées, que notre langage n'a pas été le bon ? » Haushofer répond qu'évidemment, l'action de von Ribbentrop a été néfaste, mais qu'il s'agit davantage de principes fondamentaux que de personnalités. Pourtant, Hess persistant à demander des noms de Britanniques pouvant servir d'intermédiaires pour amorcer les pourparlers, Haushofer cite quelques anciens partisans de l'apaisement*, puis il mentionne avec réticence son jeune ami le marquis de Clydesdale, devenu depuis peu duc d'Hamilton. Mais il ajoute aussitôt qu'une prise de contact serait difficile – et très probablement inutile[49].

Ce n'est pas l'avis de Rudolf Hess, qui écrit deux jours plus tard au père d'Albrecht, pour proposer que lui ou son fils écrivent au duc d'Hamilton ; les Haushofer sont en mesure de le faire par l'intermédiaire d'une vieille amie de la famille, Mary Roberts, qui dispose d'une boîte postale à Lisbonne. Ils n'en attendent absolument rien, d'autant qu'ils savent que Hess ne conçoit de négociations qu'une fois Churchill renversé par une opposition aux contours mal définis. Mais le représentant du Führer reste leur protecteur, et il n'est pas question de lui refuser ce service. Dans une lettre du 23 septembre 1940, libellée en termes très prudents pour ne compromettre personne, Albrecht Haushofer propose au duc d'Hamilton une rencontre à Lisbonne, « pour lui communiquer quelque chose qui justifie son déplacement[50] ». Il ajoute quelques détails permettant de se faire connaître du seul duc d'Hamilton, laisse une adresse à Lisbonne pour la réponse, met seulement un B devant la date et un A en guise de signature. La lettre part immédiatement pour Lisbonne, par le canal de l'*Auslandsorganisation* de

* Les ambassadeurs à Budapest, Washington et Madrid – O'Malley, lord Lothian et sir Samuel Hoare.

Bohle – dont on sait que l'adjoint n'est autre que le frère de Rudolf Hess. Mais le vieux professeur Karl Haushofer y voit « une tentative noble, quoique d'une candeur enfantine et digne de l'attitude d'un archange ingénu au milieu de la conjuration des agents de Lucifer[51] ».

Pourtant, l'archange en question, si ingénu soit-il, envisage déjà de déployer ses ailes : d'après ses deux secrétaires, Ingeborg Sperr et Hildegard Fath, c'est « vers la fin de l'été 1940 » qu'elles ont été priées de transmettre régulièrement à leur chef les bulletins météorologiques concernant la Manche, la mer du Nord et les îles Britanniques[52]. Au début d'octobre, Rudolf Hess demande au *Generalluftzeugmeister* Ernst Udet[*] de mettre à sa disposition un chasseur bimoteur Messerschmitt 110, pour lui permettre de faire « des vols d'agrément » à partir de l'aérodrome berlinois de Tempelhof. Hess racontera lui-même la suite : « Ce brave homme exigeait au préalable une autorisation du Führer, dont l'interdiction de vol à mon endroit venait tout juste d'expirer. J'aurais aussi bien pu aller me constituer prisonnier[53] ! » Une réflexion intéressante, qui montre qu'Adolf Hitler n'a pas la moindre idée des intentions de son *Stellvertreter*, et que ce dernier sait parfaitement quel sort lui serait réservé s'il devait en être autrement…

Nullement découragé, Hess se tourne vers le constructeur Willi Messerschmitt, une vieille connaissance dont le directeur technique, Theodor Croneiss, a en outre servi sous ses ordres en tant qu'expert des questions aériennes[**]. Tout comme Udet, Messerschmitt commence par refuser, mais lorsque le représentant du Führer – qui est aussi un pilote émérite – insiste lourdement, il est

* Directeur des constructions aériennes. Ernst Udet est un ancien as de la chasse, que le maréchal Goering a nommé à ce poste élevé – pour lequel il n'a pas la moindre disposition.

** Voir *supra*, chapitre 6.

bien difficile de lui tenir tête ; Hess reçoit donc la permission d'emprunter un Messerschmitt 110 sorti des chaînes de montage, afin d'effectuer des « vols d'essai » depuis le terrain d'aviation d'Augsbourg. Il est plus que délicat de piloter seul le chasseur lourd Messerschmitt Bf 110 *Zerstörer*, conçu pour un équipage de deux hommes, mais Hess est un aviateur virtuose, qui s'adapte très vite aux particularités de l'appareil – tout en le faisant modifier pour ses propres besoins ! À la suite de chaque vol, il signale en effet au constructeur un défaut ou une insuffisance : « Après un atterrissage, dira Willi Messerschmitt, Hess me disait par exemple : “Ce chasseur est excellent, mais il n'est utilisable que pour des vols courts. Je parie qu'il perdra toute sa maniabilité si vous montez des réservoirs supplémentaires sous les ailes.” Peu après, il a utilisé le même stratagème pour faire monter une radio de bord plus puissante[54]. »

Il demandera bien d'autres modifications, et les obtiendra. C'est ainsi qu'au début de janvier 1941, après une vingtaine de vols, Hess dispose d'un appareil parfaitement adapté à son projet ; oubliant ses maux divers et ses responsabilités dans le parti, il ne vit plus que pour son entreprise, ainsi qu'il l'avouera lui-même : « Le but que je m'étais fixé m'obnubilait comme une idée fixe. Je ne voyais et n'entendais le reste qu'à moitié, comme à travers un nuage. […] Je ne vivais plus que dans un monde d'instruments de bord, de compresseurs à pistons, de réservoirs larguables, de pompes à huile supplémentaires, de circuits de refroidissement, de systèmes de guidage par ondes radio, de reliefs des montagnes écossaises et je ne sais plus quoi encore[55]… »

Les montagnes écossaises : tel est bien l'objectif de Rudolf Hess, car l'ancien pilote de compétition, frustré d'avoir été mis sur la touche, est décidé à rallier les îles Britanniques pour négocier personnellement la paix avec le duc d'Hamilton ; c'est que celui-ci est censé avoir accès au roi et faire partie de ces cercles germanophiles opposés au Premier ministre Churchill. Il est vrai que le duc d'Hamilton n'a pas répondu à la lettre du 23 septembre, mais cela ne rend que plus nécessaire une entrevue en tête à tête. Or, Hess a au *Verbindungsstab* un service de renseignements performant, et son obligé Albrecht Haushofer a séjourné plusieurs fois dans la propriété du duc. Il sait donc que celle-ci est située à Dungavel, non loin de Glasgow, et qu'elle est pourvue d'une piste d'atterrissage. Quoi de plus favorable aux projets d'une colombe de la paix ?

À partir de la mi-janvier 1941, Hess maîtrise de mieux en mieux son appareil, et il a obtenu en outre de Hans Baur, le pilote personnel d'Hitler, l'indispensable carte des zones de survol interdites[*56]. Mais alors que le ciel semble se dégager devant l'émissaire de la paix autodésigné, le lecteur lui-même va entrer dans une zone de turbulences. C'est que bien des choses deviennent mystérieuses dans cette affaire : d'une part, le gauleiter Bohle, chef de l'*Auslandsorganisation* du NSDAP – nominalement sous l'autorité de Hess –, se souviendra d'avoir été convoqué vers le 9 octobre 1940 au QG berlinois de Hess, dans la Wilhelmstrasse ; ayant soigneusement fermé la porte de son bureau, Hess lui a dit ceci : « Herr Bohle, je vous ai fait venir pour vous demander si vous accepteriez que je

* Baur, qui avait naguère formé Rudolf Hess à la navigation aux instruments, a demandé la permission au secrétaire d'État Milch ; ce dernier, connaissant bien les rapports de forces à l'intérieur du Reich, n'a pas osé refuser la carte au représentant du Führer. Assez curieusement, le pilote Hans Baur écrit constamment dans ses Mémoires que Hess vole sur Messerschmitt 210, ce qui est impossible : ce modèle n'entrera en service qu'à la fin de 1942, et avec les prototypes très peu fiables existant en 1941, Hess n'aurait jamais pu rallier les îles Britanniques – ni même effectuer plusieurs dizaines de vols d'entraînement sans problèmes majeurs. Enfin, toutes les photos de l'appareil, avant et après le vol, montrent bien qu'il s'agit d'un Messerschmitt 110.

vous confie une mission très secrète. Ce que je vais vous dire à présent, vous ne devrez le répéter à personne, pas même à mon propre entourage, pas même à mon frère. » Sur quoi Hess lui tend le début d'un projet de lettre au duc d'Hamilton, et lui demande de le traduire en anglais. « Hess me dit ensuite, poursuit Bohle, qu'il me rappellerait lorsqu'il aurait écrit d'autres parties de la lettre [...], ce qui s'est produit une semaine plus tard, puis à intervalles irréguliers jusqu'au début de janvier 1941. » D'après les souvenirs de Bohle, Hess y aurait fait quelques propositions pour mettre fin à la guerre, puis aurait fait état de la possibilité d'une rencontre en Suisse[57].

Si les souvenirs de Bohle sont exacts, plusieurs questions se posent : pourquoi écrire personnellement à Hamilton, alors que la dernière lettre de Haushofer n'a pas reçu de réponse ? Pourquoi vouloir rencontrer le duc en Suisse, alors que Hess s'apprête manifestement à gagner l'Écosse ? Pourquoi tant d'appels aux compétences de Bohle, sinon pour traduire plusieurs lettres plutôt qu'une ? Et s'il y en a eu plusieurs, est-ce parce qu'il a déjà reçu des réponses ? Enfin, pourquoi n'est-il pas resté la moindre trace de ces lettres, en traduction ou en version originale ? On voit que tout cela n'est pas simple, mais la suite est plus complexe encore : entre février et avril 1941, Albrecht Haushofer va rencontrer quelques intermédiaires britanniques et neutres à Madrid et à Berne*. L'a-t-il fait à la demande de Hess, voire avec l'assentiment d'Hitler ? A-t-il profité de ces missions confidentielles mais quasi officielles pour exposer à ses interlocuteurs les vues du mouvement de résistance allemand, ainsi que l'affirme l'ambassadeur Ulrich von Hassel[58] ? Dans ce cas, bien sûr, il n'en aura rien dit à Hess,

* En l'occurrence, le président de la Croix-Rouge internationale Carl Jacob Burckhardt et l'ambassadeur de Grande-Bretagne à Madrid, sir Samuel Hoare – ce dernier par l'intermédiaire d'un agent et ancien élève de Haushofer, Herbert Stahmer.

qui n'agit que pour le bien de son Führer – même à l'insu de ce dernier…

Mais les choses se compliquent encore, car sans que personne le sache en Allemagne, les services secrets britanniques ont mis sur pied depuis l'automne de 1940 un vaste programme d'intoxication en direction des autorités allemandes : sous la direction du MI5, un service connu (de très peu de gens) sous le nom de « B1a » gère plusieurs agents allemands retournés pour faire parvenir en Allemagne, par divers canaux, des éléments de désinformation ayant une haute valeur stratégique ou politique ; parmi ceux-ci, il y a des renseignements démesurément amplifiés sur les capacités de défense de la Grande-Bretagne en cas d'invasion, ainsi que des informations concernant un fort mouvement d'opposition qui n'attendrait que le bon moment pour renverser Churchill, en le remplaçant par des germanophiles comme Halifax, Lloyd George ou Butler – tout cela avec la complicité de certains lords influents et du roi en personne*. Dans quelle mesure Hess a-t-il été influencé par cette campagne, activement conduite par des diplomates britanniques dans les pays neutres et par les émetteurs d'agents doubles soigneusement encadrés[59] ? Le service B1a du MI5 lui aurait-il répondu à la place du duc d'Hamilton, pour achever de le convaincre qu'il existait bien un « parti de la paix » en Grande-Bretagne**? Ceci a donné lieu à d'innombrables ouvrages pseudo-historiques à

* Les services secrets jouent ainsi sur l'ignorance complète des institutions britanniques qui prévaut chez la plupart des dirigeants nazis – ainsi que sur leur tendance à prendre leurs désirs pour des réalités.

** Il est significatif que la lettre de Haushofer en date du 23 septembre 1940, retenue par la censure, n'a été montrée au duc d'Hamilton par les agents du MI5 qu'en mars 1941. Il avait été brièvement envisagé de l'envoyer à Lisbonne comme la lettre le demandait, mais devant le peu d'enthousiasme du duc et les hésitations des services secrets eux-mêmes, le projet a été abandonné vers la fin du mois d'avril.

base de théorie du complot, mais en vérité aucun document actuellement disponible ne permet de l'établir*.

Autre mystère : pourquoi Hess a-t-il attendu près de quatre mois supplémentaires, alors qu'il semblait être déjà prêt à la mi-janvier 1941 ? Lui-même dira qu'il a fait deux ou trois tentatives depuis janvier 1941, mais a dû rebrousser chemin à chaque fois en raison des mauvaises conditions atmosphériques ; sans doute aussi a-t-il jugé l'équipement de son avion insuffisant, particulièrement en ce qui concerne le système de navigation ; il peut aussi avoir attendu des victoires allemandes, pour pouvoir négocier en position de force, et c'est en avril-mai que la Wehrmacht a triomphé en Yougoslavie comme en Grèce. Enfin, il y a un élément qui paraît trivial, mais ne peut être sous-estimé dans le cas particulier de Rudolf Hess : c'est l'astrologie ; en décembre 1940, il avait obtenu une étude précise de l'astrologue suisse Grete Sutter, puis en mars 1941 de sa collègue Maria Nagengast, de Munich, qui indiquait le 10 mai 1941 comme étant la date la plus favorable. Or, c'est justement la date que son chef de la section scientifique et « conseiller en astrologie » Ernst Schulte-Strathaus lui avait indiquée en janvier, au motif que « six planètes seraient alignées sous le signe du Bélier, en période de pleine lune[60] »**.

---

* Malgré ce que prétendront quelques best-sellers romancés, les services secrets britanniques ne paraissent pas avoir vu l'intérêt d'attirer Rudolf Hess en Grande-Bretagne – ni même y avoir pensé. Martin Allen a cru pouvoir affirmer le contraire en 2003 dans son livre *The Hitler/Hess Deception*, mais on se souviendra que cet auteur a été entendu par Scotland Yard après avoir glissé dans les Archives nationales vingt-neuf faux documents destinés à conforter ses thèses (*Guardian*, 5 mai 2008, *Smithsonian.com*, 18 novembre 2008). Ceci explique sans doute que son ouvrage ait été traduit en plusieurs langues – le faux, même avéré, conservant une grande valeur commerciale…

** Tout ceci permettra aux complotistes d'écrire de nouveaux livres à sensation, pour tenter de prouver que certains astrologues avaient

Bien entendu, Hess n'a soufflé mot à personne de ses projets, mais son aide de camp Pintsch en a eu vent dès le mois de janvier, et il s'est confié à Max Hofweber, un vieux camarade d'escadrille de Hess pendant la Grande Guerre. Ce dernier, horrifié, s'en est ouvert à Karl Haushofer* qui, pour dissimuler ses sources et tenter de faire parler Hess, lui a confié qu'il l'avait vu en rêve errer dans des châteaux anglais pour faire la paix entre deux grandes nations. Si Hess n'a pas mordu à l'hameçon, il a pris le rêve de son vieux maître très au sérieux, et s'est trouvé encouragé dans son entreprise[61]. À quelques autres, Hess n'a fait que suggérer une action d'éclat, sans donner la moindre précision. Ainsi, le physiothérapeute Felix Kersten notera : « [Hess] m'a dit qu'il lui fallait concentrer toutes ses facultés et s'endurcir, car il aurait besoin de toutes ses forces pour l'action qui allait assurer le salut de l'Allemagne. Lorsque je lui ai demandé ce qu'il entendait par "salut", Hess a répondu qu'il ne pouvait m'en dire davantage, mais qu'il se préparait pour une action d'importance historique[62]. » Au ministre des Finances Schwerin von Krosigk, il confie de même, quelques semaines seulement avant la date fatidique, qu'« il doit y avoir un moyen de mettre fin à cette folie », et qu'il s'agit d'« ouvrir les yeux des Britanniques sur l'ensemble des conceptions d'Hitler et sur le danger bolchevique »[63]. Mais comment il compte réellement s'y prendre, il ne l'a confié qu'à son aide de camp Pintsch : « Il allait voler jusqu'en Écosse, atterrir à Dungavel, montrer au duc d'Hamilton la carte de visite de Haushofer, et demander à voir le roi, court-circuitant ainsi les bellicistes de Downing Street. C'est ainsi qu'il mettrait fin à la guerre[64]. »

été achetés par les services secrets britanniques… Le délire est apparemment sans fin.

* Dont il avait également été l'officier d'ordonnance au début de la Grande Guerre.

Une telle naïveté peut laisser pantois, mais nous savons que Hess est un rêveur, et l'ignorance complète du système constitutionnel anglais est très répandue dans les cercles dirigeants allemands – jusqu'au Führer lui-même, qui surestime considérablement le rôle du monarque*. Mais au début de mai, les dés sont jetés, et Hess fait ses derniers préparatifs : le 4 mai, à l'issue d'un discours triomphal d'Hitler annonçant la fin victorieuse des opérations dans les Balkans, Hess a un court entretien avec son Führer, au cours duquel il lui demande s'il s'en tient toujours au programme qu'il a exposé dans *Mein Kampf*. Hitler, qui est pressé et ne comprend visiblement pas de quoi il s'agit, le lui confirme brièvement avant de s'éclipser ; les deux hommes ne se reverront plus jamais.

Les dernières initiatives de Hess sont celles d'un homme qui prend congé : il passe davantage de temps avec son jeune fils Wolf-Rüdiger âgé de trois ans et demi, il écrit au ministre de l'Agriculture Darré pour annuler un rendez-vous, laisse une note pour Albrecht Haushofer lui expliquant qu'il n'a pas trouvé d'autre solution que de « trancher le nœud gordien », et téléphone à Gerhard Klopfer, sous-secrétaire d'État aux Affaires juridiques dans ses services de Berlin, pour lui poser une simple question : « Quel est le rôle du roi d'Angleterre[65] ? » Il n'est jamais trop tard pour s'instruire, mais la réponse n'a pas dû décourager Rudolf Hess, puisqu'il poursuit ses préparatifs à la veille même du jour fatidique… En disant à sa femme Ilse qu'il sera de retour le dimanche 11 mai, ou au plus tard le lundi 12 au soir, Hess pense sans doute ce qu'il dit, puisqu'il écrira beaucoup plus tard qu'il comptait

* Au moment de la remilitarisation de la Rhénanie, le Führer pensait que les Anglais n'avaient pas réagi parce que le roi les en avait empêchés.

s'annoncer « comme un parlementaire – certes un parlementaire autodésigné – et être traité comme tel ». Dans le cas contraire, il pensait n'être retenu que sept jours, « jusqu'à une négociation officielle*[66] ».

C'est donc le samedi 10 mai, vers 17 heures, que Hess arrive à l'aéroport d'Augsbourg-Haunstetten. Il a revêtu un uniforme de capitaine et une combinaison d'aviateur, et il n'a pour tout bagage qu'un coffret de médicaments divers, des cartes de son parcours, l'appareil photographique de son épouse, les cartes de visite de Karl et Albrecht Haushofer, et peut-être une lettre à l'intention du duc d'Hamilton**. Au moment de prendre congé de son aide de camp Pintsch, il lui remet une enveloppe et un paquet, tous deux adressés au Führer. Le Me 110, peint en camouflage vert et gris, décolle à 17 h 45 et suit le Rhin en direction du Zuidersee, aux Pays-Bas occupés. Après cela, il met le cap au nord-ouest, en suivant les faisceaux directionnels de l'émetteur danois de Kalundborg. La suite ne peut être mieux racontée que par Hess lui-même*** : « La solitude au-dessus de la mer du Nord était grandiose [...], le ciel était dégagé – malheureusement bien trop dégagé –, car il n'y avait absolument rien de semblable à la "couche de nuages dense à 500 mètres d'altitude" annoncée [...], sur laquelle j'avais compté pour me dissimuler en cas de besoin. J'ai pensé un instant à rebrousser chemin, mais après cela je me suis dit :

---

* Il est difficile de comprendre comment Hess se représente cette « négociation officielle » s'il n'est pas considéré comme un parlementaire, mais il faut se souvenir qu'il pense rencontrer une faction hostile à Churchill, soutenue par le roi en personne. Du reste, l'un des éléments de la négociation qu'il présentera aux Britanniques sera... le renvoi de Churchill.

** Sans doute la lettre traduite par Bohle, qui ne sera jamais retrouvée – mais fait peut-être partie des documents conservés dans les archives britanniques et inaccessibles à la recherche jusqu'en 2017.

*** Dans une lettre à son épouse, écrite à l'été de 1947.

un atterrissage dans l'obscurité, cela ne marchera pas, et même si je m'en tirais, l'avion serait endommagé, peut-être irréparable, le secret serait éventé, l'information "remonterait", et c'en serait fini pour toujours. Alors, je me suis dit : "Il faut tenir, coûte que coûte !"[67]. »

Ce passage est intéressant à double titre : il indique que Hess n'a aucune intention d'atterrir dans l'obscurité, que sa mission est ignorée « en haut lieu », et qu'il est absolument impératif qu'elle le reste. Mais Hess poursuit : « J'ai eu ensuite la chance de trouver au-dessus de l'Angleterre une couche de brume [...] dans laquelle je me suis enfoncé à plein gaz en remontant la côte à quelques milliers de mètres d'altitude. [...] C'est ainsi que j'ai traversé la côte orientale de l'Écosse vers 22 heures après le coucher du soleil, un peu au sud de Holy Island[68]. » Après cela, Hess va voler à près de 750 km/h au ras des arbres, afin d'échapper aux radars, et vers 22 h 40 il est déjà au-dessus de Dungavel, la résidence du duc d'Hamilton. Il va poursuivre sa route vers l'est pendant douze minutes, puis revenir sur l'objectif, qui est atteint peu avant 23 heures. Les récits indiquant qu'il aurait cherché à atterrir près de la propriété paraissent invraisemblables : le terrain d'aviation du château de Dungavel est petit, légèrement en pente, sans éclairage et parfaitement inapproprié à l'atterrissage d'un chasseur lourd comme le Me 110. Rudolf Hess, en pilote expérimenté qui par ailleurs ne veut pas atterrir de nuit, doit en être conscient plus que tout autre. Il est vrai que la solution qu'il choisit est à peine moins dangereuse : il grimpe à 2 000 mètres et s'apprête à sauter en parachute, ce qu'il n'a jamais fait et ne sait pas faire : « Je m'étais enquis de tout auprès de mes braves gars de chez Messerschmitt, mais pas de la façon de s'éjecter. Je croyais que c'était simple[69]. » C'est tout sauf simple, et il s'en faudra de très peu qu'il y laisse la vie. Mais la fortune souriant aux audacieux

– même inconscients* –, le parachute s'ouvre et l'émissaire de paix autoproclamé touche le sol écossais sans douceur vers 23 h 15. Au même moment, à six cents kilomètres plus au sud, 520 bombardiers allemands dévastent la ville de Londres…

C'est quelques heures seulement après la fin du périple de Rudolf Hess que débute l'affaire qui va susciter tant de polémiques pendant sept décennies : s'appuyant sur les témoignages des aides de camp de Hess, de l'officier de liaison du maréchal Goering Karl Bodenschatz et du valet d'Hitler Heinz Linge, d'innombrables scénarios vont être élaborés pour tenter d'établir que le Führer a lui-même envoyé Hess négocier la paix avec les Britanniques – pour ensuite le dissimuler avec un talent consommé à son entourage comme au monde entier**. Afin de pouvoir en juger, il faut suivre le déroulement des événements au Berghof après 18 heures au soir du 10 mai 1941. Comme on pouvait s'y attendre, le départ de Hess est passé inaperçu, et si le paquet confié à Pintsch avant l'envol a bien été remis au Führer ce soir-là, Hitler ne l'a pas ouvert : les affaires du parti l'intéressent toujours aussi peu et les documents transmis par Hess l'ennuient profondément. C'est donc seulement le lendemain matin, peu après 11 heures, que la quiétude dominicale de l'Obersalzberg va se trouver profondément troublée.

---

* À tous les sens du terme. Plaqué à son siège par la pression de l'air, Hess tente de s'éjecter en mettant l'appareil sur le dos, perd connaissance, parvient à quitter l'avion, se fracture la cheville droite contre la queue de l'appareil, ouvre son parachute et perd à nouveau connaissance. Il reviendra à lui une fois parvenu au sol et sera capturé peu après.

** Parmi les ouvrages les plus connus à cet égard : James Leasor, *Rudolf Hess, the Uninvited Envoy*, 1962 ; Wulf Schwarzwäller, *Rudolf Hess, der Stellvertreter*, 1987 ; John Costello, *Ten Days that Saved the West*, 1991 ; Peter Padfield, *Flight for the Führer*, 1991 ; Martin Allen, *The Hitler/Hess Deception*, 2003, etc.

Le premier témoin en est l'architecte Albert Speer, qui est venu montrer à Hitler ses nouveaux plans de construction pour Berlin : « Leitgen et Pintsch, deux aides de camp de Hess, attendaient dans l'antichambre du Berghof, pâles et agités*. Ils m'ont demandé si j'accepterais de les laisser voir Hitler en premier, car ils devaient lui remettre une lettre personnelle de Hess. À ce moment, Hitler est descendu, et l'un des aides de camp a été appelé au salon[70]. » Le général d'aviation Bodenschatz est présent lorsque Pintsch remet le « pli urgent » à Hitler : « Le Führer a ouvert l'enveloppe, [...] il était debout devant une chaise, et après avoir lu la troisième ou la quatrième phrase, il s'est laissé tomber sur la chaise** en disant : "*Um Gottes willen ! Um Gottes willen**** ! Il s'est envolé là-bas[71] !" » Le responsable de la presse Otto Dietrich assiste à la scène : « Alors qu'Hitler lisait la lettre, il a été saisi d'une terrible agitation [...] dont personne autour de lui ne comprenait la cause[72]. » Depuis l'antichambre, Albert Speer commence à percevoir cette agitation : « Alors que je recommençais à feuilleter mes esquisses, j'ai soudain entendu un cri inarticulé, presque animal. Puis Hitler a rugi : "Bormann, tout de suite ! Où est Bormann ?" Bormann a reçu l'ordre de contacter Goering, Ribbentrop, Goebbels et Himmler au plus tôt[73]. » L'aide de camp pour l'armée de terre, Gerhard Engel, assiste manifestement à la même scène : « Je peux seulement lire sur l'enveloppe : "À donner au Führer, si..." En lisant, Hitler devient pâle comme un mort, et il ordonne d'une voix courroucée : "Appelez immédiatement le *Reichsmarschall* !" [...] Je parviens à le joindre alors qu'il arrive à proximité de Nuremberg. Le

* Le souvenir de Speer est imprécis sur ce point : seul Pintsch semble avoir été présent à ce moment.

** La première phrase pouvait déjà suffire : « *Mein Führer*, lorsque vous lirez cette lettre, je serai en Angleterre. »

*** « Pour l'amour de Dieu ! »

Führer ne lui dit que quelques mots : “Goering, arrivez tout de suite. Il s'est passé quelque chose d'effarant[74] !” »

Engel n'en saura pas plus ce matin-là, mais l'aide de camp pour la Luftwaffe, Nicolaus von Below, en entend déjà davantage : « Ayant lu la lettre, Hitler a demandé à Pintsch s'il en connaissait le contenu, à quoi ce dernier a répondu par l'affirmative. Sur ce, Pintsch et l'autre aide de camp, Leitgen, ont été arrêtés sur-le-champ et envoyés dans un camp de concentration ; ils avaient désobéi à l'ordre d'Hitler de surveiller étroitement Hess. Goering, Ribbentrop et Bormann ont été convoqués immédiatement, et Goering est arrivé, accompagné d'Udet. Au cours d'une longue conversation, Hitler a exprimé à plusieurs reprises l'espoir que Hess serait abattu. Il était furieux que Hess ait pu faire des préparatifs de départ minutieux en dépit de l'interdiction de voler qu'Hitler lui avait signifiée personnellement[75]. » Ce que confirme l'interprète Paul Schmidt : « Hitler était horrifié, comme si une bombe avait touché le Berghof. Peu avant notre départ, je l'ai moi-même entendu dire d'une voix effarée : “J'espère qu'il est tombé en mer[76].” » Le général Jodl, de l'OKW, dira plus tard : « De toute ma vie, je n'ai jamais vu un homme entrer dans une telle rage. […] Il était littéralement fou à lier[77]. » Et comme toujours chez Hitler, les accès de fureur sont suivis d'une période d'abattement : « Pendant un temps, observera le général SS Walter Schellenberg, Hitler a été si consterné qu'il était à peine capable de réagir[78] » – sans pour autant arrêter de pérorer, puisque le diplomate Walther Hewel l'entend dire : « Si un sous-officier fait cela, on le fusille impitoyablement. Mais que Hess fasse une chose pareille, c'est tout bonnement incompréhensible ; c'est à devenir fou[79] ! »

À mesure que passent les heures, Otto Dietrich en apprend davantage : « Au cours de la journée, les grandes lignes de ce qui s'était passé ont progressivement émergé de la salle de conférences. Dans sa lettre à Hitler, Hess avait exposé ses intentions et expliqué ses motivations. [...] La plus grande partie de cette lettre – ce qui m'a surpris – était consacrée à une description précise des aspects techniques du vol, qu'il avait déjà tenté une fois en vain. Hess soulignait qu'il n'avait pas agi par lâcheté ou par faiblesse, et que son geste ne devait pas être interprété comme une fuite, puisqu'il fallait plus de courage pour se lancer dans une telle entreprise que pour rester en Allemagne. C'est seulement à la suite de ces préliminaires que Hess en est venu à l'aspect politique de son plan. Son but, disait-il, était d'établir un contact entre l'Angleterre et l'Allemagne en instaurant sur place une liaison personnelle avec certains responsables distingués de sa connaissance. [...] Il fallait faire une tentative sérieuse pour mettre fin à la guerre au moyen de négociations ; il soulignait que lors d'une conversation récente avec Hitler, il s'était convaincu, en posant une question directe, qu'au fond de son cœur, Hitler désirait toujours parvenir à une entente anglo-allemande. Il n'avait pas soufflé mot à Hitler de son intention de s'envoler pour l'Angleterre, car il savait que le Führer l'aurait interdit[80]. » La dernière phrase, dont se souviendra Ilse Hess, était la suivante : « Et, *mein Führer*, si mon entreprise – qui, je dois l'avouer, à peu de chances de succès – devait échouer, si le sort devait m'être contraire, cela n'aurait pour vous ou pour l'Allemagne aucune conséquence négative : vous pourrez à tout moment me désavouer, en me déclarant fou[*81]. »

Albert Speer, lui, n'a pas lu la lettre, mais il va saisir suffisamment de bribes pour comprendre l'étendue du désastre : « De nombreuses heures se sont écoulées avant que nous n'apprenions ce qui s'était produit. [...] En apparence, Hitler a bientôt paru retrouver son calme.

* L'épouse de Hess a détruit sa copie de la lettre en 1945, mais elle en a retenu par cœur la phrase finale.

Mais ce qui le gênait, c'était que Churchill pourrait se servir de l'incident pour faire croire aux Alliés de l'Allemagne qu'Hitler faisait des approches en vue de négocier une paix : "Qui me croira, lorsque je dirai que Hess n'est pas allé là-bas en mon nom, que tout cela n'est pas une quelconque intrigue menée derrière le dos de mes alliés*? Le Japon pourrait même changer de politique à cause de cela." [...] Udet lui a dit que Hess allait forcément échouer, ne serait-ce que pour des raisons de navigation. [...] Pendant un instant, Hitler a repris espoir. [...] Mais au bout de quelques heures, il a recommencé à s'inquiéter, et pour devancer les Anglais il a décidé d'annoncer à la radio que Hess était devenu fou[82]. » Devant son aide de camp personnel Julius Schaub, Hitler continue à s'enfiévrer : « Imaginez cela : Churchill tient Hess en son pouvoir. Quelle folie ! Une folie politique ! [...] Churchill dira que Hess lui a fait une proposition de paix. [...] Attendez, on donnera à Hess un quelconque médicament et on lui fera prononcer un discours à la radio. Je ne pourrai guère démentir, car ce sera bien la voix de Hess[83]. »

Tout à son excitation, Hitler a fait reporter son rendez-vous avec l'ingénieur Todt, mais il ne va pas jusqu'à annuler l'entretien prévu avec l'amiral Darlan – sans doute en raison de l'importance des questions à traiter**, et certainement pour ne pas donner l'impression qu'il se passe quelque chose d'anormal. C'est malgré tout avec quatre heures de retard que la délégation française est accueillie au Berghof peu après 16 heures, et le secrétaire d'État

---

* De fait, Ribbentrop est immédiatement envoyé à Rome pour expliquer tant bien que mal l'initiative de Hess et rassurer Mussolini sur les intentions allemandes.

** La révolte antibritannique de Rachid Ali en Irak est une aubaine pour l'Allemagne, mais elle ne peut être soutenue que si les Français de Syrie coopèrent – notamment en ouvrant leurs aéroports à la Luftwaffe.

Jacques Benoist-Méchin, quelque peu surpris par l'agitation ambiante, racontera lui-même la suite : « L'ambassadeur Abetz me présenta au chancelier. [...] Comme il venait de remporter une série de victoires en Grèce, je pensais le trouver satisfait et rayonnant. Contrairement à mon attente, son visage était empreint d'une profonde tristesse. Je me rappelai l'avoir déjà vu ainsi sur une photographie. Mais où ? Je consultai rapidement ma mémoire et pus identifier mon souvenir. C'était un instantané pris au balcon de la chancellerie le 1er juillet 1934, au lendemain de l'exécution de Roehm. Pourquoi avait-il aujourd'hui cette même expression tragique[84] ? » Benoist-Méchin ne peut le savoir, mais il remarque que lors des négociations qui s'ensuivent, le Führer semble avoir d'autres préoccupations. À l'issue des pourparlers, qui ont porté principalement sur la Syrie et l'Irak, la délégation sort du bureau, mais Benoist-Méchin est resté en arrière pour remettre ses cartes dans sa serviette : « Ce travail irritant avait accaparé toute mon attention. Lorsque je levai les yeux, quelle ne fut pas ma surprise d'apercevoir le chancelier debout à côté de moi. Le front barré par sa mèche légendaire, son visage avait une expression encore plus triste qu'à notre arrivée, et il me sembla que ses yeux étaient remplis de larmes[85]. »

Serait-ce le regret d'avoir perdu un nouveau compagnon des temps héroïques, ce cher *Rudi* qui avait partagé sa solitude à Landsberg dix-sept ans plus tôt ? C'est peu probable : le Führer n'est pas sentimental à ce point, et on se souvient de cette phrase prononcée quelques heures plus tôt : « J'espère qu'il est tombé en mer*. »

---

* Hitler n'ignore certainement pas qu'une chute en mer du Nord sans secours immédiat équivaut à une mort certaine. Malgré tout, rien n'est simple chez cet esprit tourmenté : on sait depuis les meurtres de Roehm et de Strasser qu'Hitler est capable de regretter amèrement des hommes qu'il a fait mettre à mort.

Pourtant, c'est précisément cela qui le préoccupe après le départ de la délégation française, ainsi que le notera le major Engel dès le lendemain : « Toute la nuit, il s'est demandé s'il arriverait à destination ou pas. Oui, en théorie, disent les experts, mais les chances sont de 50-50. Le Führer décide de faire un communiqué et explique le vol par des désordres psychiques. Il a dit mot pour mot : “Hess a toujours eu des idées folles. Mais les choses se sont aggravées lorsqu'il est tombé de plus en plus sous l'influence de Haushofer[86].” »

Dès le lendemain 12 mai au matin, alors qu'il n'y a toujours aucune nouvelle de Hess, la radio allemande diffuse le message suivant : « Les autorités du parti communiquent : Rudolf Hess, auquel le Führer avait expressément interdit de piloter un avion, car il était atteint d'une maladie qui n'avait fait que s'aggraver avec les années, a enfreint cet ordre. Ayant réussi à se procurer un avion, Hess a entrepris, le samedi 10 mai à 18 heures environ, à partir d'Augsbourg, un vol dont il n'est pas revenu. La lettre qu'il a laissée révèle malheureusement des symptômes de troubles mentaux, qui justifient la crainte qu'il ait été victime d'hallucinations. Le Führer a immédiatement ordonné l'arrestation des aides de camp de Hess, qui étaient seuls au courant de ses vols. Malgré l'interdiction du Führer, ils n'avaient ni empêché son départ ni signalé la chose sans tarder. Dans ces conditions, le mouvement national-socialiste se voit contraint de supposer que le membre du parti Hess s'est écrasé avec son avion ou a péri dans un accident similaire[87]. »

Voilà qui n'est pas très glorieux, et bien des auditeurs se demandent s'il est bien normal que le premier représentant du Führer présente des symptômes de troubles mentaux. Mais la confusion atteint son comble lorsque dans la nuit du 12 au 13 mai, un bref communiqué de la BBC annonce que Hess a bien atterri en Écosse, non loin de Dungavel House, la demeure du duc d'Hamilton. La nouvelle de la survie de son vieux compagnon plonge à nouveau le Führer dans une profonde prostration : à l'énorme perte de prestige auprès de ses alliés s'ajoute la peur panique que Hess fasse aux Anglais des révélations au sujet de l'attaque contre l'URSS, qui n'est plus éloignée que de six semaines… Comme toujours, il cherche des boucs émissaires, et il n'a aucun mal à en trouver : « Le Führer, note Engel, s'en prend à la famille Haushofer. Ce professeur enjuivé a sur la conscience l'initiative de Hess[88]. » Devant Otto Dietrich, il désigne les autres responsables : « Hitler s'était déjà déclaré convaincu que Hess n'avait pas voulu trahir, mais que ses obsessions avaient été renforcées par sa fréquentation de devins et autres charlatans qui donnaient dans le surnaturel[89]. »

C'est à peu près ce qu'il va expliquer dans l'après-midi du 13 mai aux gauleiters et aux Reichsleiters réunis d'urgence sur l'Obersalzberg. Tous sont frappés par l'air hagard du Führer ; Goebbels le trouve « très choqué et terriblement amer[90] », Baldur von Schirach constate que « ses yeux étaient rouges ; il parlait d'une voix faible et tremblante d'émotion[91] » et Hans Frank notera : « J'ai été horrifié par sa mine dévastée. […] Je ne l'avais vu qu'une seule fois dans cet état, c'était lors du décès de sa nièce. […] Il a parlé d'une voix très faible, indistincte, déprimée, après que Bormann nous eut lu les lettres de Hess, qui déclarait entreprendre son vol pour tenter une toute dernière fois de conclure la paix avec l'Angleterre. […] Hitler a qualifié ce vol de véritable coup de folie. “Hess est avant tout un déserteur, et si jamais je l'attrape, il paiera cher cette abjecte trahison. Du reste, il me semble que cet acte a été inspiré au plus haut point par les fantasmagories astrologiques dont s'entourait Hess. Il est donc temps de balayer radicalement ce fatras nocif de divination aberrante*[92].” »

* À aucun moment de ce discours il ne mentionnera la prochaine attaque contre l'URSS.

Aussitôt dit, aussitôt fait : tous les astrologues, devins, mages, spirites, anthroposophes, magnétiseurs et thérapeutes de divers acabits aux quatre coins du Reich vont recevoir la visite des hommes de la Gestapo[93], et si les ordres d'Hitler ne seront qu'imparfaitement suivis, c'est qu'Himmler lui-même est très dépendant des astrologues et de la médecine parallèle*. Mais le proche entourage de Hess ne jouira pas de cette protection : ses secrétaires, son chauffeur, son domestique et ses aides de camp sont arrêtés et disparaissent pour de longs mois dans des camps de concentration ; son frère Heinz est exclu du parti et chassé de l'*Auslandsorganisation* ; Carl et Albrecht Haushofer sont arrêtés, interrogés, puis isolés et interdits de publication. Par contre, Willi Messerschmitt et toute son équipe, qui ont tout de même fourni à Hess les moyens de son escapade, seront laissés en paix, à la fois parce qu'ils bénéficient de la protection du maréchal Goering et parce qu'ils restent indispensables à l'effort de guerre. Si le gauleiter Bohle, qui admet lors de son interrogatoire avoir traduit des lettres pour Hess, est lui aussi laissé en liberté, c'est probablement grâce à son « assurance vie » – les fameux documents compromettants entreposés à l'étranger. Bormann, dont l'ascension sera météorique après le départ de son chef, voudra s'en prendre à la femme de Hess en faisant confisquer sa résidence de Harlaching, mais Hitler l'ayant apparemment rappelé à l'ordre, il n'en fera rien**. Pour finir, le Führer dira sombrement à son aide

* C'est ainsi que le masseur Felix Kersten, arrêté et interrogé par Heydrich, sera libéré presque immédiatement sur l'ordre d'Himmler.

** Vraisemblablement parce que le fait de persécuter la famille de Hess pourrait amener ce dernier à collaborer avec les Britanniques, ou à faire des déclarations embarrassantes en guise de représailles. Mais selon Nerin Gun, c'est Eva Braun qui serait intervenue en faveur d'Ilse Hess et de son fils. (N. Gun, *Eva Braun-Hitler, Leben und Schicksal*, Blick & Bild, Baden, 1968, p. 110.)

de camp Engel : « Le mieux serait de ne plus parler de cette affaire[94]. »

C'est plus facile à dire qu'à faire, car ce Hess mis au secret par les Anglais est à la fois un affront personnel, un embarras diplomatique, un désastre politique et une bombe à retardement militaire*. Mais si le Führer ne veut plus en entendre parler, il ne cessera d'y revenir de lui-même, en disant par exemple à Goering : « Il a dû devenir fou, sinon il ne m'aurait jamais fait une chose pareille. Il m'a poignardé dans le dos. Il n'aurait pas fait cela s'il avait été normal[95]. » Un an plus tard, le 20 avril 1942, Hitler n'a toujours pas digéré l'affront ; au QG de Rastenburg, en Prusse-Orientale, l'ancien *Stellvertreter* figure à l'occasion dans ses interminables monologues, et le sténographe de service note : « Le chef se déclare encore aujourd'hui mécontent de n'avoir pas été informé à l'époque des vols d'essai de Hess. Il considère comme exclu un retour de Hess en Allemagne, car il n'y aurait alors pour lui que deux possibilités : "l'asile de fous ou le peloton d'exécution"[96]. » L'aide de camp naval d'Hitler, Karl Jesco von Puttkamer, précisera à l'auteur en 1974 : « Il est certain que le Führer est resté très affecté par cette histoire – davantage peut-être que par n'importe quelle défaite militaire**. [...] Pendant tout le reste de la guerre, il était considéré comme inconvenant de prononcer le nom de Hess en sa présence. Lui-même y revenait parfois, mais c'était un peu... étrange*** :

* L'affolement provoqué à tous les niveaux de la hiérarchie britannique par l'arrivée de l'« émissaire », ainsi que les discussions animées sur la meilleure façon de l'exploiter, suffisent déjà à penser qu'elle était totalement imprévue. Les ouvrages faisant état d'un complot de la perfide Albion pour attirer Hess en Grande-Bretagne (il en paraît pratiquement tous les ans) reposent sur des bases bien fragiles, du fait de l'absence totale de documentation fiable.

** Après ces mots, l'amiral avait ajouté : « Mais ce n'est là qu'une impression personnelle. »

*** *« Etwas... sonderlich. »*

dans ses propos, il y avait toujours une colère sourde, parfois de la nostalgie et même de la compassion, mais surtout de l'incompréhension – un peu comme s'il avait été trahi par sa chienne Blondi, vous voyez ? […] Oui, après, il voulait le faire pendre, mais ça ne signifie rien : la dernière année, il voulait faire pendre à peu près tout le monde[97] ! »

Certes… À cet égard, le dernier mot appartient sans doute au ministre Albert Speer, qui a longuement côtoyé Rudolf Hess en captivité après la guerre : « Dans la prison de Spandau, Hess m'a assuré le plus sérieusement du monde que l'idée lui était venue lors d'un rêve inspiré par des forces surnaturelles. Il a ajouté qu'il n'avait eu aucune intention de s'opposer à Hitler ou de le mettre dans l'embarras. Si je ne me trompe, Hitler n'a jamais digéré cette “déloyauté” de la part de son adjoint. Peu après la tentative d'assassinat du 20 juillet 1944, il a mentionné […] que parmi les conditions qu'il poserait lors de négociations de paix, il y aurait l'extradition du “traître” : Hess devrait être pendu. Lorsque plus tard j'en ai fait part à Hess, il m'a répondu : “Nous nous serions réconciliés, j'en suis certain*. Et vous ne croyez pas qu'en 1945, lorsque tout s'écroulait, il a dû parfois penser : ‘En définitive, c'est Hess qui avait raison'[98] ?” »

On ne le saura jamais, bien sûr, mais tout cela ne suffit-il pas à dissiper l'essentiel du mystère de l'affaire Hess ? L'ancien général SS Walter Schellenberg, chargé à l'époque d'enquêter sur le départ de Rudolf Hess, écrira peu avant sa mort : « En me basant sur mes connaissances de l'affaire Hess et sur les investigations menées par l'Abwehr, je puis affirmer catégoriquement qu'il est parfaitement impossible qu'Hitler ait ordonné à

* Compte tenu de la mentalité très perturbée d'Hitler, ce n'est pas entièrement exclu – mais il aurait été bien dangereux pour Hess de mettre cette hypothèse à l'épreuve.

Hess d'aller en Grande-Bretagne faire une dernière proposition de paix. Je mentionne cela, parce que les journalistes, avec leur imagination fertile, ne cessent de soulever la question[99]. » Les historiens aussi, du reste, mais il est vrai que les innombrables livres prétendant qu'Hitler a envoyé Hess négocier avec les Britanniques à la veille de *Barbarossa* ne reposent finalement que sur cinq témoignages très fragiles : ceux du général Bodenschatz, du valet Linge, du gauleiter Bohle et des deux aides de camp de Hess. Or, Bodenschatz a entièrement changé sa version des faits lorsqu'il s'est cru seul avec d'autres prisonniers*, Bohle s'est borné à déclarer qu'il « ne pouvait guère imaginer que Hess tenterait une opération de cette ampleur sans consulter Hitler[100] » – ce qui revient à dire que lui-même en était réduit aux conjectures ; Linge n'a fait qu'interpréter le comportement d'Hitler, tout en reconnaissant qu'il « n'avait pas osé demander au Führer s'il avait été informé à l'avance du vol de Hess[101] » ; Leitgen a prétendu entendre quelques bribes d'une conversation privée entre Hitler et Hess le 4 mai au beau milieu du jardin de la chancellerie, dans des conditions parfaitement invraisemblables[102]. Enfin, ce que Pintsch a rédigé durant sa longue captivité en URSS[103] ressemble furieusement à un procès-verbal d'interrogatoire dicté par le KGB – terminologie soviétique comprise**.

---

* Il l'était – mais la salle de réunion des généraux internés était truffée de micros.

** Un échantillon : « Les faits que je rapporte confirment que l'Angleterre, en encourageant l'agression d'Hitler contre la Russie soviétique, agissait conformément à son ancien principe d'utiliser des mains étrangères pour tirer les marrons du feu. » Pintsch déclare également avoir décidé de faire des révélations circonstanciées « au moment où les cercles réactionnaires en Angleterre et en Amérique s'efforcent de déclencher une guerre ». Les historiens qui prennent tout cela au sérieux ne se rendent pas bien compte du fait qu'en période de guerre

Au vu de ce qui précède – et toute théorie du complot mise à part –, il semble évident que Rudolf Hess a agi de sa propre initiative*. Dix éléments au moins nous contraignent à l'admettre : au printemps de 1941, Hitler ne voit aucune raison de négocier avec la Grande-Bretagne, car il pense pouvoir liquider l'URSS en trois mois au maximum – pour se retourner ensuite contre une Angleterre « privée de sa base arrière sur le continent » ; dès lors, toute négociation de paix avec Londres en mai 1941 semble parfaitement incompatible avec les plans du Führer, surtout si l'on considère les possibles malentendus avec les alliés du Reich, auxquels Hitler pense presque aussitôt. Il y a ensuite le choix de l'émissaire : Hitler a déjà refusé à plusieurs reprises au maréchal Goering la permission de se rendre à Londres ; pourquoi dès lors y envoyer Rudolf Hess, dignitaire relégué à une fonction marginale, pilote téméraire interdit de vol, personnalité considérée comme faible, influençable et mystique, homme d'appareil sans la moindre expérience diplomatique – mais initié aux plans d'attaque ultrasecrets contre l'URSS ? Il aurait été difficile d'imaginer un plus mauvais choix. En outre, lorsqu'on envoie un émissaire, secret ou non, il est d'usage de lui donner un minimum d'accréditation. Qu'emporte Rudolf Hess dans sa mission de paix ? Les cartes de visite de Karl et Albrecht Haushofer ! Par ailleurs, si l'on veut négocier avec un minimum de succès, il faut apporter de nouvelles propositions ; or, ce

---

froide, l'histoire était pour Staline une arme de propagande comme une autre – et que les prisonniers allemands constituaient d'utiles vecteurs à cet égard. À noter qu'une fois libéré par les Soviétiques, Pintsch est revenu lui aussi sur ses premières révélations, puisqu'il a déclaré à un journaliste en 1963 qu'au retour d'un premier départ avorté en janvier 1941, Hess lui avait confié : « Le Führer ne sait pas que j'ai fait une tentative ce soir. » (*Der Spiegel*, 23 octobre 1963.)

* Tout en restant persuadé d'agir « dans l'esprit du Führer ».

que Rudolf Hess va soumettre aux Britanniques, ce sont les anciennes conditions déjà refusées par Londres en octobre 1939 et juillet 1940, agrémentées de quelques considérations sentimentales sur l'amour du Führer pour les Anglais et leur empire – et de l'exigence d'une démission de Churchill ! Qu'aurait pu attendre Hitler d'une démarche aussi candide*?

Il y a aussi les circonstances des préparatifs : pourquoi Hess aurait-il eu recours à tant de stratagèmes pour déguiser ses vols d'entraînement, s'il s'apprêtait à remplir une mission au service d'Hitler ? On se souvient de sa réflexion lorsque Udet lui a demandé d'obtenir une autorisation du Führer pour pouvoir procéder à des vols d'entraînement : « J'aurais pu aussi bien me constituer prisonnier ! » Par ailleurs, le choix de l'avion comme celui de l'objectif auraient paru totalement incongrus en haut lieu : si Hitler avait réellement voulu envoyer un émissaire, il aurait fait mettre à sa disposition un appareil plus adapté – sans doute un bombardier moyen Ju 88 ou He 111, avec un équipage adéquat –, et il aurait exigé des possibilités d'atterrissage nettement moins hasardeuses. Les circonstances du vol sont moins propices encore à une négociation de paix : la même nuit du 10 mai, 520 bombardiers dévastent la ville de Londres ! Même un Führer toujours partisan de négocier en position de force n'aurait pas cumulé la même nuit les bombes et le rameau d'olivier**.

* À cette époque, Hitler lui-même ne semble plus entretenir d'illusions quant à la possibilité d'un renversement de Churchill par une quelconque faction britannique favorable à la paix. Vingt-six ans après la guerre, Hess lui-même avouera au directeur américain de la prison de Spandau : « Je n'aurais jamais dû insister pour qu'ils changent leur gouvernement. C'était idiot de ma part. Bien sûr qu'ils n'allaient pas changer de gouvernement simplement parce que je l'exigeais ! »

** Pendant la guerre, Goebbels et Bormann, les deux hommes les plus proches du Führer, n'ont pas même envisagé la possibilité qu'Hitler

Il faut également considérer la réaction immédiate d'Hitler à cette mission de paix : à peine plus de douze heures après avoir appris le départ de Hess – et avant même de savoir s'il est parvenu à destination –, le Führer fait annoncer publiquement que son *Stellvertreter* a perdu l'esprit ; si Hitler avait envisagé un seul instant une négociation secrète, on aurait pu attendre mieux en guise de lettre d'accréditation ! Il y a encore son attitude devant tout l'entourage : il est vrai que notre homme est un excellent comédien, mais une réaction aussi violente et un abattement aussi prolongé sont absolument sans équivalent dans le comportement d'Hitler pendant toute la guerre. Enfin, et peut-être surtout, il faut prendre en compte les déclarations de Rudolf Hess lui-même, depuis son atterrissage le 10 mai 1941 jusqu'à son décès le 17 août 1987 : s'il avait voulu amener les Britanniques à négocier avec lui durant la guerre, il aurait été dans son intérêt de dire qu'il était venu avec l'accord du Führer*. Or, il ne cessera d'affirmer le contraire : à ses premiers interrogateurs britanniques qui lui demandent s'il est envoyé par Hitler, Hess répond : « Le Führer ne sait rien de ma mission[104]. » Et à Nuremberg comme à Spandau, s'il simulera parfois la folie durant ses trente-

---

ait pu ordonner la mission de Hess. Lors de leurs dépositions et de leurs écrits d'après-guerre, Ribbentrop, Keitel, Schaub, Frank, Speer, Schacht, von Krosigk, Weizsäcker, Baur, Kempka, Misch, Jodl, Schellenberg et Goering ont eux aussi exclu catégoriquement une telle hypothèse – Goering et Jodl la trouvant même parfaitement grotesque.

* Les tribulations de Hess après son atterrissage sur le sol britannique sortent du cadre de ce chapitre, et sont par ailleurs bien connues. Arrêté dès son arrivée, il découvrira avec stupéfaction l'absence de tout parti de la paix en Grande-Bretagne, le manque total d'intérêt de ses interlocuteurs pour une quelconque négociation, et leur décision de lui accorder un statut de prisonnier de guerre plutôt que d'émissaire diplomatique. Hess restera donc interné jusqu'à la fin de la guerre, avant d'être livré au tribunal international de Nuremberg.

deux ans de captivité, il ne variera *jamais* dans ses propos sur l'origine de sa « mission de paix ». En 1970, peu avant de se murer presque entièrement dans le silence, Rudolf Hess le réaffirmera à Eugene Bird, le directeur américain de la prison de Spandau : « Il n'était pas question que j'en parle à Hitler. S'il avait connu mes intentions, il m'aurait fait arrêter[*105]. » Dont acte…

---

* Et une ultime fois en septembre 1971, au même interlocuteur : « Laissez-moi vous dire : Hitler ne savait pas que j'avais prévu de m'envoler personnellement pour l'Angleterre. Mais moi, je savais que ce que j'avais à déclarer là-bas aurait son approbation. » Hess en restera persuadé jusqu'à sa mort, et il ne regrettera jamais sa « mission humanitaire ».

7

Canaris et la guerre des services secrets

« Canaris fut le chef le plus difficile que j'aie connu en trente ans de service. Se contredisant toujours dans ses ordres, injuste, lunatique, impénétrable, il possédait pourtant des qualités intellectuelles et surtout morales qui le plaçaient bien au-dessus des militaires ordinaires ou des marionnettes qu'étaient pour la plupart ses collègues ou ses supérieurs. [...] Il ne me faisait jamais l'effet d'un militaire allemand, mais plutôt d'un cosmopolite en uniforme d'amiral. [...] Connaissant ses plans secrets, je sais qu'il a joué un double jeu, et que, dans le contexte de l'époque, il était obligé de le faire. [...] Canaris haïssait la violence, et par conséquent la guerre ; c'est aussi pourquoi il abhorrait Hitler et son régime. »

Général Erwin Lahousen von Vivremont

Durant sept décennies, historiens et journalistes ont écrit tout et son contraire sur le personnage énigmatique de l'amiral Canaris : depuis le traître au service des Alliés jusqu'à la taupe d'Hitler au sein de la résistance allemande*, aucun rôle ne semble lui avoir été épargné – excepté celui d'agent de Staline, qui fera sans doute l'objet de best-sellers à venir. Mais en explorant sans préjugés le monde crépusculaire des services secrets du IIIe Reich, on admettra sans doute qu'un jugement plus sobre devrait prévaloir.

Nous savons que la prise de pouvoir d'Hitler a vu se développer en Allemagne une multitude de services de renseignements férocement concurrents. Pourtant, deux d'entre eux se distinguent par leur puissance et leur influence : l'Abwehr, service de contre-espionnage qui dépend du ministère de la Guerre**, et le *Sicherheitsdienst* (SD), service de renseignements et de sécurité de la SS. Le premier, héritier de l'*Abteilung III b* du célèbre colonel Walter Nicolaï***, a pour principale mission depuis 1933 de camoufler l'immense entreprise de réarmement allemand aux yeux des militaires étrangers, et sa direction a été confiée à un officier de marine, le capitaine Patzig. Le second est d'origine bien plus récente, puisqu'il est une des émanations de l'empire policier SS patiemment élaboré depuis six ans par l'ancien éleveur

* La thèse d'un amiral Canaris au service de la Gestapo n'est pas exactement nouvelle : elle a été introduite il y a quarante-sept ans par les Soviétiques Melnikov et Tchornaïa dans leur ouvrage *Dvoulikii Admiral* (Izdat. Pol. Lit., Moscou, 1965). Toutefois, il s'agissait si manifestement d'un montage de propagande dans le cadre de la guerre froide qu'aucun historien occidental ne l'avait pris au sérieux.

** Le titre d'Abwehr (contre-espionnage) est destiné à rassurer les vainqueurs de l'Allemagne, qui pourraient s'alarmer de la reconstitution d'un véritable service de renseignements.

*** Qui s'était illustré à de nombreuses reprises durant la Grande Guerre.

de poulets et chef de la garde personnelle du Führer Heinrich Himmler* ; à la fin de 1931, celui-ci avait confié la direction de son nouveau service de renseignements à un ancien officier de marine de vingt-sept ans, Reinhard Heydrich**. L'expansion vertigineuse de la SS après l'élimination de Roehm s'accompagne d'un développement tout aussi considérable du SD de Heydrich, reconnu officiellement dès l'été de 1934 comme « service de renseignements du parti », avec une section *Inland* intérieure et une section *Ausland* extérieure, qui entretiennent déjà des milliers d'agents et d'indicateurs en Allemagne comme à l'étranger.

On pourrait penser que l'Abwehr, service de contre-espionnage militaire, et le SD, service de renseignements civil, n'ont aucune raison d'entrer en conflit, puisqu'ils opèrent dans des domaines très différents. Mais ce serait mal connaître l'ambition effrénée de l'*Oberführer* Reinhard Heydrich : véritable tête pensante du tandem policier qu'il forme avec Himmler, ce colosse de 1,90 mètre, athlète complet et violoniste de grand talent, est aussi un être rusé, calculateur, mégalomane, paranoïaque et foncièrement amoral. À ses yeux, le pouvoir doit être sans limites, et toute concurrence n'existe que pour être détruite. C'est pourquoi il intrigue ferme contre l'Abwehr, qui non seulement éclipse ses propres services à l'étranger, mais encore observe ses sinistres manœuvres en Allemagne – ce qui aboutit souvent à les faire avorter. Dès lors, Heydrich va s'efforcer de discréditer le chef de l'Abwehr ; ce faisant, il écartera un

---

* En 1929, Himmler ne commandait que les 300 hommes de la garde personnelle d'Hitler (*Schutzstaffel*). En 1934, ayant pris le contrôle des polices de province, il se fait céder la Gestapo de Prusse par Goering et commande déjà à 300 000 hommes.

** Heydrich avait été exclu de la marine en 1931 par un jury d'honneur, à la suite d'une affaire de mœurs.

dangereux concurrent et augmentera considérablement sa puissance. De fait, dans les derniers jours de 1934, le capitaine de vaisseau Patzig, pris dans un réseau d'intrigues soigneusement tissé par les services de la SS et privé du soutien du ministre de la Guerre von Blomberg*, décide de démissionner. Mais les meilleurs plans ont une faille, car avant son départ, Patzig a recommandé pour lui succéder un autre officier de marine nommé Wilhelm Canaris.

Au premier abord, le personnage n'a rien d'impressionnant : à quarante-huit ans, ce petit homme de 1,60 mètre a déjà la chevelure blanche d'un sexagénaire, le regard bleu rêveur d'un philosophe, un train de vie des plus modestes, de vagues nostalgies monarchistes, de profondes convictions religieuses teintées de mysticisme, un amour immodéré des chiens et des chevaux, une grande réserve naturelle et des ambitions restreintes à une fin de carrière paisible en tant que commandant de la forteresse de Swinemünde. Pourtant, il accepte de relever le défi, et au capitaine Patzig qui le met en garde contre les machinations des hommes du SD, Canaris répond tranquillement : « J'arrive bien disposé envers ces jeunes nouveaux[1] ! »

Le passé du capitaine de vaisseau Canaris explique sans doute cette surprenante expression de confiance. En sortant de l'école de marine de Kiel en 1907, il a servi à bord du croiseur *Bremen* le long des côtes de l'Amérique centrale, après quoi il a navigué en mer du Nord et en Méditerranée orientale, avant d'être affecté au *Dresden*, qui stationne dans l'Atlantique-Sud au début de la Grande Guerre. C'est à bord de ce croiseur que l'enseigne de vaisseau Canaris participe à deux des trois principales batailles navales de la guerre : la victoire de Coronel et la défaite des Falklands. Seul rescapé de ce

* Surnommé *Der Gummilöwe* : « le lion de caoutchouc ».

désastre à la mi-décembre 1914, le *Dresden* échappe à la Royal Navy en se dissimulant dans les fjords de la Terre de Feu, mais il doit finalement se saborder lorsqu'il est bombardé par le croiseur *Glasgow* dans un fjord chilien le 9 mars 1915. L'équipage allemand est interné, mais Canaris parvient à s'échapper ; il traverse les Andes à pied et à cheval, pour atteindre enfin Buenos Aires en décembre 1915. Muni d'un faux passeport au nom du Chilien Reed Rosas, il parvient à regagner l'Europe à bord d'un vapeur néerlandais[2].

C'est sans doute cet exploit, joint à son excellente connaissance de l'espagnol, qui incite ses supérieurs à lui faire suivre une formation au service de renseignements du colonel Nicolaï. En novembre 1916, toujours sous son identité chilienne, il gagne Madrid, où il va travailler pendant un an pour les services de l'attaché naval allemand. Ses deux principales missions : la surveillance des flottes alliées le long des côtes de la péninsule Ibérique, et le ravitaillement des sous-marins allemands dans les principaux ports espagnols*. Dans ce pays neutre où se côtoient les agents de tous les pays belligérants, Canaris va approfondir sa connaissance du monde des services secrets et lier de solides amitiés avec des personnalités espagnoles promises à un bel avenir. Pourtant, l'officier de marine aventureux brûle de reprendre sa place au combat, et après quelques tentatives infructueuses, il parvient à regagner l'Allemagne, où il demande à suivre une formation de commandant de sous-marin. C'est à l'été de 1918 que le lieutenant de vaisseau Canaris entame ses premières missions, depuis la base autrichienne de Cattaro, sur l'Adriatique**. Il y remporte quelques succès contre la navigation ennemie, mais apprend surtout à

* Au risque de décevoir les romantiques, on précisera que Canaris n'a *pas* fréquenté Mata-Hari durant son séjour en Espagne.

** Ce port sur la côte dalmate a été renommé Kotor après 1918.

respecter l'imposante puissance de la Royal Navy. En octobre, l'interruption du ravitaillement et la désagrégation de l'Empire austro-hongrois l'obligent à regagner l'Allemagne avec le reste de la flottille[3].

Lorsque les onze sous-marins rallient le port de Kiel au matin du 8 novembre 1918, ils y voient flotter partout le drapeau rouge, et la mutinerie s'est déjà étendue aux principales villes allemandes. Le lendemain, l'empereur Guillaume II s'enfuit aux Pays-Bas, et le 11 novembre, l'armistice est signé. Pour l'Allemagne, c'est le début d'une période de désordre qui voit s'affronter socialistes, spartakistes, corps francs, communistes, anarchistes, milices patriotiques et divers éléments de l'armée régulière. Lors de la reprise en main par le social-démocrate Gustav Noske, Canaris entre à l'état-major de la brigade de marine Löwenfeld ; mais toutes les versions selon lesquelles il aurait participé à l'assassinat des chefs spartakistes Karl Liebknecht et Rosa Luxemburg le 16 janvier 1919 se heurtent à une évidence insurmontable : Canaris est à cette date en mission dans le sud de l'Allemagne*. Par contre, il participe bien au putsch de Kapp à Berlin en mars 1920, ce qui lui vaudra quelques jours de prison après l'échec du soulèvement. Mais le gouvernement du chancelier Scheidemann jouant l'apaisement, Canaris, comme ses camarades officiers, est remis à la disposition de la marine.

Il va s'y consacrer à la reconstruction de la flotte allemande. D'abord officier d'état-major à la direction des bases de la Baltique, il est nommé en 1922 commandant

---

* Mais il a siégé comme assesseur au conseil de guerre chargé de juger les cinq assassins, ce qui a permis à certains de le rendre responsable de l'acquittement de quatre d'entre eux. Il sera même accusé d'avoir aidé le cinquième à s'évader de prison, jusqu'à ce qu'une enquête établisse qu'il n'était pas à Berlin au moment de cette évasion. Mais les légendes ont la vie dure…

en second du croiseur école *Berlin ;* c'est même à cette occasion qu'il rencontre le cadet Reinhard Heydrich, dont les talents de violoniste sont très appréciés par sa famille*. En 1924, le capitaine de corvette Canaris est envoyé en mission au Japon, sans doute pour y superviser la construction de sous-marins sur le modèle allemand. Durant les quatre années qui suivent, on le retrouve à la direction des affaires navales du ministère de la Reichswehr, et en juin 1928, il est nommé commandant en second du cuirassé *Schlesien.* Deux ans plus tard, il devient chef d'état-major des bases de la mer du Nord, avec le grade de capitaine de frégate. Mais alors qu'au début de 1933, Hitler se hisse au pouvoir, Canaris est à nouveau à bord du *Schlesien*, cette fois en tant que commandant ; il a quarante-six ans, et sa prochaine affectation en tant que commandant de la place forte de Swinemünde aurait sans doute été la dernière, s'il n'avait été orienté à la fin de 1934 vers les services de renseignements militaires du *Tirpitzufer***, dans les conditions que l'on connaît.

L'amiral Raeder, commandant en chef de la marine, ne supporte pas Canaris***, mais la perspective de voir la direction de l'Abwehr passer aux mains de l'armée de terre lui étant plus insupportable encore, il finit par capituler. Du reste, on trouverait difficilement un officier plus qualifié : Canaris a été initié aux techniques du renseignement par le célèbre colonel Nicolaï, il parle couramment quatre langues étrangères**** – une grande

* L'épouse de Canaris, Erika, étant pianiste, Heydrich participe dès cette époque à des concerts dans la maison familiale.

** Le quai Tirpitz (n° 74), quartier général de l'Abwehr, à proximité immédiate du ministère de la Guerre.

*** Raeder a manifestement ajouté foi aux innombrables rumeurs courant sur le compte de Canaris, notamment celles concernant sa participation à l'assassinat des chefs spartakistes.

**** L'anglais, le français, l'espagnol et l'italien – avec une aptitude certaine à en apprendre bien d'autres.

rareté dans l'Allemagne de l'époque –, il a déjà d'innombrables relations en Espagne, en Amérique du Sud, au Japon et en Finlande, et si l'on en croit le général Gehlen* : « Canaris se distinguait de beaucoup d'autres officiers de la marine et de l'armée, dont les regards ne portaient pas plus loin que la mer du Nord, la Baltique et les frontières allemandes, par une aptitude à penser en termes de relations mondiales[4]. » Il passe également pour être un ardent nationaliste, un anticommuniste de toujours et un sympathisant du national-socialisme. Surtout – et cela a sans doute été l'argument décisif aux yeux de l'amiral Raeder comme du général von Blomberg –, il est le plus à même de s'entendre avec l'ancien cadet de marine Reinhard Heydrich, devenu le tout-puissant maître du *Sicherheitsdienst*…

Pour les autorités allemandes, le choix de Canaris se révèle bientôt extrêmement judicieux. En moins de cinq ans, le contre-amiral fraîchement promu réorganise et renforce considérablement l'Abwehr, qui va compter cinq sections : *Amt I*, espionnage ; *Amt II*, sabotage et infiltration ; *Amt III*, contre-espionnage ; *Amt Ausland*, relations avec le ministère de la Guerre et celui des Affaires étrangères ; *Amt Z*, administration centrale – avec à leur tête respectivement le colonel Pieckenbrock, le major Groscurth, le major Bamler, le contre-amiral Bürkner et le colonel Oster. Canaris voyage sans cesse pour nouer des relations personnelles avec les dirigeants et les chefs des services de renseignements étrangers, entre autres le maréchal finlandais Mannerheim, l'ambassadeur japonais Oshima, les militaires italiens Roatta et Amé, le régent hongrois Horthy, les chefs successifs des services de renseignements de l'état-major suédois Jung et Adlercreutz,

---

* Devenu pendant la Seconde Guerre mondiale chef du *Fremde Heere Ost*, la section de renseignements du Haut Commandement de l'armée de terre (OKH).

le roi de Bulgarie Boris III, les notabilités espagnoles Franco, Jordana, Campos et Vigón, le grand mufti de Jérusalem, le nationaliste indien Chandra Bose et bien d'autres encore. La multiplication vertigineuse des réseaux de l'Abwehr dans l'ancien Empire austro-hongrois et la péninsule Ibérique, en Scandinavie, aux États-Unis et en Amérique latine, souvent sous couvert d'activités commerciales, témoigne d'un professionnalisme certain – dont l'intervention dans la guerre d'Espagne dès 1936 montrera très vite l'incontestable valeur*.

Comme tous les officiers du IIIe Reich qui ont prêté serment à Hitler, Canaris n'est pas avare de déclarations à la gloire du régime, empreintes au début d'une sincère conviction : la restauration de la puissance militaire de l'Allemagne lui apparaît comme une noble cause, et la fin des désordres comme l'élimination de la menace communiste recueillent son entière adhésion. Au grand soulagement du ministre de la Guerre von Blomberg et de son chef de cabinet von Reichenau, les conflits avec la SS se sont rapidement apaisés : Canaris a renoué ses relations personnelles avec Heydrich, qui participe à nouveau aux concerts dominicaux dans la maison de l'amiral** et chevauche régulièrement à ses côtés dans le Tiergarten, en évoquant les questions de service ; c'est en partie grâce à cela que tous deux parviennent à un accord sur la délimitation des compétences de leurs organisations

---

* C'est grâce à l'entremise de Canaris, inquiet de l'influence dominante des communistes dans le camp républicain, qu'Adolf Hitler accepte de fournir une aide décisive au général Franco – ce que les Affaires étrangères et le ministère de l'Air avaient préalablement refusé. Canaris connaît personnellement depuis la Grande Guerre la plupart des hauts responsables du camp nationaliste, à commencer par Franco lui-même.

** Coïncidence ou non, les deux familles deviennent voisines en 1936, lorsque les Heydrich s'installent à leur tour dans le quartier de Zehlendorf, près du Schlachtensee.

respectives*, et même à une collaboration entre leurs services[5]. Enfin et surtout, l'amiral Canaris a un admirateur très haut placé en la personne du Führer lui-même : grand lecteur de romans d'espionnage et anglophile impénitent, Hitler a un respect sans bornes pour l'*Intelligence Service* britannique ; s'il s'en exagère quelque peu l'efficacité et l'ubiquité, il veut à tout prix avoir un service de renseignements bâti sur le même modèle, et ce petit amiral expérimenté, polyglotte et cosmopolite lui paraît être l'homme idéal pour le diriger**. Du reste, Canaris possède un autre don inappréciable : il sait écouter, parle peu, et sa voix très douce calme comme par magie les accès de rage d'Hitler[6].

Si les choses ne tardent pas à se gâter, c'est que les principes moraux et religieux du petit amiral se trouvent brutalement confrontés à l'univers de gangstérisme débridé que ses fonctions lui font progressivement découvrir. Il y a bien sûr l'extraordinaire degré de corruption et de dépravation des caciques du parti, ainsi que l'effarante gabegie de la gestion économique de Goering, maître suprême du plan quadriennal. Mais ce qui heurte le plus Wilhelm Canaris, c'est l'arbitraire, la violence et la terreur que font régner les sbires de la SS, de la Gestapo et du *Sicherheitsdienst*. Il n'a que très rarement rencontré leur chef suprême, Heinrich Himmler, qu'il considère comme lâche, falot et borné. Mais en son subordonné immédiat Reinhard Heydrich, Canaris voit désormais bien autre

---

* Les célèbres « dix commandements », qui donnent notamment à l'Abwehr le monopole du renseignement militaire et au SD celui du renseignement politique, même à l'étranger. Le contre-espionnage dans l'armée reste également réservé à l'Abwehr, mais elle est dépendante de la Gestapo pour toute mesure de nature policière, notamment les arrestations.

** Les rumeurs au sujet des crimes imaginaires de Canaris lors de la lutte contre les spartakistes n'ont pu que renforcer la sympathie du Führer à son égard.

chose que le jeune cadet obséquieux qui lui rendait visite treize ans plus tôt : c'est à présent un personnage glacé, arriviste et sans le moindre scrupule, qui lui inspire une crainte et une répulsion instinctives. Dès leur premier rendez-vous de travail, l'amiral note dans son journal : « Il sera difficile de coopérer franchement et en confiance avec ce fanatique brutal[7]. » C'est presque une litote ; du reste, Heydrich lui-même prévient d'emblée ses subordonnés que Canaris est « un vieux renard, dont il faut absolument se méfier[8] ». À l'évidence, les deux hommes ont parfaitement pris la mesure l'un de l'autre. Derrière une façade de cordialité apparente, Heydrich guette le moment d'éliminer son concurrent, mais pour l'heure, il doit s'en abstenir : Canaris dispose d'un dossier fourni sur le chef du SD, comprenant entre autres les preuves de ses origines juives[9], et il n'a sûrement pas manqué d'en faire informer l'intéressé...

Pour la première fois, Heydrich se trouve donc confronté à un adversaire à sa mesure, bénéficiant en outre de la faveur du Führer. Canaris, lui, voit en Heydrich l'incarnation du mal absolu, qu'il se doit pourtant de côtoyer presque quotidiennement dans l'intérêt du service. Mais c'est précisément ainsi qu'il découvre que l'âme damnée du *Reichsführer* Himmler est à l'origine de la plupart des machinations qui se trament depuis 1937 dans les sinistres dédales de l'empire SS : la fabrication de faux documents destinés à incriminer le maréchal soviétique Toukhatchevski, victime des grandes purges que Staline conduit dans l'Armée rouge* ; les scandales

---

* Heydrich avait fait parvenir aux Soviétiques par l'intermédiaire de Prague des documents censés prouver la participation de Toukhatchevski à un complot allemand contre Staline. Après l'exécution du maréchal, Heydrich s'en était même vanté auprès de Canaris, qui avait été très choqué par le procédé. En fait, ces documents n'avaient même pas été utilisés au procès : Toukhatchevski, comme tous les autres accusés, était condamné d'avance.

qui permettent de limoger le ministre de la Guerre von Blomberg, puis le commandant en chef de l'armée von Fritsch* ; enfin, l'agitation entretenue parmi les Allemands des Sudètes, avec Konrad Henlein pour homme de paille et le *Brigadeführer*** SS Karl Hermann Frank pour véritable organisateur.

Canaris est profondément dégoûté par toutes ces affaires, dont le commanditaire et principal bénéficiaire ne peut être que le Führer lui-même : en se débarrassant coup sur coup du ministre de la Guerre et du commandant en chef de l'armée au début de 1938, il réorganise toute la structure de commandement et assoit son pouvoir absolu sur la Wehrmacht : le ministère de la Guerre est supprimé et remplacé par un *Oberkommando der Wehrmacht*, dirigé en principe par le général Keitel, mais en réalité aux ordres directs d'Adolf Hitler ; de même, le commandement de l'armée de terre est désormais confié au général von Brauchitsch, dont l'indépendance d'esprit n'est pas la qualité dominante ; en outre, le renvoi simultané du ministre des Affaires étrangères von Neurath, remplacé par le très servile von Ribbentrop, doit également entraîner un changement radical dans la politique étrangère du Reich – et les premiers désordres organisés dans les Sudètes montrent clairement le caractère résolument conquérant que doit revêtir cette nouvelle politique. D'ailleurs, Canaris a été rapidement mis

---

* Le maréchal von Blomberg avait épousé en secondes noces une jeune Allemande du nom d'Erna Grühn, Hitler et Goering étant témoins à leur mariage. Peu après, la Gestapo découvre « par hasard » le passé douteux de la mariée, et Hitler, donnant tous les signes extérieurs de la plus grande indignation, exige la démission de von Blomberg. Von Fritsch, lui, avait été accusé d'homosexualité par un témoin « préparé » dans les services de Heydrich. Un conseil de guerre a permis de faire la lumière sur la machination, mais Hitler, qui connaissait sans doute la vérité depuis le début, a maintenu sa décision de limoger von Fritsch.

** Général de brigade.

au courant de la réunion secrète tenue à la chancellerie le 5 novembre 1937 ; Hitler y informait ses généraux de sa décision irrévocable de « résoudre le problème de l'espace vital allemand au plus tard entre 1943 et 1945 » – voire avant cette échéance, si les circonstances devaient s'y prêter. Un mois plus tard, l'amiral Canaris rencontre son prédécesseur Patzig, qui écrira : « Dès le début de notre conversation, il m'a dit que c'étaient tous des criminels, de haut en bas, et qu'ils menaient le pays à sa perte. » Patzig lui conseille d'en tirer les conclusions et de démissionner, mais Canaris répond : « Si je pars, Heydrich me remplacera, et tout sera perdu[10]. »

Les crimes de la Gestapo, les persécutions religieuses, les basses intrigues contre le Haut Commandement et la révélation des ambitions guerrières d'Hitler ont dissipé bien des illusions, et les instructions données par Canaris à ses officiers se divisent désormais en ordres ouverts, comme « limitation des activités de l'Abwehr à ses tâches militaires sans aucune intervention dans le domaine politique », et en directives confidentielles, comme « formation d'une organisation secrète à l'intérieur de l'Abwehr II, afin de consolider les forces antinazies et de les préparer à tous actes illégaux qui pourraient être perpétrés à l'avenir contre le système » ; « débarrasser systématiquement l'Abwehr des nazis fanatiques et des espions du SD » ; « protection de toutes les personnalités menacées par la Gestapo, le SD, le NSDAP et le ministère des Affaires étrangères » ; « attitude passive lors des actions de sabotage de l'Abwehr II, sous le couvert d'une apparence de très grande activité » ; et enfin, un peu plus tard : « non-exécution de tous ordres relatifs à des enlèvements, assassinats ou empoisonnements »[11].

Rarement service secret aura fonctionné de façon aussi schizophrène... Mais dès lors, les hommes qui ont décidé de résister à la dérive du régime vont trouver au sein de l'Abwehr une solide couverture. S'y agrégeront progressivement le conseiller au ministère de la Justice Hans von Dohnanyi, l'avocat Joseph Müller, l'ancien fonctionnaire du ministère de l'Intérieur Hans Bernd Gisevius, le pasteur Dietrich Bonhoeffer, le maire de Leipzig Carl Goerdeler, l'avocat Helmuth von Moltke*, le lieutenant Franz Liedig, l'ancien secrétaire de Ribbentrop Reinhard Spitzy, le major Otto Wagner, le baron von Guttenberg, l'ambassadeur Otto Kiep et bien d'autres, avec pour meneur le commandant de la section Z, Hans Oster. Les autres chefs de section de l'Abwehr, Pieckenbrock, Groscurth et Bürkner, moins engagés dans l'opposition active, n'en sont pas moins des antinazis confirmés, et ils sont rejoints après l'Anschluss par le colonel autrichien Erwin Lahousen, un autre ennemi implacable d'Hitler qui prendra la tête de la section II au début de 1939. Par contre, le colonel Bamler, chef de la section III, qui entretient des relations un peu trop étroites avec la Gestapo et le SD, est encouragé à démissionner** et remplacé par un autre opposant à Hitler, le colonel von Bentivegni. C'est que le chef ne cesse de répéter sa règle impérative : « Pas de nazis chez nous[12] ! »

Sous l'œil bienveillant de Canaris, le colonel Oster entretient également des relations étroites avec des opposants au régime dans bien d'autres milieux : au ministère des Affaires étrangères, avec le secrétaire d'État von Weizsäcker***, les ambassadeurs von Hassel et von der Schulenburg, les secrétaires d'ambassade Kordt, von Haeften et von Trott zu Solz ; à la Reichsbank, avec

---

* Inspirateur du *Kreisau Kreis* (« Cercle de Kreisau »), principal foyer civil de conspiration antihitlérienne.

** Il serait plus juste de dire qu'il n'a pas été dissuadé lorsqu'il s'est porté volontaire pour aller au front en 1939.

*** Ce dernier, ancien officier de marine, est un ami personnel de Canaris. Son fils, Carl Friedrich von Weizsäcker, est un physicien nucléaire que l'Abwehr protégera de la curiosité des hommes de la Gestapo, lorsqu'il fera preuve d'un zèle très modéré dans ses recherches sur la bombe atomique.

le ministre Hjalmar Schacht ; au ministère des Finances de Prusse, avec le ministre Johannes Popitz ; à la Justice, avec le juge Sack ; au ministère de l'Économie du Reich, avec Herbert Goering* ; à l'OKW, avec le général von Viehbahn ; à la direction de l'armée de terre, avec les généraux Halder, Witzleben, Thomas, von Stülpnagel, Fellgiebel, et surtout avec l'ancien chef d'état-major Ludwig Beck**, chef incontesté de l'opposition militaire à Hitler. La liste s'étend même au général SS Arthur Nebe, directeur de la police criminelle du Reich, ainsi qu'au comte Helldorf, *Gruppenführer* SA et préfet de police de Berlin ! Conjointement ou séparément, tous ces hommes tentent de prévenir le désastre qui s'annonce.

Leur première initiative, réunissant principalement Oster, Dohnanyi, Nebe, Sack, Gisevius et Beck, a été de réunir des preuves pour faire innocenter et réhabiliter le général von Fritsch. Lorsque se profile la menace contre la Tchécoslovaquie, Oster et von Weizsäcker délèguent Erich et Theo Kordt à Londres, afin de tenter d'obtenir du gouvernement britannique un message suffisamment ferme pour dissuader Hitler de toute initiative brusquée. Plus remarquable encore, il y a les préparatifs d'un putsch contre Hitler et les SS, à déclencher en septembre 1938, dès qu'Hitler attaquera la Tchécoslovaquie ; les généraux Beck, Halder, Olbricht et Witzleben, le colonel Oster, le secrétaire d'État von Weizsäcker et le comte Helldorf sont au centre de ce complot, que seule l'arrivée inattendue de Neville Chamberlain et les accords de Munich feront avorter. Mais toutes ces actions se font sous la protection discrète de l'amiral Canaris, qui prend également quelques initiatives personnelles : lors de la

* Le cousin de Hermann, dont la belle-sœur Ilse est également très proche des milieux de l'opposition.

** Qui a démissionné à l'été de 1938, pour être remplacé comme chef d'état-major par le général Halder.

crise tchèque, il communique à Hitler des rapports inquiétants sur les renforts militaires dépêchés par l'armée française le long de la frontière allemande, et il fera de même pour dissuader Hitler de s'en prendre à la Pologne en août 1939.

Mais ce mois-là, Canaris s'engage encore davantage, à l'insu même de ses plus proches collaborateurs : le 16 août 1939, le chargé d'affaires de l'ambassade d'Italie à Berlin, Magistrati, communique au ministre des Affaires étrangères Ciano le message suivant, qu'il tient de son attaché militaire, le général Roatta : « Hier soir, la personne mentionnée dans mes derniers rapports m'a confié ce qui suit : le Führer n'a pas seulement l'intention d'annexer Dantzig, mais bien d'en finir avec la Pologne (*"Er will nicht Danzig, aber Polen"*). Les opérations commenceront dans un délai d'environ deux semaines… Nous savons (je rapporte toujours les paroles de la personne en question) que le gouvernement italien est en désaccord avec les intentions du gouvernement allemand, ou du moins qu'il ne juge pas opportun actuellement le déclenchement d'un conflit européen. Toutefois, cette simple divergence d'opinions […] n'amènerait pas le Führer à revenir sur sa décision. En revanche, Hitler renoncerait peut-être, si le gouvernement italien lui communiquait explicitement qu'il ne fera pas cause commune avec lui… » Et le chargé d'affaires Magistrati ajoute à la communication de l'attaché militaire : « La personne avec qui le général Roatta a eu cet entretien est […] l'amiral Canaris, chef des services de renseignements au ministère de la Guerre du Reich[*13]. »

* Le fait de mentionner le nom de l'amiral Canaris dans la dépêche est contraire à toutes les pratiques diplomatiques, et d'autant plus inepte que le service des écoutes allemand connaît parfaitement le code italien. La chance de l'amiral Canaris est que le *Forschungsamt* qui décrypte le message est sous les ordres du maréchal Goering – complice servile d'Hitler, mais opposant résolu à la guerre contre la Pologne.

On sait que l'abstention italienne qui en résulte ne retardera que de quelques jours le déclenchement de la guerre contre la Pologne et le début de la Seconde Guerre mondiale. Lorsqu'elle éclate finalement le 1er septembre, l'amiral confie à Gisevius avec des larmes dans les yeux : « C'est la fin de l'Allemagne[14] ! » Quel que soit le nombre de victoires initiales, Canaris considère que la guerre est perdue d'avance, parce que « Hitler n'a jamais examiné le globe[15] ». Mais peu d'Allemands voient aussi loin ; la victoire éclair contre les Polonais va encore rehausser le prestige d'Hitler et décupler son assurance – à tel point qu'il fait connaître son intention de « mettre l'Angleterre à genoux » et de « détruire la France » dès la fin du mois d'octobre ! Les conjurés tentent de mettre à profit la consternation de tous les responsables militaires pour réintroduire leur projet de coup d'État, mais ils se heurtent aux hésitations des uns, aux indiscrétions des autres, et surtout à la pusillanimité du général von Brauchitsch, qui seul aurait pu mettre en mouvement des troupes pour neutraliser les SS et investir la chancellerie. Lors des reports successifs du plan d'attaque à l'Ouest, ainsi que peu avant le déclenchement de l'invasion de la Norvège au début d'avril 1940, les services de Canaris, en conjonction avec certains militaires de l'OKW et quelques diplomates de l'*Auswärtiges Amt*, magnifient les contre-mesures alliées pour dissuader Hitler de prendre l'offensive. C'est naturellement en vain, mais au sein de l'Abwehr, un petit groupe réuni autour du colonel Oster va plus loin, en avertissant les pays menacés par l'intermédiaire du Vatican ou des attachés militaires neutres en poste à Berlin. Ce sera le cas pour la Norvège, la Belgique, les Pays-Bas et la France, mais aussi pour la Grèce et la Yougoslavie l'année suivante.

Toutes ces initiatives ont-elles l'approbation de l'amiral lui-même ? Il a certes soutenu activement les plans de coup d'État, mais dès octobre 1939 il ne croit plus guère en leurs chances d'aboutir*. Désabusé et fataliste, il déclare devant Reinhard Spitzy et quelques autres : « Mes chers amis, ce que vous faites ne vous servira pas à grand-chose. On ne triche pas avec le sens de l'histoire. De trop grands crimes ont été commis, qui appellent vengeance à grands cris. Si vous croyez échapper au destin justicier en menant un putsch au moment opportun, vous vous trompez. L'Allemagne devra s'enfoncer profondément dans l'abîme et expier lourdement avant de pouvoir renaître. Mais ne vous occupez pas de moi, poursuivez donc. Seulement, je crois que vous ne réussirez pas[16]. » L'activisme de Canaris ne ralentit pas pour autant : en octobre, il soustrait des Polonais catholiques et juifs – et même un rabbin** – aux griffes de la Gestapo, pour les faire conduire en Suisse ou en Roumanie ; dès cette époque, du reste, l'amiral va personnellement rendre visite aux généraux pour leur montrer les preuves des crimes commis par les SS en Pologne contre les intellectuels, le clergé, la noblesse et les Juifs. Il en fait même parvenir des copies à l'étranger[17], et il vient protester en personne devant son propre chef, le général Keitel : « Un jour, le monde tiendra la Wehrmacht pour responsable de ces mesures, qui sont exécutées devant

* Et en homme profondément religieux, il s'oppose encore à l'idée d'assassiner Hitler, qu'il préférerait voir arrêter et juger – ou encore faire déclarer fou par un collège de psychiatres.

** Joseph Isaak Schneersohn, grand rabbin et lettré de réputation mondiale. C'est *une* des raisons pour lesquelles le rabbin Binyamin Lipshitz a demandé récemment en Israël l'inscription de Canaris sur la liste des « Justes parmi les nations ». (AFP, 5 août 2009.) Pour l'heure, cette inscription a été refusée, au motif que l'amiral avait « exercé de hautes fonctions dans l'appareil militaire nazi ». Il est vrai qu'un cuisinier, un laboureur ou un garçon coiffeur auraient été plus éligibles selon ce critère ; malheureusement, leurs fonctions subalternes ne leur donnaient pas l'occasion de sauver des centaines de Juifs… Il fallait pour cela exercer un minimum de responsabilités officielles.

elle[18]. » Bien entendu, Keitel ne veut rien entendre et se retranche derrière un ordre du Führer. Canaris, scandalisé, confie au vice-amiral Bürckner : « Une guerre conduite au mépris de toute éthique ne peut être gagnée. Il y a aussi une justice divine sur terre[19]. »

Si l'amiral a lui-même amplifié les capacités militaires alliées dans ses rapports adressés à Hitler, le fait d'informer l'étranger des dates d'attaque lui pose un problème de conscience aigu : c'est en effet mettre en péril des vies de soldats allemands, et franchir la limite étroite qui sépare le *Hochverrat* du *Landesverrat* – la haute trahison de la trahison du pays ; mais si les avertissements amenaient la nation visée à prendre des mesures de défense ostensibles, Hitler pourrait être dissuadé de déclencher l'agression… Ce sera le cas pour la Suisse au début de 1940, lorsque le gouvernement helvétique, prévenu à temps des intentions d'Hitler par l'agent Josef Müller, fera procéder à une mobilisation partielle – aussitôt rapportée au Führer par Canaris, qui y ajoutera des photos aériennes du redoutable « réduit alpin » helvétique[20]. En outre, certains de ses agents, comme Paul Thümmel à Prague et Theodor Steltzer à Oslo, vont coopérer directement avec la résistance dans les pays occupés[21*].

Mais le déchirement est d'autant plus douloureux que le chef de l'Abwehr est chargé de recueillir des renseignements détaillés sur les plans et l'ordre de bataille ennemis, et de mettre en œuvre les opérations de camouflage, d'intoxication, de subversion et de sabotage qui accompagnent toutes les offensives de la Wehrmacht ; ce sont ses

* Oskar Schindler lui-même était un agent de l'Abwehr depuis 1936 dans les Sudètes, puis en Pologne après octobre 1939. Une récente biographie par David Crowe (Westview, N.Y., 2004, p. 16-24 et 79-86) indique que l'action de sauvetage de Schindler et ses contacts avec l'Agence juive de Budapest ont bénéficié de la couverture de l'Abwehr de Canaris et de celle du bureau des Armements du général Thomas – l'amiral et le général étant en contact étroit dans la résistance contre Hitler.

services qui fournissent les uniformes polonais et néerlandais requis par la SS et l'OKW pour introduire leurs agents en pays ennemi, et c'est son régiment Brandenburg d'« opérations spéciales » qui accomplit les tâches préliminaires de neutralisation et de destruction en territoire polonais, norvégien, belge, néerlandais, français... et plus tard soviétique ; enfin, la *Geheime Feldpolizei*, sous l'autorité de l'Abwehr, doit souvent prêter assistance aux SS dans leurs exactions en pays conquis[22]. C'est que, comme toutes les autres parties de la Wehrmacht, l'Abwehr a une obligation de résultats, et faute de succès aux moments décisifs, son chef serait immédiatement limogé – pour être remplacé par Heydrich ou par Himmler. Si l'on considère en outre que Canaris déteste la bureaucratie, qu'il est constamment en déplacement, qu'il est sujet à de longues périodes de dépression, qu'il doit couvrir des comploteurs imprudents comme Goerdeler ou Dohnanyi, qu'il est surveillé en permanence par les agents du RSHA de Heydrich*, que les opposants déterminés à Hitler sont loin d'être majoritaires au sein de l'Abwehr**, et que malgré tout cela, « les innombrables actions visant à sauver de la mort des Juifs, des chrétiens ou des citoyens de pays ennemis font partie du service courant[23] », force est d'admettre que le dilemme de Hamlet n'est qu'une simple bluette, comparé au cas de conscience qui hantera pendant six longues années le petit amiral échoué sur les quais du *Tirpitzufer*...

C'est d'autant plus vrai qu'il est également chargé par Hitler de missions diplomatiques que Ribbentrop ne

---

* *Reichssicherheitshauptamt,* ou Office principal de sécurité du Reich, qui regroupe depuis 1939 la Gestapo (*Amt IV*), la Kripo (police criminelle, *Amt V*), le SD *Inland* (contre-espionnage, *Amt III*) et le SD *Ausland* (*Amt VI*).

** Beaucoup d'officiers ne prennent pas position et se bornent à remplir leurs tâches ; quelques-uns travaillent discrètement pour le compte de Heydrich.

peut pas ou ne doit pas assumer. Tel est le cas dès septembre 1939, lorsqu'il se rend personnellement à Budapest pour dissuader les dirigeants hongrois d'attaquer la Roumanie ; à l'été de 1940, il est envoyé en Espagne pour persuader Franco de s'allier à l'Allemagne contre l'Angleterre, et de participer à la prise de Gibraltar ; quelques mois plus tard, il doit également contacter les Grecs à l'insu des Italiens pour leur proposer un accord qui dispenserait l'Allemagne d'intervenir dans le conflit italo-grec. Dans le deuxième cas, du reste, il semble avoir très efficacement dissuadé son ami le général Franco d'entrer en guerre contre la Grande-Bretagne[24], ainsi qu'Hitler l'apprendra à ses dépens lors de l'entrevue d'Hendaye en octobre 1940*.

Le double jeu va se poursuivre également dans une autre direction ; par des voies détournées, Canaris va faire contacter les Alliés, « pour prouver au monde qu'il existe encore une Allemagne honorable[25] », mais aussi pour obtenir d'eux une garantie : au cas où l'opposition parviendrait à renverser Hitler, elle doit être assurée que les puissances occidentales n'en profiteraient pas pour imposer à l'Allemagne « un nouveau Compiègne » et une occupation, qui discréditeraient définitivement les conjurés aux yeux de leurs compatriotes[26]. L'ensemble de ses initiatives en ce sens ne sera sans doute pas connu de sitôt, car le journal de l'amiral a disparu** et

---

* Canaris avait conseillé à ses amis espagnols d'exiger en échange de leur entrée en guerre des matières premières et des pièces d'artillerie lourde que les Allemands étaient hors d'état de fournir.

** Les nazis ont détruit l'original au début de 1945, mais Canaris en a peut-être emporté une copie en Espagne, dans des valises de cuir noir qui n'ont pas réapparu. Par contre, les quarante extraits de ce journal publiés par Klaus Benzing dans son livre *Der Admiral* sont aussi faux que la qualité d'ancien membre de l'Abwehr dont se prévaut cet auteur. Sur les épisodes édifiants de cette supercherie, voir *Der Spiegel*, 15/1975, p. 70-78.

les archives britanniques sur la question restent fermées. Mais il est clairement établi que la première entreprise date d'octobre 1939, lorsque l'avocat catholique Josef Müller est envoyé au Vatican pour tenter de prendre contact avec l'Occident, par l'intermédiaire du pape et de son entourage. L'objet de sa mission est de s'enquérir des conditions de paix posées par Londres, et lorsque le contact est établi, Müller apprend sans surprise que le Foreign Office exige en priorité la destitution d'Hitler et le retour de l'Allemagne aux frontières de 1937[*27]. Le rapport qu'il établit à son retour en Allemagne, sous le nom de *X-Bericht*, doit servir à convaincre les généraux hésitants – à commencer par Halder et Brauchitsch – de passer à l'action sans retard. Tous les contacts suivants ont le même objet : s'assurer que les Alliés ne mettront pas à profit les désordres résultant d'un putsch éventuel pour porter un coup fatal à l'Allemagne. Mais les choses se compliqueront singulièrement pour les négociateurs secrets une fois la guerre déclenchée à l'Ouest en mai 1940, et davantage encore après l'été de 1941, car il leur faudra aussi obtenir la garantie qu'une paix avec les alliés occidentaux ne les laissera pas désarmés face à un retour offensif des Soviétiques[**].

Les contacts secrets avec des agents britanniques ou américains vont donc se poursuivre dans toutes les capitales neutres : Stockholm, Berne, Madrid, Lisbonne, Ankara, ainsi que dans d'autres « plaques tournantes de l'espionnage » comme Genève, Zurich et Istanbul. Il y aura de nombreux émissaires, tous munis de passeports

---

* Lors de nouvelles visites au Vatican, Müller fera avertir Bruxelles, La Haye et Paris des dates successives de l'attaque à l'Ouest.

** Malgré son antibolchevisme de toujours, Canaris a vu d'un très mauvais œil les préparatifs d'invasion de l'URSS, et il a lancé cet avertissement prophétique : « Les armées allemandes seront saignées à blanc sur les plaines glacées de la Russie, et il n'en restera plus rien. »

établis par l'Abwehr*, et donc agissant sous le contrôle de cette dernière : Hans Bernd Gisevius, Josef Müller, Edgar Klaus, Albrecht Haushofer, Carl Goerdeler, Adam von Trott zu Solz, Helmuth von Moltke, Otto John, Ulrich von Hassel et Theodor Strünck**. Mais l'amiral Canaris semble avoir également pris les choses en main, même s'il est difficile de savoir à combien de reprises. La première occasion est incertaine, mais difficile à rejeter entièrement : à la veille du nouvel an de 1943, moins de deux mois après le débarquement allié en Algérie et au Maroc, l'amiral Canaris est à Algésiras, et le chef du MI6 britannique, sir Stewart Menzies, se trouve au même moment à Gibraltar. Or, Menzies ne quitte pratiquement jamais Londres, il s'intéresse énormément à l'amiral Canaris***[28], et les raisons de sa présence à Gibraltar n'ont jamais été établies ; Canaris, lui, n'avait guère d'autres raisons de se trouver à Algésiras que de préparer la dinde du nouvel an pour ses agents, ce qui paraît bien mince pour justifier un tel déplacement – même de

* En principe, le ministère des Affaires étrangères a le monopole de la délivrance des passeports, qui est très exceptionnelle en temps de guerre. Mais l'Abwehr a fait reconnaître par Hitler son droit d'en émettre pour ses propres agents.

** Auxquels il faudrait ajouter Peter Kleist et le prince von Hohenlohe, même si le premier est plutôt engagé dans des négociations secrètes avec les Soviétiques à Stockholm, et le second, en relations avec Goering et Himmler autant qu'avec l'Abwehr, est un négociateur « autonome ».

*** Menzies avait même déclaré à l'agent yougoslave Duško Popov au début de 1941 que « Churchill avait eu une conversation officieuse avec Canaris en 1938 », et que lui, Menzies, « pourrait vouloir reprendre la conversation entamée par Churchill ». (Il n'a pu s'agir que d'une conversation indirecte, sans doute par l'intermédiaire de Kordt ou de von Trott.) Menzies semble avoir éprouvé pour Canaris la même admiration que Canaris pour Churchill. Du reste, les deux chefs des renseignements ennemis partageaient un anticommunisme sans compromis.

la part d'un cuisinier enthousiaste. Mais c'est la coïncidence qui retient l'attention : Gibraltar est à trente minutes d'Algésiras par la route, et plus près encore par la mer. Les deux chefs des renseignements, se trouvant si près l'un de l'autre au même moment et sans mission définie, ne se seraient-ils pas rencontrés ? S'il n'en reste que des rumeurs et des suppositions, c'est sans doute parce qu'aucun des deux interlocuteurs n'avait intérêt à ébruiter une telle rencontre*.

La deuxième entrevue est mieux documentée, mais aussi plus délicate : lors de la conférence de Casablanca à la mi-janvier 1943, le président Roosevelt a exigé de l'Axe une « capitulation sans conditions » – déclaration irréfléchie et parfaitement catastrophique pour l'opposition allemande à Hitler. À la fin de janvier, peu avant la reddition de Stalingrad, Canaris rencontre en Turquie un ami personnel de Roosevelt, l'ancien gouverneur, capitaine de frégate et attaché naval George H. Earle. Ce que Canaris propose, c'est une autre solution que la capitulation sans conditions, sous la forme par exemple d'un armistice à l'Ouest et d'une poursuite de la lutte contre le bolchevisme à l'Est[29]. Earle promet de transmettre cette offre au président, mais Roosevelt ne peut ni revenir sur ses paroles ni se dissocier à ce stade de son allié Staline. Que ce dernier ait lui-même fait depuis trois mois des propositions de paix séparée aux Allemands ne change rien à l'affaire – bien au contraire**.

La troisième entrevue, qui se déroule à Santander au milieu de l'été 1943, réunit Menzies, Canaris et le chef

---

* Canaris pour des raisons évidentes, et Menzies parce que le MI6 dépendait du Foreign Office, opposé à toute négociation avec des représentants de l'opposition allemande.

** Pour les alliés occidentaux, rien ne serait pire à ce stade qu'un accord entre Hitler et Staline, qui libérerait la Wehrmacht pour le front de l'Ouest. Or, la nouvelle de négociations allemandes avec les alliés occidentaux serait de nature à forcer la main de Staline.

de l'OSS américain, William « *Wild Bill* » Donovan. Le plan de paix de l'amiral est pratiquement inchangé : armistice à l'Ouest, élimination ou livraison d'Hitler aux Alliés, poursuite de la guerre à l'Est. Selon l'officier de l'Abwehr Justus von Einem, qui assiste aux pourparlers, les interlocuteurs de Canaris ne soulèvent aucune objection[30]. Mais chez les Alliés, ce ne sont pas les chefs des services de renseignements qui définissent la haute stratégie, et ils sont presque aussitôt désavoués par leurs supérieurs respectifs* – qui leur ordonnent d'interrompre tous les contacts. Canaris, de plus en plus résigné, confie à son adjoint : « Vous savez, mon cher Lahousen, ceux qui étudieront l'histoire après cette guerre n'auront pas à se demander, comme après la précédente, qui était responsable de l'avoir déclenchée. Mais il en va différemment si l'on se pose la question de savoir qui est responsable de l'avoir prolongée. Je pense que l'adversaire nous a privés de la dernière arme dont nous disposions pour y mettre fin. “Capitulation sans conditions” ? Non, nos généraux n'avaleront jamais cela. À présent, je ne vois plus aucune solution[31]. »

Il est vrai que de leur côté, les conspirateurs n'ont guère progressé dans leur tentative de mettre fin au régime d'Hitler : « Tant que nos généraux ne se décideront pas à passer à l'action, constate tristement Canaris, les Anglais resteront fidèles à leur attitude : *wait and see*[32]. » Avec toujours chez l'amiral ce fatalisme obsédant et curieusement prophétique : « Le destin ne se laisse pas infléchir par de petites astuces ou de petits putschs[33]. » Pourtant, tandis que les civils Goerdeler,

* Parce que ceux-ci ne prennent pas au sérieux l'opposition allemande à Hitler, et parce que leur opinion publique n'est absolument pas prête à un changement d'alliance aussi radical : la victoire contre l'Allemagne reste une priorité politique et stratégique absolue, et la guerre froide est encore éloignée de quatre longues années.

Popitz et Dohnanyi se perdent en querelles internes[34], et que les généraux Beck, Halder et Brauchitsch se montrent plus hésitants que jamais, d'autres officiers ne supportent plus l'attente : ce sont principalement des membres du groupe d'armées Centre sur le front de l'Est, qui ont pu évaluer depuis 1941 l'inanité de la stratégie d'Hitler et la barbarie des *Einsatzgruppen* d'Himmler. Leur chef a été recruté par Goerdeler : c'est le général Henning von Tresckow, 1A (premier officier d'état-major opérations) du maréchal von Kluge, commandant le groupe d'armées Centre ; il est secondé par son aide de camp Fabian von Schlabrendorff, par Philipp von Boeselager, l'aide de camp du maréchal von Kluge, et par le colonel Rudolf-Christoph von Gersdorff, 1C (officier d'état-major renseignements), qui assure la liaison avec les opposants berlinois Oster, Beck, Goerdeler, Dohnanyi et Olbricht. Les officiers conspirateurs stationnés à Smolensk ont quatre choses en commun : ils appartiennent à la vieille noblesse prussienne, ils sont profondément religieux, ils condamnent formellement la guerre menée contre le peuple russe, et ils ont été témoins des exécutions massives de Juifs par les *Einsatzgruppen* SS. Tous en sont donc arrivés à la même conclusion : il faut débarrasser l'Allemagne du régime nazi, en éliminant le tyran.

Plus jeunes et plus hardis que les conjurés de la première heure, ils projettent de mettre à profit une visite d'Hitler à Smolensk pour l'éliminer : ayant renoncé à l'abattre froidement sur place, ils ont décidé de faire exploser son avion lors du voyage de retour ; à cet effet, ils se sont procuré auprès de l'Abwehr II des explosifs d'origine anglaise – les plus sûrs et les plus silencieux. Quel est le rôle de l'amiral Canaris dans l'affaire ? Selon Karl Heinz Abshagen, « il était plus qu'à moitié informé, mais il ne voulait pas en savoir davantage[35] ». C'est qu'il reste mal à l'aise devant la perspective d'une élimination physique, et ne croit toujours pas aux chances de réussite d'un attentat. Mais il reste tout disposé à couvrir les comploteurs, après leur avoir donné les moyens d'agir. Lors d'une visite d'inspection à Smolensk le 7 mars 1943 en compagnie de Lahousen et Dohnanyi, son avion transportait d'ailleurs un stock d'explosifs et de détonateurs devant être livrés à l'antenne locale de l'Abwehr II[36] – sans que ce soit nécessairement en rapport avec le projet d'attentat*.

Le 13 mars 1943, Hitler atterrit à Smolensk avec une suite nombreuse, et il déjeune en compagnie des officiers supérieurs du groupe d'armées Centre. C'est lors de son départ que von Schlabrendorff confie au colonel Heinz Brandt, qui voyage avec Hitler, un paquet de deux bouteilles de cognac destinées à son ami le général Helmuth Stieff. Il s'agit en réalité de mines « clam** » récupérées et munies de crayons d'allumage à retardement, que Schlabrendorff a amorcés au tout dernier moment[37]. Le voyage de retour vers Rastenburg doit durer deux heures, et von Tresckow, prévoyant que le Focke-Wulf Condor d'Hitler explosera aux environs de Minsk, prévient les opposants de Berlin pour que le coup d'État soit

* À la fois parce que l'Abwehr II recevait régulièrement des explosifs perfectionnés nécessaires à ses opérations, parce que les quantités transportées étaient disproportionnées par rapport aux quelque deux kilos nécessaires à un attentat, parce que ce transport était ouvertement consigné dans le journal officiel de l'Abwehr… et parce qu'à ce stade, les conjurés de Smolensk disposaient déjà de tout le matériel nécessaire. Le général Lahousen écrira lui-même après la guerre que le matériel utilisé pour la bombe ne provenait pas des stocks livrés par ses soins le 7 mars. (IFZ, ZS 658, « *Zur Vorgeschichte des 20. Juli 44* », p. 10.)

** C'est la version terrestre des « limpets », mines sous-marines munies de puissants aimants et conçues pour adhérer aux coques des navires. Les « clams », plus petites, servaient entre autres à faire sauter les blindés.

déclenché immédiatement après la nouvelle de l'« accident ». Pourtant, le détonateur de l'engin bricolé à Smolensk n'allume pas la charge lorsqu'il est frappé par le percuteur et Hitler atterrit sain et sauf à Rastenburg. Un auteur au moins tirera des conclusions radicales de ce dysfonctionnement*, somme toute banal au vu du caractère improvisé de l'engin, de l'absence d'artificiers professionnels parmi les conjurés et des conditions de stockage du colis dans la soute**. Tresckow, Schlabrendorff et Gersdorff ne renonceront pas pour autant à éliminer Hitler, mais le hasard, la malchance et une sorte de sixième sens d'Hitler se ligueront pour faire échouer leurs projets[38].

Toutes ces initiatives semblent passer inaperçues de la Gestapo, mais c'est à cette époque que l'Abwehr et son chef se trouvent directement menacés. La mort de Heydrich, exécuté par des agents du SOE à Prague en mai 1942, a fait disparaître leur pire ennemi, mais Himmler l'a remplacé au début de 1943 par le policier autrichien Ernst Kaltenbrunner – un fanatique brutal, bien moins intelligent que Heydrich mais tout aussi implacable. Si Canaris bénéficie toujours de la protection de l'OKW, il a perdu en grande partie la faveur d'Hitler, qu'il ne rencontre plus qu'épisodiquement – et jamais en tête à tête. Le Führer lui reproche de soumettre constamment des rapports « défaitistes » – que le servile Keitel nomme les « fables de l'amiral[39] » – et de ne pas l'avoir informé à temps des projets ennemis, notamment du plan *Torch* de débarquement en Afrique

* Dans son ouvrage *Canaris, le maître espion de Hitler*, Éric Kerjean a utilisé cet incident pour faire de Canaris un traître nazi ayant saboté la tentative d'attentat – en remerciement de quoi le Führer reconnaissant l'aurait ensuite fait pendre… *Kommentar überflüssig* (*No comment*).

** Schlabrendorff en sera quitte pour aller à Rastenburg le lendemain, afin de récupérer et de désamorcer l'engin.

du Nord. C'est parfaitement injuste*[40], mais on sait qu'Hitler a toujours besoin de boucs émissaires pour justifier ses échecs. Enfin, le Führer n'a pas manqué de noter que les ordres donnés à l'Abwehr d'assassiner Weygand, Giraud et Churchill n'ont jamais été exécutés** – tout comme les projets de sabotage des vols Lisbonne-New York et Londres-Stockholm[41]. Encore ne saura-t-il jamais qu'au printemps de 1943, Canaris fait également échouer l'ordre d'enlèvement par les SS du pape et du roi d'Italie, en prévenant à temps son homologue et ami le général Amé[42].

Canaris et Oster ont suivi – et fait discrètement connaître à l'étranger – l'action criminelle des *Einzatsgruppen* SS dans les territoires occupés de l'Ukraine, de la Biélorussie et des pays Baltes ; par Nebe et leurs autres contacts à l'intérieur de la SS, ils ont été informés dès mars 1942 de l'opération ultrasecrète *Reinhard*, visant à appliquer les décisions de la conférence de Wannsee sur la Solution finale : dans les camps d'extermination

---

* En réalité, l'Abwehr avait été dûment informée du plan *Torch*, grâce à quelques agents de Canaris recrutés parmi les nationalistes arabes très hostiles aux puissances coloniales. Parmi ceux-ci, des hommes nommés Sadate, Bourguiba, et... le sultan Mohammed V ! Mais l'Abwehr n'ayant pas de section propre d'évaluation des renseignements, elle doit se contenter de les transmettre à l'OKW, qui lui-même ne soumet à Hitler que les informations « positives » et conformes à ses prévisions. Or, le Führer prévoyait plutôt un débarquement en Sardaigne, dans les Balkans ou à Tripoli...

** Témoignage de Reinhard Gehlen, l'ancien chef du service de renseignements de l'OKH pour le front de l'Est : « Avec toutes les marques de l'indignation, Canaris a mentionné qu'Hitler l'avait chargé de faire assassiner Churchill. Il s'y était refusé, tout comme il avait ignoré quelque temps auparavant l'ordre de "liquider" le général Giraud en fuite. [...] Ses profondes convictions religieuses lui interdisaient même d'envisager de telles possibilités. » (Reinhard Gehlen, *Der Dienst*, Hase, Mayence, 1971, p. 47.) Témoignage concordant du général Lahousen dans IMT, vol. 2, pp. 450, 463 et 474, 30 novembre 1945.

de Belzec, Sobibor et Treblinka, les chambres à gaz font disparaître en vingt mois 1,5 million de Juifs polonais, allemands, autrichiens, tchèques, slovaques, français et néerlandais, ainsi que des prisonniers de guerre soviétiques, des gitans et des membres de l'élite intellectuelle et politique polonaise ; parallèlement, le camp de travail d'Auschwitz-Birkenau assume la même fonction d'extermination dès l'été de 1942, et elle va se développer sans cesse par la suite*. Les chiffres de victimes qui parviennent aux dirigeants de l'Abwehr amplifient chaque jour à leurs yeux le caractère criminel du régime[43], et jusqu'à la fin de 1942, Canaris continue à soustraire de petits groupes de Juifs à l'Holocauste ; l'une de ses dernières initiatives en ce sens est l'*Unternehmung 7* d'août et septembre 1942, par laquelle l'amiral fait passer en Suisse quinze Juifs, nommés « agents de l'Abwehr » pour la circonstance**[44]. Mais au début de 1943, l'ostracisme croissant qui frappe Canaris en haut lieu et la surveillance accrue de la Gestapo limitent d'autant ses possibilités d'action. En outre, on oublie trop souvent de prendre en compte les limites de la résistance humaine : l'amiral est usé par sept années d'efforts, de double jeu, de vaines tentatives, d'inquiétudes constantes, de harcèlement permanent, de cas de conscience dévorants et de longues périodes de découragement face au constat de sa propre impuissance. Ainsi que l'observera le général Lahousen : « Tel Ahasvérus se fuyant lui-même et les

---

* Plus d'un million de Juifs y seront gazés jusqu'à la fin de 1944. Majdanek et Chelmno avaient aussi une fonction prioritaire d'extermination.

** Opération exécutée par Hans von Dohnanyi, mais un ancien de l'Abwehr dira à l'auteur : « Toute initiative personnelle était exclue, d'autant qu'il avait fallu obtenir l'accord du RSHA [...]. Et notez qu'aucun de nous n'aurait survécu plus de trois mois sans la protection de l'Amiral, surtout par Hans et Carl [Goerdeler], qui étaient diablement imprudents (*verflixt unvorsichtig*). »

autres, Canaris courait de ville en ville, semant partout l'inquiétude et le désordre. Certains de ses collaborateurs les mieux initiés devaient toujours intervenir pour remettre de l'ordre dans les choses que Canaris avait entièrement démantibulées, comme un grand enfant le ferait avec son jouet. Ils y étaient contraints, afin de ne pas mettre en danger leur chef et eux-mêmes[45]. » Mais il faut aussi reconnaître que l'Abwehr, si efficace soit-elle à certains égards, présente également quelques faiblesses inquiétantes – notamment au niveau de la sécurité et du recrutement : au siège du *Tirpitzufer*, on conserve bien trop de documents compromettants sur certaines activités conspiratrices du passé et sur les crimes du régime hitlérien ; sur le terrain, beaucoup d'agents en poste dans la péninsule Ibérique ont été retournés par les Alliés, et c'est également le cas de tous ceux que l'Abwehr croit avoir conservés en Grande-Bretagne depuis le printemps de 1941[46] ; dans d'autres pays, comme en Allemagne même, certaines recrues sont fatalement corrompues et se livrent à diverses transactions financières illégales.

C'est précisément cette faille dans la cuirasse que le RSHA a entrepris d'exploiter. Depuis le 10 janvier 1943, il interroge dans son QG de la Prinz Albrechtstrasse le major Wilhelm Schmidhuber, du bureau Abwehr de Munich*, arrêté deux mois plus tôt pour trafic de devises. Or, cet homme peu scrupuleux qui sait beaucoup de choses se révèle très vite dangereusement bavard : il parle des contacts de l'avocat Josef Müller avec les Britanniques par l'intermédiaire du Vatican en 1940, mais aussi des pratiques de l'Abwehr consistant à envoyer des Juifs en Suisse sous prétexte d'en faire des agents, et enfin des projets séditieux de Beck, Dohnanyi,

* Officier de l'air, il appartient à la sous-section de la Luftwaffe au sein de l'Abwehr I.

Goerdeler et autres[47]. Pour des raisons mystérieuses qui ne vont pas tarder à s'éclaircir, l'affaire traîne en longueur jusqu'au 5 avril 1943 ; mais ce jour-là, l'*Oberstkriegsgerichtrat* Manfred Roeder*, accompagné du *Kriminalsekretär* et sous-lieutenant SS Sonderegger, se présente dans les bureaux de l'Abwehr pour arrêter von Dohnanyi et perquisitionner son bureau. Or, Canaris a déjà commis une erreur fatale en n'obligeant pas ses subordonnés à se débarrasser de leurs documents compromettants ; à présent, il en commet une seconde : au lieu de protester contre l'intrusion et de renvoyer les deux hommes pour gagner du temps, l'amiral assiste sans mot dire à la perquisition. Le résultat est prévisible : les dossiers contenus dans le coffre-fort de Dohnanyi** vont conduire à son arrestation, mais aussi à celles de son épouse, du pasteur Bonhoeffer et de Josef Müller, ainsi qu'à la démission forcée du général Oster***, versé dans la réserve de la Wehrmacht et pratiquement en résidence surveillée[48].

Qu'en est-il de l'amiral Canaris ? Les déclarations de Schmidhuber ne peuvent que l'incriminer, et au début de février 1943, l'enquêteur Sonderegger a conclu son rapport à la Gestapo en se déclarant d'avis que Canaris se trouvait au cœur de la conjuration. Mais le rapport lui a été retourné avec cette note écrite de la main du *Reichsführer* Himmler en personne : « Faites-moi le plaisir de laisser Canaris tranquille[49] ! » Interloqué, Sonde-

---

* « Conseiller de la cour martiale », avec rang de colonel.

** Le général Oster et von Dohnanyi n'ont pas fait disparaître les documents en leur possession – sans doute sur injonction du général Beck, qui songe toujours à conserver des preuves pour un éventuel procès contre Hitler.

*** Durant la perquisition, celui-ci a tenté de faire disparaître quelques pièces du dossier, mais il a été vu par Sonderegger et obligé de les restituer. Dès lors, il a été ajouté à la liste des suspects et mis en résidence surveillée.

regger s'est renseigné auprès de ses collègues, et a appris qu'à trois reprises au moins dans le passé, Himmler est intervenu pour faire cesser les poursuites impliquant l'Abwehr de Canaris[50]. Pour les hommes du SD, et notamment le colonel Schellenberg, chef de l'*Amt VI Ausland* du RSHA qui ambitionne d'incorporer l'Abwehr à ses propres services, la chose est incompréhensible. Du reste, quelques semaines seulement avant la perquisition du 5 avril, Himmler avait tenu à avertir personnellement Canaris, ainsi que le rapportera le général Olbricht : « Himmler lui avait dit sans détour qu'il savait parfaitement que des cercles influents au sein de l'armée élaboraient des plans de rébellion, [...] mais qu'il ne laisserait pas faire et saurait intervenir à temps. Il n'avait attendu que pour découvrir qui était derrière tout cela[51]. » Et lorsqu'en avril, Roeder présente à Himmler un rapport circonstancié sur les agissements de l'amiral, le *Reichsführer* déclare au maréchal Keitel « qu'il a refusé de lire le rapport et qu'il ne voit pas l'intérêt de persister à poursuivre l'amiral[52] ».

Pourtant, à l'été de 1943, Schellenberg pense tenir une preuve décisive contre Canaris : après la chute de Mussolini le 25 juillet, le gouvernement Badoglio s'est déclaré résolu à poursuivre la guerre aux côtés de l'Axe, tout en négociant secrètement avec les Alliés. Méfiant, Hitler a envoyé le chef de l'Abwehr se renseigner sur place, mais lors d'une rencontre le 3 août à Venise avec le général Amé, chef des services secrets italiens et ami de longue date, Canaris apprend la vérité et encourage même son homologue à rejoindre les Alliés ; il lui dit également : « Suivez mon conseil : faites entrer le moins possible de troupes allemandes en Italie, sinon vous vous en repentirez[53]. » Après quoi il envoie à l'OKW un rapport rassurant : l'Italie restera fidèle à l'Axe quoi qu'il arrive.

Malheureusement, l'un des deux chauffeurs du général Amé est trop bavard, et le SD découvre les intentions italiennes, ainsi que le double jeu de l'amiral Canaris. Schellenberg racontera lui-même la suite : « Six jours plus tard, j'étais déjà en mesure de présenter à Himmler un dossier sur les manœuvres séditieuses de l'amiral. [...] Himmler a tapoté nerveusement ses dents avec l'ongle de son pouce, puis il m'a dit : "Laissez-moi le dossier ; je le porterai à la connaissance d'Hitler lorsque l'occasion s'en présentera." Je lui en ai reparlé au moins trois fois, [...] mais Himmler n'a jamais trouvé le courage d'en assumer les conséquences. Il est vrai qu'il m'avait toujours jusque-là présenté l'amiral comme un chef du renseignement avisé, dont j'avais encore beaucoup à apprendre. Pour l'heure, il m'a déclaré que les fautes de l'amiral et son attitude vis-à-vis du régime étaient une autre affaire, dont je n'avais pas à m'occuper[54]. »

On croit rêver : le féroce Himmler, engagé dans une lutte à mort contre tous les autres satrapes du Reich – et tout particulièrement contre ceux qui lui font concurrence –, s'érige continuellement en protecteur de celui qui n'a cessé depuis sept ans de dénoncer les exactions des SS et de la Gestapo ? Quelles peuvent être les motivations du maître de l'Ordre noir, et pourquoi cette étrange retenue face à l'amiral, de la part d'un homme qui fait trembler tout le monde en Allemagne ? La première hypothèse a été évoquée par Schellenberg lui-même : « Comme Heydrich, il semblait avoir quelques inhibitions face à l'amiral. Je suis certain qu'à un moment ou à un autre, Canaris avait dû apprendre quelque chose d'incriminant contre Himmler, car sinon, il n'y a pas d'explication à la réaction d'Himmler face au dossier que je lui avais soumis[55]. »

En réalité, il y a bien d'autres explications, qui n'excluent d'ailleurs pas la première. D'une part, lorsque Himmler présente Canaris comme « un chef du renseignement avisé », dont Schellenberg « a encore beaucoup à apprendre », ce n'est que l'expression d'un constat réaliste : les responsables du SD et leurs agents ne sont encore que des amateurs en matière de renseignement étranger, surtout dans le domaine militaire. Himmler lui-même, qui n'a jamais voyagé, ne connaît aucune langue étrangère et n'a d'officier que l'uniforme, admire et envie cet amiral cosmopolite, qui semble posséder toutes les qualités du maître espion popularisé par les romans anglo-saxons. D'ailleurs, Hitler ne lui a-t-il pas dit que Canaris seul pouvait monter un service d'espionnage en tous points digne du MI6 britannique – une référence en la matière ? De plus, Himmler ne sait pas au juste où en sont les relations entre Hitler et son ancien protégé Canaris ; s'attaquer à un homme qui aurait encore les faveurs du maître suprême serait pour ce *Reichsführer* pusillanime la pire des imprudences*. Il faudrait pour cela un dossier en acier trempé, et encore celui-ci pourrait-il se révéler insuffisant devant Hitler, qui ne croit jamais que ce qu'il veut croire et peut se montrer féroce envers les porteurs de mauvaises nouvelles. Et puis, ayant en sa possession quelques éléments assez inquiétants du dossier médical d'Hitler**, Himmler sait que le Führer n'est pas éternel, et que ses SS pourraient un jour être amenés à prendre le pouvoir ; dans un tel cas, il lui faudrait des alliés pour triompher de ses pires ennemis que sont Goering, Ribbentrop, Bormann et la plupart des maréchaux. Or, tout comme Canaris a des complicités au sein du RSHA, Himmler a des contacts au sein de l'Abwehr***. Enfin, il y a une autre hypothèse, tout aussi machiavélique : que les dissidents fassent leur

* Canaris lui a arraché de nombreux prisonniers, sans que l'on en connaisse la contrepartie.

** Voir chapitre 8.

*** En outre, certains opposants comme von Dohnanyi, Langbehn ou Popitz ont cru longtemps pouvoir compter sur Himmler pour renverser Hitler. (Peter Hoffmann, *Widerstand, Staatsstreich, Attentat*, Ullstein, Berlin, 1970, pp. 349 et 350.)

putsch, abattent Hitler, et lui, Himmler, prendra le pouvoir, « pour venger le Führer »…

Mais il y a un dernier aspect de l'affaire, qui n'est pas le moins important : depuis l'été de 1942 au moins, Himmler lui-même songe à négocier avec les Alliés ! Il y a été fortement encouragé dès le mois d'août par Schellenberg, qui a compris depuis la fin de 1941 que la guerre ne pouvait plus être gagnée[56]. Dès lors, c'est avec son aval que l'avocat berlinois Carl Langbehn, le prince Hohenlohe, l'ancien secrétaire de Ribbentrop Reinhard Spitzy et le masseur Felix Kersten négocient en secret avec des envoyés britanniques et américains, en Suisse, en Espagne, au Portugal et en Suède[57]. Les résultats ne sont guère encourageants – surtout lorsque les émissaires révèlent l'identité de leurs mentors –, et ils deviennent même dérisoires après la déclaration de Roosevelt sur la « capitulation sans conditions[58] »[*]. Pourtant, ces pourparlers se poursuivent activement jusqu'à l'automne de 1943[**], et le plus extraordinaire est que la plupart des intermédiaires choisis par Schellenberg travaillent parallèlement pour les services de Canaris, avec la même mission et souvent les mêmes interlocuteurs ! Canaris le sait parfaitement ; Himmler, lui, préfère ne rien savoir, et il tremble périodiquement à l'idée que Ribbentrop ou Bormann pourraient avoir vent de ses initiatives et le dénoncer au Führer[***].

---

* Exactement comme ceux de l'Abwehr après janvier 1943.

** Langbehn, revenu de Suisse, tentera même de persuader Himmler de renverser Hitler comme préalable à toute négociation. Même après son arrestation en septembre 1943, l'avocat bénéficiera pendant près d'un an de la protection d'Himmler.

*** En fait, l'une des premières mesures que Schellenberg a proposées à Himmler était d'obtenir d'Hitler le départ de Ribbentrop, ce qui aurait constitué un signe de bonne volonté vis-à-vis des Alliés. Mais Himmler, bien que possédant un dossier fort compromettant sur Ribbentrop, n'osera jamais le soumettre au Führer.

Dès lors, en tout cas, on comprend mieux l'apparente sollicitude d'Himmler vis-à-vis de Canaris : une enquête qui dévoilerait les activités séditieuses de l'amiral ne manquerait pas de mettre au jour ses propres intrigues en direction de l'étranger. Mais pour peu que le pot aux roses soit découvert par d'autres services de renseignements, comme ceux de Goering ou de Bormann, le *Reichsführer* a une excuse toute trouvée pour justifier son inaction aux yeux d'Hitler : « Il n'avait attendu que pour découvrir qui était derrière tout cela[59]. »

Encore n'est-ce pas tout, car dans cette boîte de scorpions qu'est le IIIe Reich, les choses sont plus nébuleuses encore : d'une part, Walter Schellenberg fait l'objet d'intrigues continuelles venues de son propre camp ; Kaltenbrunner, le successeur de Heydrich à la tête du RSHA, ainsi que le chef de l'*Amt IV*, « Gestapo » Müller, rêvent d'éliminer ce jeune ambitieux qui jouit d'un accès direct à Himmler et exerce sur lui une grande influence. Tous deux le font donc surveiller étroitement, de même que ses agents à l'étranger, et Schellenberg pourrait se retrouver – au mieux – dans un camp de concentration s'il cessait de jouir de la confiance du *Reichsführer* Himmler. D'autre part, si les relations personnelles et officielles entre Schellenberg et Canaris sont apparemment empreintes d'une grande cordialité*, il règne entre les deux hommes une méfiance certaine – d'ailleurs parfaitement justifiée, car Schellenberg aspire toujours à devenir le chef suprême de l'ensemble des services de renseignements du Reich**.

---

* Les deux hommes chevauchent de concert tous les matins dans le Tiergarten, et Canaris traite paternellement ce jeune Walter Schellenberg qui semble avoir servi jusqu'en mai 1942 d'« amortisseur » entre lui et Heydrich.

** Himmler doute qu'il en ait les capacités, mais comme tous les satrapes du régime, il verrait d'un bon œil cet agrandissement substantiel de son empire.

C'était déjà le cas de Heydrich, mais Hitler, fidèle à son principe de diviser pour régner, refusait d'augmenter à ce point la puissance de l'empire SS. S'il change d'avis au début de 1944, c'est d'abord en raison de la détérioration continuelle de la situation militaire sur le front de l'Est, dont l'amiral Canaris se sent obligé de faire état lors des conférences de situation. Or, Hitler déteste les porteurs de mauvaises nouvelles, et son entourage le sait bien, qui ne manque jamais de modifier les rapports militaires pour dissimuler les événements défavorables. L'amiral, qui refuse de s'abaisser à ce jeu de dupes, est taxé de « pessimisme » par le Führer, ce qui constitue déjà une marque de défaveur certaine*. Mais il y a bientôt beaucoup plus grave : au début de février 1944, le docteur Erich Vermehren, fonctionnaire subalterne de l'Abwehr à Istanbul, s'envole pour l'Angleterre avec son épouse, la comtesse von Plettenberg. C'est une catastrophe pour tout le réseau de renseignements allemand en Turquie, et Hitler en rend immédiatement l'amiral responsable[60]. Cette fois, les ponts sont coupés, et comme à son habitude, Hitler prend une décision brusquée sous l'empire de la colère : le 18 février, il signe un décret instituant un service de renseignements unifié sous la responsabilité d'Himmler – Kaltenbrunner en assurant la direction effective. Le colonel Hansen devient chef des *Amt I* et *II* sous l'étroit contrôle de la SS, la section centrale du général Oster est dissoute, et le contre-espionnage de l'*Amt III* passe sous le contrôle de Schellenberg. Canaris, lui, est limogé et mis en résidence surveillée au château de Lauenstein, en Franconie. Il écoute, observe et se désole de son impuissance ; les défaites allemandes qui se succèdent accélére-

* À ce stade, Canaris a perdu ses plus proches adjoints : Pieckenbrock, Lahousen et Groscurth sont partis combattre sur le front de l'Est, remplacés par les colonels Hansen et Freytag von Loringhoven, ainsi que par le général von Bentivegni.

ront certes la chute d'Hitler, mais elles augmenteront aussi la menace d'une ruine complète et d'une soviétisation de l'Allemagne...

La destitution de l'amiral, c'est le triomphe des SS, mais il sera de courte durée : la reprise en main provoque une désintégration accélérée des réseaux de l'Abwehr à l'étranger, particulièrement en France, en Espagne, au Portugal et en Suède, car beaucoup de ses agents refusent de travailler pour Himmler ; et ainsi qu'il était prévisible, les hommes du RSHA, sans expérience du renseignement militaire, se trouvent hors d'état d'assumer leurs fonctions. La désorganisation qui en résulte n'est pas étrangère au succès du débarquement de Normandie[61], qui prend le renseignement allemand presque entièrement par surprise en juin 1944*.

Est-ce parce que le Führer a pu mesurer à cette occasion les dangers de l'amateurisme, ou parce qu'il a gardé une certaine admiration pour les capacités de l'amiral ? Toujours est-il qu'à la fin du mois de juin, Canaris est nommé chef d'un service auxiliaire de l'OKW, l'« état-major spécial pour la guerre commerciale et économique ». C'est une fonction insignifiante, car à ce stade, l'Allemagne n'a plus les moyens de mener une guerre économique**. L'amiral s'y morfond et contemple avec fatalisme l'évolution d'événements qu'il n'avait cessé de prédire ; se sachant surveillé, il a interrompu toute relation avec les cercles de la résistance, et il voit plutôt d'un mauvais œil le regain d'activisme des comploteurs menés par le comte von Stauffenberg, qui manquent

* Personne ne peut dire si les choses auraient été différentes avec une Abwehr demeurée intacte au printemps de 1944. Les opérations *Fortitude* d'intoxication alliée étaient sans doute suffisamment perfectionnées pour tromper aussi les vieux limiers de l'Abwehr.

** C'est elle qui la subit depuis cinq ans, avec des effets catastrophiques.

singulièrement de discrétion et ont pris des contacts avec le mouvement communiste clandestin – ce qui paraît aussi immoral que dangereux à cet antibolchevique de toujours. En outre, son Abwehr démantelée ne peut plus fournir aux conjurés toute la protection et les réseaux de communication nécessaires pour mener un putsch réussi. Malgré tout, bien des participants à ce nouveau complot, comme von Tresckow, Olbricht, Fromm et Nebe, sont de vieux amis de l'amiral, qui ne peut se désintéresser entièrement de leur entreprise.

La suite est connue de tous : immédiatement après l'échec de l'attentat du 20 juillet 1944, Himmler, qui a beaucoup à faire oublier, déclare à son masseur Kersten : « Le Führer est vivant, il est invulnérable. [...] Ma place est maintenant à ses côtés, et je me montrerai impitoyable dans l'exécution de ses ordres[62]. » Le *Reichsführer* réprime donc férocement les conjurés et fait disparaître à la fois les documents compromettants et les hommes compromis – à commencer par l'avocat Langbehn. Le 23 juillet, « Gestapo » Müller se sent suffisamment couvert pour faire arrêter sans délai le petit amiral, qui est emmené sous escorte à l'école de la police des douanes de Fürstenberg, dans le Mecklembourg. Bien sûr, il n'y a pas la moindre preuve de sa participation à l'attentat, mais les hommes de Kaltenbrunner ne s'embarrassent pas d'arguties juridiques, et en septembre, la découverte au QG de Zossen des archives secrètes de l'Abwehr achève de démontrer l'implication de Canaris et d'Oster dans la résistance au régime[*63]. Après

* On y découvre entre autres des notes sur les préparatifs du coup d'État de 1938, rédigées en partie par Oster ; des comptes rendus de négociations menées au Vatican, en Suisse et en Suède ; une liste des membres d'un futur cabinet à constituer après la chute d'Hitler ; et enfin vingt pages du journal de l'amiral Canaris datant de 1939, avec des passages hautement compromettants sur ses contacts avec les résistants et ses visites aux divers commandants des fronts pour les persuader d'entrer dans la conspiration.

cela, ils seront soumis à des interrogatoires incessants dans les sinistres souterrains de la Prinz Albrechtstrasse, en même temps que d'autres hommes clés de la conspiration comme Popitz, Strünck, Müller, le juge Sack et les généraux Thomas et Halder. Au début d'octobre 1944, Josef Müller rencontre devant la salle d'eau un amiral très amaigri, menotté et traînant des pieds : « Il n'avait pas perdu sa contenance, se souviendra Müller, mais il paraissait déprimé par le traitement indigne qu'Hitler réservait même aux officiers supérieurs. [...] Dès le premier jour, il m'a chuchoté : "Ici, c'est l'enfer[64*] !" »

Si tous ces résistants ne sont pas liquidés sur-le-champ comme les conjurés du 20 juillet, c'est manifestement parce que le Führer a donné l'ordre de rechercher les moindres ramifications du complot ; or, les prisonniers parlent peu, leurs interrogateurs sont souvent maladroits, et les raids alliés sur Berlin interrompent sans cesse les séances de torture et les comparutions en justice. Le 3 février 1945, ces bombardements mettent même une fin définitive à la carrière de Roland Freisler, le sanguinaire président du Tribunal du peuple, et en détruisant une partie des locaux de la Prinz Albrechtstrasse, ils obligent les SS à l'évacuer.

C'est ainsi que le 7 février 1945, Canaris et cinq de ses coïnculpés[**] sont transférés au camp de Flossenbürg, dans le Haut-Palatinat, près de la frontière tchèque. Alors que les alliés occidentaux et les Soviétiques convergent depuis l'ouest, le sud et l'est sur une Allemagne dévastée, les prisonniers sont enfermés dans les cellules de ciment du « bunker », les mains attachées et les fers aux pieds. Kaltenbrunner supervise de loin leur

---

* Il ne reçoit qu'un tiers de la ration alimentaire des prisonniers et souffre cruellement du froid.

** Oster, Thomas, Strünck, Schacht et l'ancien chancelier autrichien Schuschnigg. Ils seront bientôt rejoints par Müller et Sack.

détention, mais Himmler, lui, a bien d'autres préoccupations : s'étant essayé comme chef militaire sur la Vistule, il a échoué piteusement, et depuis lors, il cherche à sortir du bourbier en négociant avec les Suédois par l'intermédiaire de Schellenberg et de Kersten[65].

Pendant ce temps, à Flossenbürg, les pressions sur les prisonniers redoublent d'intensité, sous la direction du féroce *Kriminalrat* Stawitski. Tout indique que l'amiral se défend pied à pied, inventant chaque fois de nouvelles versions de ses activités pour gagner du temps et dérouter ses tortionnaires. Au début d'avril, alors que les Américains ont franchi le Rhin et que les Soviétiques s'apprêtent à traverser l'Oder, les interrogatoires des SS traînent en longueur, et ils auraient peut-être continué jusqu'à l'arrivée des Alliés, si le hasard des combats n'était venu tout remettre en question : alors que les restes de la Wehrmacht s'apprêtent à livrer l'ultime bataille pour Berlin, l'un des jusqu'au-boutistes, le général Walter Buhle, se retranche à Maybach II, la partie du camp de Zossen anciennement occupée par l'Abwehr. Le 4 avril, alors que le général en explore les souterrains pour consolider sa défense, il découvre un coffre-fort bien dissimulé contenant les volumes I à V du journal de l'amiral Canaris, ainsi que six cahiers de « rapports de voyages ». C'était évidemment une terrible imprudence de la part de l'amiral, mais tout comme Dohnanyi et le général Beck, il voulait certainement être en mesure de justifier devant le peuple allemand une éventuelle arrestation d'Hitler. En tout cas, le général Buhle transmet le tout à Kaltenbrunner, qui le soumet aussitôt à Hitler. La réaction du Führer est prévisible : après un violent accès de colère, il ordonne l'« anéantissement immédiat des conjurés[66] ».

Il n'est pas question d'une cour martiale pour prononcer la sentence : un *SS Feldgericht* – « tribunal de campagne SS » – fera l'affaire. Il est présidé par le *Doktor* Otto Thorbeck, avec pour procureur le redoutable Walter Huppenkothen ; bien entendu, il n'y a pas d'avocat. Lors d'un procès expéditif, Canaris cherche encore à gagner du temps, et si l'on en croit le procureur improvisé, il aurait même déclaré s'être mêlé aux conjurés pour mieux les infiltrer*[67]. Mais la confrontation avec Oster, torturé comme lui, fait ressortir l'inanité de tout système de défense dans une procédure dont l'issue est décidée d'avance. Canaris baisse les bras, et le même soir, la sentence est sans appel : *Tod durch den Strang* – « mort par pendaison ».

Elle est exécutée au petit matin du 9 avril dans la cour du camp, où le petit amiral est appelé en premier, bientôt suivi par Oster, Gehre, Sack et Bonhoeffer ; tous sont pendus entièrement nus, avec de minces cordes à piano pour faire durer le supplice. Six heures plus tôt, Wilhelm Canaris avait laissé son dernier message au monde, en tapant contre la cloison à l'adresse de son voisin de cellule, le capitaine danois Hans Mathiesen Lunding : « Mon heure est venue, mais je ne suis pas un traître. J'ai fait mon devoir d'Allemand. Si vous survivez, faites mes adieux à ma femme**[68]. » Le tyran dont Canaris avait cherché si longtemps à débarrasser sa patrie ne lui survivra que trois semaines.

---

* Il se trouvera quelques auteurs plus ou moins candides pour prendre au pied de la lettre cette déclaration – rapportée en outre par une source hautement suspecte –, et bâtir autour d'elle des scénarios surréalistes.

** Lunding lui ayant ensuite demandé comment il allait, Canaris avait répondu : « Nez cassé. » Les historiens ont attribué l'ensemble de la citation aux Mémoires en danois du colonel Lunding, *Stemplet Fortroligt*, sans en vérifier le contenu. En fait, la citation exacte provient des confidences faites en captivité par Lunding à Josef Müller, qui les rapporte dans son ouvrage *Bis zur letzten Konsequenz*. Toutefois, les Mémoires du colonel Lunding ont un autre intérêt, car c'est lui qui signalera aux Américains en 1962 les transports de fusées soviétiques passant par la Baltique à destination de Cuba (p. 144) – ce qui déclenchera la crise des fusées.

Aux indignés – professionnels ou amateurs – qui jugeraient l'amiral sans comprendre le milieu dans lequel il évoluait, le physicien nucléaire et Prix Nobel Werner Heisenberg* a laissé ces quelques lignes hautement pédagogiques : « Dans une dictature, il ne peut y avoir de résistance active que de la part de ceux qui semblent être partisans du système. Celui qui prend publiquement position contre le régime se prive du même coup de toute possibilité de résistance efficace[69]. » C'est ce que l'amiral avait compris depuis le début, ainsi que le reconnaîtra avec admiration l'ancien fonctionnaire du ministère de l'Intérieur et vice-consul Hans Bernd Gisevius : « Canaris avait le don inné de dérouter ses adversaires. […] Il pouvait adopter le jargon brun avec tant de naturel que même les plus grands sceptiques n'osaient plus mettre en doute l'authenticité de ses convictions nazies[70]. » Voilà pourquoi un dirigeant de la Gestapo pourra s'écrier avec rage : « Il a jeté de la poudre aux yeux de tout le monde – Heydrich, Himmler, Keitel, Ribbentrop, et même le Führer[71] ! »

Si, du fait des particularités de son caractère et de l'enchaînement implacable des événements, Canaris n'a jamais été le grand ordonnateur de l'opposition à Hitler**, il en est resté pendant six ans le grand protecteur. Sans doute pourrait-on dire qu'il l'a été jusqu'à son dernier souffle, ainsi qu'en témoignera ce bel hommage du résistant Erich Kordt : « L'amiral Canaris et le général Oster, qui avaient été l'âme de l'opposition à Hitler au sein de l'armée, […] ont été soumis à de fréquentes tor-

---

* Le professeur Heisenberg avait lui-même été attaqué férocement par les SS avant la guerre, mais Himmler s'était opposé à son exécution, au motif qu'il était « indispensable au développement de la science allemande ».

** La faiblesse fatale de cette opposition étant précisément qu'elle n'a jamais eu de grand ordonnateur.

tures pour les obliger à parler. Le fait que nombre de leurs proches qui faisaient partie de la conjuration n'aient pas été inquiétés par la Gestapo prouve qu'ils ont su garder le silence sous la torture[72]. » Et si leur silence a sauvé bien des hommes, leur sacrifice a sauvé l'honneur de l'Allemagne*.

* En 1996, l'amiral Canaris et le pasteur Bonhoeffer ont été officiellement réhabilités à titre posthume par la justice allemande – un événement ignoré en France à l'époque, et qui semble l'être resté jusqu'à l'actuelle frénésie de dénigrement.

8

La santé d'Hitler

« Je n'ai jamais été malade. »

Adolf HITLER

Adolf Hitler est un survivant : ses trois frères et sœurs sont décédés avant sa naissance, et son frère cadet Edmund mourra avant l'âge de six ans*. Il serait vain de s'indigner *a posteriori* devant cette malheureuse sélection opérée par le destin, et mieux vaudrait reconnaître qu'un garçonnet ayant survécu à l'environnement manifestement malsain des confins de la Haute-Autriche avait à coup sûr de bonnes capacités de résistance naturelle.

Si les premiers professeurs du jeune Adolf le trouvaient pâle et maigre, ses trois camarades de jeunesse Keplinger, Kubizek et Hagmüller ont certifié qu'il était solidement bâti, jouissait d'une santé robuste et « n'était jamais malade[1] ». Adolf Hitler fera bien état dans *Mein Kampf* d'une « grave maladie pulmonaire » contractée en 1905[2], mais personne n'ayant rien remarqué à l'époque,

* Seule restera sa sœur Paula, née en 1896.

le plus vraisemblable est que ce menteur congénital devait trouver une justification acceptable à sa déscolarisation dès l'âge de seize ans. Il est vrai que par la suite, les sept années d'errance à Vienne et à Munich n'étaient pas de nature à en faire un jeune homme vigoureux : l'oisiveté créatrice, la fréquentation de l'Opéra et les diatribes de café n'étaient guère propices à l'exercice physique, et le régime quotidien du dilettante de Braunau – lait, pain sec et un peu de beurre à l'occasion[3] – semblait peu favorable à un développement athlétique. Ce sera aussi l'avis des membres du conseil de révision de Salzbourg, qui inscriront sur la fiche du conscrit Adolf Hitler le 5 février 1914 : « Inapte au service combattant et auxiliaire. Trop faible[4]. »

Mais rien n'est rationnel chez cet artiste peintre désœuvré : six mois plus tard, enthousiasmé par l'annonce du déclenchement de la Grande Guerre, Hitler se porte volontaire pour rejoindre l'armée bavaroise. Versé au 16e régiment d'infanterie de réserve, dit « régiment List », il est soumis à deux mois d'entraînement au maniement des armes et engagé dès le mois d'octobre 1914 dans la fournaise de la bataille d'Ypres. Or, cet homme de vingt-cinq ans chétif et indolent résiste bien à l'épreuve, se plaint peu et apprécie l'ordinaire. Pendant quarante-huit mois, il va servir sur les divers fronts du sud de la Belgique et du nord de la France. Ses missions d'estafette sont particulièrement dangereuses, et il est atteint à la hanche par un éclat d'obus en octobre 1916 ; il tente bien d'éviter l'hospitalisation pour pouvoir rester avec son régiment[5], mais la blessure est assez sérieuse pour imposer deux mois de convalescence. Réaffecté au 16e régiment d'infanterie sur sa demande en mars 1917, il reprend le combat et se voit décorer de la croix de fer de 1re classe pour bravoure à l'été de 1918. Mais le 14 octobre 1918, sur les hauteurs de Wervik, son régiment subit une attaque à l'ypérite, et il est aveuglé par les gaz. Pour lui, la guerre est terminée ; moins d'un mois plus tard, elle le sera également pour tous ses compatriotes.

Si Hitler reste moins de cinq semaines à l'hôpital de Pasewalk et en ressort dès le 19 novembre 1918, c'est à l'évidence que ses yeux n'ont pas été gravement atteints par le gaz moutarde*. Ceci n'exclut nullement que les épreuves de la Grande Guerre aient pu laisser des séquelles sur son organisme. Mais une chose au moins est certaine : lors des tragiques événements de Munich au printemps de 1919, puis durant son ascension vertigineuse au sein du petit Parti des travailleurs allemands**, rien n'indique que le caporal-agitateur Hitler ait été le moins du monde diminué : les membres, les yeux et surtout la voix fonctionnaient parfaitement – trop parfaitement sans doute…

Mais l'ambition politique venant avec les succès oratoires, Hitler croit le pouvoir à portée de main, et le putsch manqué de novembre 1923 se termine par une fusillade au centre de Munich. Alors que certains compagnons y laissent la vie, Hitler n'a qu'une épaule déboîtée, consécutive à sa chute devant la Feldherrnhalle. Comme il refuse de se faire soigner immédiatement à l'hôpital – « de peur d'être liquidé », dira-t-il[6] –, son épaule gauche conservera longtemps une certaine raideur, aisément observable dans sa démarche et sa gestuelle. Mais cela ne diminue en rien l'énergie et la stupéfiante ardeur oratoire qu'il déploie après sa libération de Landsberg à la fin de 1924.

Pourtant, tout homme en bonne santé est un malade qui s'ignore, et en 1929 au plus tard, Hitler se plaint de

* Sans doute en raison d'une trop grande dispersion du gaz lors de l'explosion. L'aveuglement temporaire résultait probablement d'un très fort gonflement des paupières, avec irritation oculaire due à une conjonctivite ou à une ulcération de la cornée.

** DAP, *Deutsche Arbeiter Partei.*

violentes douleurs abdominales. C'est à cette époque que le leader étudiant Baldur von Schirach notera que « lorsque Hitler était assis, il balançait constamment le tronc. Je crus d'abord que c'était l'expression d'une tension nerveuse. Mais il me confia un jour qu'il avait continuellement des douleurs lancinantes dans la région du diaphragme et de l'estomac. Pendant longtemps, Elsa Brückmann s'efforça en vain de l'amener à voir un médecin. Il avait une peur étrange de se faire examiner. Comme tous les hypocondriaques, il préférait rester dans l'incertitude sur ses douleurs réelles ou imaginaires[7] »[*].

Certes, et il préfère aussi recourir à l'automédication – dans des conditions plutôt hasardeuses. Peut-être sur la recommandation de quelque ancien camarade de la Grande Guerre, il s'est mis à absorber du « néo-balestol », un bien étrange médicament à base d'huile de fusel – l'alcool isoamylique qui servait d'antirouille pour les culasses de fusils[8] ! Certains militaires aventureux ayant fait courir le bruit que ce distillat corrosif avait également la propriété de calmer les douleurs abdominales, l'industrie pharmaceutique allemande s'était empressée de le commercialiser, en dépit de ses déplorables effets secondaires : migraines, diplopie[**], vertiges et acouphènes[***].

Bien entendu, Hitler n'en a ressenti aucun soulagement. L'irritation chronique de sa muqueuse gastrique était-elle un effet à long terme de l'ypérite, ou plus simplement une conséquence de l'ingestion d'aliments et de

* Diagnostic assez peu médical de la part de von Schirach : l'hypocondriaque ordinaire multiplie au contraire les visites aux médecins, afin de connaître l'origine de ses douleurs réelles ou imaginaires.

** Sensation de voir double.

*** Le néo-balestol est toujours vendu en Allemagne comme huile de massage, mais son ingestion n'est plus recommandée.

boissons souillés durant les quatre années où il a barboté dans les tranchées ? En vérité, il y a bien d'autres explications possibles : Hitler mange n'importe quoi à n'importe quelle heure, et il le fait très vite, entièrement courbé sur son assiette – ce que beaucoup de ses convives décriront comme un spectacle assez répugnant[9] ; en outre, ses dents étant dans un état lamentable, il avale plutôt qu'il ne mâche. À tout cela, il faut ajouter l'extraordinaire énergie nerveuse dépensée lors de centaines de discours, qui peut difficilement rester sans effet sur ses fonctions métaboliques. C'est également le cas de son psychisme passablement perturbé : en plus d'être hypocondriaque, notre homme est insomniaque, paranoïaque et hautement phobique ; il a peur des ascenseurs, de la nuit, de la solitude, de l'immobilité, de la trahison, du tabac, de l'alcool, de l'altitude, de la chaleur, des attentats, du sport, des microbes, de l'anesthésie, de la constipation, de l'obésité, des journalistes, du soleil, de la baignade, de la navigation, des chevaux – et bien sûr de l'empoisonnement, ainsi qu'en témoigne son acolyte Ernst Hanfstaengl, qui lui rend visite à l'occasion de son trente-quatrième anniversaire : « Je l'ai trouvé seul dans son petit appartement miteux, entouré de gâteaux empilés du sol au plafond. Il y en avait des quantités, décorés de svastikas et d'aigles en crème fouettée, le tout donnant l'impression d'un stand de pâtissier dans une foire de village. [...] Pourtant, Hitler n'avait touché à rien. Même moi, qui suis plutôt un amateur de bière et de saucisses, j'en avais l'eau à la bouche, et je lui dis : "Eh bien, *Herr Hitler*, maintenant, vous allez vraiment pouvoir vous régaler !" "Je ne suis pas du tout sûr qu'ils ne sont pas empoisonnés", répondit-il. "Mais ils ont tous été envoyés par vos amis et admirateurs !", protestai-je. À quoi il me répondit : "Oui, je sais, mais cette maison appartient à un Juif, et de nos jours on peut faire s'écouler du poison lentement le long des murs et tuer ses ennemis. En règle générale, je ne mange jamais ici[10]." »

Si l'on ajoute à tout cela qu'Adolf Hitler craint de mourir prématurément du cancer comme sa mère[11] – et qu'il menace périodiquement de se suicider* –, on comprend déjà mieux que son système neuro-végétatif puisse s'en trouver affecté. En tout cas, deux choses au moins sont certaines : avant comme après 1933, le Führer continue à souffrir de gastrites, d'œdèmes aux jambes et d'acouphènes, et il persiste à se soigner lui-même. Depuis 1931, il est devenu végétarien, ce qui ajoute à son régime alimentaire un fort déséquilibre, et à ses spasmes gastriques de redoutables flatulences**. Pour tenter de s'en débarrasser, Hitler s'administre constamment des cachets commercialisés sous le nom éloquent d'*« Antigaspillen »*, qu'il prend pour des comprimés de charbon, mais qui contiennent en réalité de la strychnine et de l'atropine.

Avec la prise du pouvoir viennent de nouvelles contrariétés, ainsi que des contraintes que cet esprit bohème est mal préparé à supporter. Ses obligations de chancelier face au président Hindenburg, la Nuit des longs couteaux et la remilitarisation de la Rhénanie ont provoqué une aggravation du stress, qui n'a fait qu'accentuer ses spasmes abdominaux. L'architecte Albert Speer se souviendra qu'il « interrompait souvent une réunion en raison de ses douleurs gastriques, qui

* À trois reprises en 1923, lors du putsch manqué de Munich ; en 1928, après la défaite électorale du parti nazi ; en 1930, devant son neveu William Patrick ; en 1931, après le décès de sa nièce Geli Raubal ; en 1932, lors de la menace d'éclatement du parti due à la confrontation avec Gregor Strasser, et naturellement, de nombreuses fois pendant la guerre.

** D'autant que ses trois plats préférés sont les haricots blancs, les petits pois et les lentilles… En outre, il absorbe d'énormes quantités de sucreries.

l'obligeaient à se retirer pour une demi-heure ou davantage, voire à ne pas revenir du tout. Il se plaignait aussi d'une production anormale de gaz, de douleurs cardiaques et d'insomnies. [...] Son médecin personnel, le docteur Brandt, un jeune chirurgien, tentait de le persuader de se laisser examiner par un éminent spécialiste en médecine interne. Nous soutenions tous cette proposition. Des noms de praticiens célèbres étaient avancés, et l'on échafaudait des plans pour faire procéder discrètement à l'examen, par exemple dans un hôpital militaire, où le secret pouvait être le plus aisément assuré. Mais pour finir, Hitler se dérobait à chaque fois, en disant qu'il ne pouvait se permettre d'être perçu comme malade ; cela ne pourrait qu'affecter son image politique, surtout à l'étranger. [...] Pour autant que je sache, il n'a jamais été sérieusement examiné à l'époque, mais il a traité ses symptômes conformément à ses propres théories – ce qui, du reste, s'accordait parfaitement avec son penchant inné pour l'amateurisme[12] ».

En 1936, le salut s'annonce en la personne du docteur Theodor Morell. Ce dermatologue prospère installé sur le Kurfürstendamm a soigné avec succès le photographe Heinrich Hoffmann d'une gonorrhée rebelle, et son patient reconnaissant l'a recommandé à Hitler. Il est vrai que Morell a plutôt mauvaise réputation dans le milieu médical, que ses traitements sont peu orthodoxes, qu'il est absurdement obèse et d'une saleté repoussante[13], mais il n'en obtient pas moins des résultats incontestables là où tous ses confrères ont échoué. En l'occurrence, son premier exploit va être de surmonter la méfiance du Führer, le deuxième étant de lui faire accepter une cure à base de ferments naturels, conçue pour renouveler sa flore intestinale « déprimée par une surcharge du système nerveux[14] ». Ce genre de traitement est resté purement expérimental depuis le début du siècle*, mais le fait est qu'après quelques mois d'absorption d'une préparation nommée « Mutaflor », couplée à d'innombrables injections de vitamines, d'hormones, de dextrose, d'extraits de foie de bœuf et de testicules de taureau, les spasmes du patient Hitler se calment notablement et ses œdèmes aux jambes disparaissent complètement[15] ! D'aucuns diront que Morell a traité les symptômes plutôt que les causes, mais le Führer, éperdument reconnaissant, l'engage comme *Leibarzt* – médecin personnel.

Ce n'est certes pas du goût de ses deux autres médecins, les docteurs Brandt et von Hasselbach, qui considèrent Morell comme un dangereux charlatan**. La suite des événements va leur donner quelques arguments, car dès 1937 les spasmes d'Hitler reprennent de plus belle, sans doute puissamment favorisés par son extravagante dépense d'énergie nerveuse, doublée d'un régime alimentaire fantaisiste, d'un mode de vie déréglé et d'une absence totale d'exercice physique. Mais il faut laisser à l'hypocondrie la place qui lui revient : deux ans plus tôt déjà, Hitler était persuadé d'avoir un cancer de la gorge ; ce n'était en réalité qu'un polype bénin sur une corde vocale, excisé sans complications par un chirurgien ORL de renom, le professeur von Eicken. Mais à

* En 1909, Morell avait suivi à l'institut Pasteur les cours du grand bactériologiste Ilia Metchnikov, qui préconisait des traitements à base de ferments lactiques.

** Ce qui est inexact pour ce qui concerne sa spécialité, la dermatologie : Morell obtiendra des guérisons complètes chez des patients comme la mère d'Eva Braun, plusieurs aides de camp d'Hitler, et même Josef Goebbels, qui avait été soigné auparavant sans aucun succès par *vingt-deux* médecins différents… Par contre, Morell a une tendance certaine à prendre ses patients pour des cobayes, il sort souvent de son domaine de compétence et ne paraît pas se soucier de l'interaction des médicaments. Par la suite, il s'enrichira colossalement en tant que profiteur de guerre.

présent, le retour des crampes d'estomac lui fait redouter un cancer gastro-duodénal et le confirme dans ses craintes initiales : il mourra jeune, tout comme sa mère, et le temps lui est compté pour réaliser son ambition suprême. Est-ce cela qui l'incite à se lancer dans une folle politique de conquêtes ? Nullement : c'est seulement ce qui le pousse à en accélérer l'échéance. Ses déclarations durant les deux années qui suivent vont en fournir des preuves surabondantes.

Dès la fin d'octobre 1937, lors d'une réunion des responsables de la propagande, il déclare tout net qu'il n'a probablement plus beaucoup de temps à vivre, et que par conséquent, « il est impératif de régler les problèmes [dont l'"espace vital"] qui doivent l'être dès que possible, de mon vivant. Les générations futures n'en seraient plus capables ; moi seul suis en mesure de le faire[16] ». Le 5 novembre, Hitler réunit à la chancellerie du Reich von Blomberg, von Fritsch, Goering, Raeder et von Neurath, pour leur faire part des « buts de la politique étrangère allemande ». Ses propos, notés presque *in extenso* par l'aide de camp Hossbach, sont entièrement dépourvus d'ambiguïté : l'Allemagne ne pouvant atteindre qu'un degré d'autarcie limité, ne devant en aucun cas être dépendante du commerce international et n'ayant que faire de colonies très vulnérables au blocus, il ne lui reste qu'une seule planche de salut : l'agrandissement de son *Lebensraum*[*] en Europe. Mais l'Angleterre et la France, deux puissances hostiles, y faisant obstacle, poursuit Hitler, « le problème de l'Allemagne ne peut être résolu que par la force, ce qui n'est jamais sans risque. [...] Si l'on décide d'utiliser la force et d'en assumer les risques, alors il ne reste plus qu'à répondre à deux questions : "quand ?" et "comment ?". Premier cas : échéance 1943-1945. Passé ce délai, on ne pourra

* « Espace vital ».

s'attendre qu'à un changement des conditions à notre détriment. Au cours de cette période 1943-1945, l'équipement de l'armée, de la marine et de l'aviation, de même que la formation du corps des officiers, seront à peu près achevés. [...] D'une part, la nécessité d'entretenir une importante Wehrmacht et le vieillissement du mouvement *comme de son Führer**, d'autre part la perspective d'une baisse du niveau de vie et d'un déclin de la natalité ne laissent pas d'autre choix que l'action. Ma décision irrévocable est de résoudre le problème de l'espace vital allemand au plus tard entre 1943 et 1945, *au cas où je serais encore en vie à ce moment***[17] ».

Pourtant, à ce Führer qui se croit condamné et rédige son testament dès l'année suivante[18], l'échéance de 1943 va bientôt paraître trop lointaine : après l'Anschluss et l'invasion de la Tchécoslovaquie, il n'hésite plus à risquer le tout pour le tout, ainsi qu'il s'en explique devant tous les hauts responsables militaires le 22 août 1939 : « Pour l'essentiel, tout dépend de moi et de mon existence, du fait de mes dons politiques. [...] Il n'y aura probablement plus jamais à l'avenir un homme ayant davantage d'autorité que moi. Mon existence est donc un facteur de grande valeur. Mais je peux être éliminé à tout moment par un criminel ou par un détraqué. [...] Il nous est facile de prendre des décisions : nous n'avons rien à perdre, tout à gagner. » Et après avoir passé en revue l'ensemble des éléments qui jouent en faveur de l'Allemagne dans la conjoncture internationale, il ajoute : « Toutes ces circonstances favorables auront disparu dans deux ou trois ans. *Personne ne sait combien il me reste de temps à vivre****. Par conséquent, mieux vaut déclencher un conflit maintenant[19]. »

---

* Souligné par nous.

** *Idem.*

*** *Idem.*

Il devient donc très difficile d'en douter : la menace largement imaginaire d'un décès prématuré est à l'origine de l'accélération brutable des plans de conquête d'Hitler. À l'été de 1939, seule la Pologne est en ligne de mire, mais le Führer a clairement fait comprendre qu'il ne reculerait pas devant la perspective d'une guerre avec les puissances occidentales, car il juge leurs dirigeants inaptes à lui tenir tête : en Angleterre comme en France, « il n'y a aucune personnalité d'envergure. […] Ils ont des dirigeants qui sont en dessous de la moyenne. […] Nos adversaires ne sont que des vermisseaux ; je les ai vus à Munich[20] ». Ce jugement se trouve conforté par l'absence de réactions concrètes à l'invasion de la Pologne, et par l'immobilisme de Londres comme de Paris durant les sept mois qui vont suivre.

À l'ébahissement de tous – y compris de ses propres généraux –, la Wehrmacht va parvenir à s'imposer, même dans les conditions les plus improbables. Ainsi, le plan *Weserübung* d'invasion de la Norvège, face à une marine britannique qui domine la mer du Nord, apparaît comme un défi à toutes les lois de la guerre ; Hitler en est parfaitement conscient, et le 1er avril 1940 le journal de guerre de la Kriegsmarine mentionne que « le Führer considère que l'opération *Weserübung* est particulièrement osée, et que c'est même l'une des opérations les plus culottées de l'histoire de la guerre moderne. […] Il décrit l'anxiété qu'il va connaître jusqu'au succès de l'opération comme l'une des tensions nerveuses les plus fortes de son existence[21] ». De fait, lors de la campagne qui suit le succès initial de l'invasion, Hitler ne dort pratiquement plus, et le 16 avril, il cède même à la panique en ordonnant l'évacuation de Narvik par ses chasseurs de montagne, avant même qu'ils aient été sérieusement attaqués[22].

Les reports successifs de l'attaque à l'Ouest mettent également ses nerfs à rude épreuve, et après le 10 mai

1940, il tient à suivre les opérations militaires dans le nord de la France depuis des postes de commandement installés aux frontières. Même si le Führer n'intervient que rarement dans la conduite des opérations*, la tension accumulée pendant les six semaines de combats est considérable ; les préparations du docteur Morell sont donc administrées à hautes doses : « Vitamultin » incluant toutes les vitamines depuis A jusqu'à K, calcium, acides aminés, cola, caféine, extraits de cœur, de foie et de testicules de taureau, hormones, ferments, et bien sûr dextrose par centaines d'injections**[23]. Hitler trouve là de puissants stimulants et en réclame sans cesse davantage, pour pouvoir maintenir un haut niveau d'activité.

Il faudrait plutôt parler de suractivité, car entre l'été de 1940 et le printemps de 1941, Hitler tient à s'occuper de tout : il suit au jour le jour les raids de sa Luftwaffe contre l'Angleterre, prononce des discours au Sportpalast et au Reichstag pour galvaniser la population allemande ou démoraliser les autorités britanniques, arbitre tant bien que mal les incessants conflits entre ses ministres, ses gauleiters et ses Reichsleiters, intervient de façon brusquée et souvent incohérente dans soixante-douze domaines administratifs différents[24], mène une diplomatie personnelle – généralement infructueuse – en rencontrant Molotov, Franco, Pétain et Mussolini, s'indigne furieusement des bombardements britanniques contre les villes allemandes et exige de Goering des

---

* La principale intervention se situe à la fin du mois de mai, lorsqu'il ordonne l'arrêt de ses chars devant la poche de Dunkerque.

** Il est intéressant de noter que la plupart des dignitaires du IIIe Reich, à commencer par Himmler, Goering, Ley, Ribbentrop et Rosenberg, sont dans un état physique lamentable – mais ils le cachent soigneusement, de peur que leurs ennemis en profitent pour les supplanter. Seul Heydrich semble jouir d'une santé de fer, mais le SOE britannique y remédiera radicalement en mai 1942.

contre-mesures sans cesse différées, se penche longuement sur des maquettes d'édifices pharaoniques destinés à transformer entièrement Berlin en moins de dix ans… et par-dessus tout, il fait mettre à l'étude dès l'été de 1940 un plan ultrasecret d'invasion de l'URSS, qui va l'absorber presque constamment pendant onze mois !

Tout cela ne peut que compromettre davantage la santé physique d'Hitler ; la question de sa santé psychique, elle, ne se pose pas vraiment : un homme qui envisage froidement la mort de millions d'individus, qui est incapable d'empathie, n'a pas d'amis, se méfie de tous, n'écoute personne et n'a pitié que de lui-même peut-il être parfaitement normal ? De fait, les chapitres précédents nous ont laissé entrevoir un esprit passablement perturbé, et pour l'heure, il est permis de se demander si un homme qui s'apprête à envahir l'Union soviétique « afin d'enlever à l'Angleterre son dernier espoir sur le continent[25] » jouit pleinement de ses facultés mentales.

Pourtant, quel meilleur tonique qu'une victoire totale ? Entre le 22 juin et le 10 juillet 1941, 176 divisions allemandes, couvertes par 2 500 avions, s'enfoncent profondément en territoire soviétique, anéantissant 89 divisions de l'Armée rouge, faisant des centaines de milliers de prisonniers, détruisant 3 800 avions et 4 600 chars. Hitler déborde d'enthousiasme, prédit la prise de Moscou dans quatre semaines et ne semble plus demander la moindre médication. Mais dès le début du mois d'août, tout va changer, car la résistance soviétique est plus acharnée que prévu, et la Wehrmacht ne peut maintenir son avance simultanément sur les fronts sud, nord et centre. Hitler a choisi une stratégie ambitieuse consistant à faire percer les groupes d'armées Nord et Sud, pour les réunir ensuite en une vaste pince à l'est de Moscou. Mais la plupart de ses généraux considèrent qu'une telle manœuvre ne tient pas compte des contraintes de temps et d'espace, de l'état des routes et des capacités opérationnelles de leurs divisions de panzers déjà très entamées ; ils recommandent plutôt une offensive immédiate par le groupe d'armées Centre en direction de la capitale soviétique, afin qu'elle puisse être prise avant l'hiver. Bien entendu, ce sont les généraux qui devront s'incliner à la fin du mois d'août, mais dans l'intervalle, il y a eu un long flottement, manifestement attribuable aux problèmes de santé du Führer.

Ils semblent avoir plusieurs origines : pour des raisons connues de lui seul, Hitler a décidé d'établir un QG de guerre permanent à Rastenburg, en Prusse-Orientale. Cet ensemble de bunkers construit au milieu de la forêt de Görlitz est certes parfaitement camouflé, mais il est tout sauf confortable : le terrain est marécageux, les bunkers sont humides et oppressants, la chaleur écrasante et la région infestée de moustiques*. Au début d'août, Hitler est victime d'une attaque de dysenterie qui va le diminuer pendant trois semaines, ponctuées d'injections d'iode, de vitamines et d'acides aminés, avec administration supplémentaire de comprimés de Yatren contre la dysenterie**, de stimulants pour le tenir éveillé et de sédatifs pour le faire dormir[26]. Mais ce n'est pas encore le plus grave ; à la fin du mois de juillet, lors d'une entrevue orageuse avec le ministre des Affaires étrangères von Ribbentrop qui menace de démissionner***, Hitler, parvenu au paroxysme de la rage, agrippe brusquement sa poitrine et se laisse tomber sur une

* Par contraste, Goering, Himmler et Ribbentrop s'établiront beaucoup plus confortablement dans les environs.

** Apparemment inutiles, ce produit n'étant actif que contre les dysenteries amibiennes, non contre les dysenteries bactériennes.

*** Un cas très rare, du fait de la servilité du ministre. Mais Ribbentrop, qui considérait le traité germano-soviétique comme un couronnement de sa carrière, était opposé depuis le début à l'attaque de l'URSS.

chaise. Après un moment, il dit : « J'ai bien cru que j'avais une attaque. Il ne faut plus jamais me contredire ainsi. Vous voulez donc ruiner l'Allemagne ? Je suis le seul à pouvoir la diriger au milieu des dangers. » Et Ribbentrop, horrifié, dira plus tard : « J'ai donc promis de ne plus jamais le contredire[27]. » De passage à Rastenburg le 18 août, Josef Goebbels trouve encore le Führer en assez mauvais état et « très irritable », ce qu'il attribue aux difficultés imprévues de la campagne militaire[28]. Mais entre-temps, le docteur Morell a fait faire un électrocardiogramme, et le diagnostic est formel : « Sclérose évolutive des artères coronaires[29]. » Morell semble avoir minimisé devant son patient la gravité de la maladie, qui doit naturellement rester absolument secrète – ainsi que le notera l'aide de camp von Below : « Nous avions reçu l'ordre de garder le silence le plus absolu sur son état[30]. »

Le traitement le plus indiqué serait certes une mise au repos complet – solution inconcevable dans le cas d'un Führer qui entend non seulement définir la stratégie générale, mais aussi intervenir désormais au niveau tactique : penché sur ses cartes pendant des heures entières, il règle jusqu'aux mouvements des divisions et des corps d'armée, quel que soit l'avis des commandants sur le terrain. Comme il se couche rarement avant 5 heures du matin, ne parvient pas à trouver le sommeil, supporte de plus en plus mal ses acouphènes et ressent de forts maux de tête en plus de ses crampes d'estomac, le docteur Morell est sollicité en permanence. Son cocktail de préparations, pilules, cachets et injections s'enrichit donc vertigineusement : Brom-Nervacit, Eukodal, Optalidon et Eupaverine pour les nerfs, Cardiazol, Diginalid et Coramine pour le cœur, Dolantin pour les spasmes, Euflat, huile de ricin et pilules de Koester pour le météorisme abdominal, Calomel et Mitilax pour la constipation, Eupaverine pour les coliques, Testoviron pour l'insuffisance hormonale, Ultraseptyl pour les refroidissements, Luminal pour les insomnies, en plus bien sûr des concentrés de vitamines Glyconorm et Vitamultin pour le tonus, des hormones et extraits de testicules de taureau Orchikrin et Prostakrin pour l'impuissance, du Mutaflor pour régénérer la flore intestinale, et même des sangsues pour les maux de tête ! Tout cela paraît avoir un effet stimulant sur le Führer, mais personne ne peut nier qu'il ressemble de plus en plus à une pharmacie ambulante*.

Si les résultats n'en sont qu'éphémères, c'est qu'Adolf Hitler continue à mener une vie hautement malsaine dans l'air confiné de son bunker, rivé à ses cartes, privé d'exercice et consommant à des heures fantaisistes ses menus végétariens déséquilibrés. Mais il apparaît rapidement que les spasmes les plus invalidants suivent d'assez près l'évolution des opérations militaires en Russie : l'échec de la Wehrmacht devant Moscou entre novembre et décembre 1941, la guerre d'usure sur l'immense front entre Leningrad et la Crimée au printemps de 1942, la préparation de l'opération *Blau* pour une nouvelle offensive vers la Volga et le Caucase à l'été de 1942 – autant de péripéties dans lesquelles le Führer s'implique personnellement, en limogeant trente-cinq généraux, les commandants des trois groupes d'armées, et même le chef de l'armée de terre von Brauchitsch, dont il assume personnellement les fonctions ! Bien entendu, il est hors d'état de les exercer, et la confusion

* Et passablement déjantée : le Luminal est un barbiturique, le Calomel contient du mercure, les pilules de Koester de la strychnine et de la belladone, l'Eukodal de la morphine, et l'Ultraseptyl un sulfonamide venu de Hongrie mais non autorisé en Allemagne du fait de ses effets secondaires (polynévrites et calculs rénaux). En essayant également de produire de la pénicilline dans ses propres laboratoires, Morell n'obtiendra qu'une souche inefficace et même toxique, qu'il administrera au moins une fois au Führer sous forme de poudre.

ainsi créée se révèle propice aux échecs militaires – qui provoquent à leur tour des dérèglements nerveux, des crises de gastralgie et des pics de tension chez le « plus grand chef de guerre de tous les temps* ».

C'est l'hiver 1942-1943 qui marque pour Hitler le tournant du destin. Assez curieusement, il semble aussi peu affecté par le débarquement allié en Afrique du Nord qu'il l'avait été un an auparavant par l'entrée en guerre des États-Unis. Mais c'est le sort de la 6e armée du général Paulus, prise au piège entre Don et Volga, qui fait planer sur Rastenburg pendant trois longs mois le double spectre de la discorde et de la défaite. Dans l'entourage d'Hitler, tous les militaires responsables recommandent dès la fin de novembre 1942 l'évacuation de Stalingrad, ainsi qu'un abandon des positions avancées du groupe d'armées A bloqué devant les monts du Caucase. Mais le Führer s'obstine à interdire toute retraite, après avoir limogé tour à tour le maréchal List et le chef d'état-major Halder**. Pourtant, même le remplaçant de ce dernier, Kurt Zeitzler, finit par se prononcer en faveur d'un abandon des positions avancées sur la Volga à l'est et le Terek au sud. Pour Hitler, qui doit tenir tête à la fois aux Soviétiques et à ses propres subordonnés, la dépense d'énergie nerveuse sera encore prodigieuse – et finalement vaine, puisque les débris de la 6e armée devront capituler à Stalingrad au début de février 1943, tandis que le groupe d'armées A sera

* *« Grösster Feldherr aller Zeiten. »* Ce titre utilisé par la propagande nazie sera tourné en dérision par les militaires allemands, sous sa forme contractée de *« Gröfaz »*.

** List était le commandant du groupe d'armées A, et il a été remplacé par… Hitler lui-même, devenu dès lors commandant de l'ensemble des forces armées, commandant de l'armée de terre et commandant d'un groupe d'armées au sein de cette armée de terre. Il remplit donc les fonctions de trois officiers généraux, sans en avoir le temps ni les capacités.

évacué précipitamment vers Rostov dès la fin de 1942. Après cela, Hitler devra encore mobiliser toute sa force mentale pour justifier sa stratégie et trouver des boucs émissaires*. « Le Führer, note son aide de camp Gerhard Engel, est profondément déprimé et cherche partout des fautes et des négligences[31]. » Mais il lui faut dépenser plus d'énergie encore pour s'adresser aux gauleiters, en dissimulant ses doutes et en leur annonçant une victoire prochaine. C'est également à la fin de 1942 que son valet Linge remarque un phénomène nouveau : « Sa main gauche a commencé à trembler. Il avait beaucoup de peine à la contrôler [...] et à dissimuler son état devant les étrangers[32]. » Bien sûr, les injections du docteur Morell lui en donnent encore la force, mais dès cette époque, la secrétaire Traudl Junge décrit son Führer de cinquante-trois ans comme *« ein müder alter Herr*[33] *»* – « un vieil homme fatigué ». C'est aussi un patient difficile : il refuse catégoriquement les massages, l'électrothérapie, les examens cliniques et même les radiographies de l'abdomen...

Himmler, lui, croit en connaître la raison ; le 12 décembre 1942, il fait lire à son masseur Kersten un document ultrasecret de vingt-six pages, qu'il lui présente comme le « rapport sur la maladie dont souffre le Führer ». Nous savons déjà que les dossiers méthodiquement accumulés par Himmler sur tous les personnages du IIIe Reich contiennent un mélange hétéroclite de documents authentiques, de falsifications manifestes et de ragots invérifiables. Celui-ci ne fait pas exception, même s'il a été constitué, selon les dires du secrétaire d'Himmler, « par un homme dont l'intégrité est au-

---

* Les alliés italiens et roumains qui ont plié devant l'assaut soviétique, le *Reichsmarschall* Goering qui s'est révélé incapable d'approvisionner Stalingrad par voie aérienne, et même le maréchal Paulus, coupable de s'être laissé capturer plutôt que de se suicider...

dessus de tout soupçon[34] ». Kersten y trouve des extraits du dossier médical établi à l'hôpital de Pasewalk en 1918 ; il apprend aussi que le Führer s'est fait exciser un polype des cordes vocales*, qu'il y a eu des cas de tuberculose et de cancer dans sa famille, qu'il souffre d'impuissance, n'a jamais été homosexuel, est strictement végétarien, ne boit pas, ne fume pas, et souffre de maux de tête, de vertiges et d'insomnie, ainsi que d'un léger tremblement du bras gauche et d'une raideur peu accentuée de la jambe gauche. « Depuis plusieurs mois, il n'a pu continuer à travailler que grâce à des injections quotidiennes, contenant apparemment toutes sortes de produits à l'exception de la morphine, qu'il refuse catégoriquement**[35]. »

Tout cela est rigoureusement exact, mais la suite du dossier réserve une surprise de taille, qui fascine et inquiète le *Reichsführer* Himmler : lors de son séjour à l'hôpital en 1918, Hitler aurait « présenté certains symptômes associés à la syphilis. Il était sorti de Pasewalk apparemment guéri***, mais en 1937, les symptômes avaient refait leur apparition, montrant que la syphilis continuait à exercer ses ravages, et au début de 1942, des signes analogues ont montré sans l'ombre d'un doute qu'Hitler souffrait de paralysie progressive. Tous les symptômes étaient présents, à l'exception du regard fixe et de la confusion dans le discours[36] ».

Si Himmler fait lire ce dossier à Kersten, c'est qu'il se demande si le bon docteur ne pourrait pas guérir Hitler, ou du moins donner des indications sur un traitement

---

* Ce qui avait été tenu rigoureusement secret à l'époque.

** Probablement sans savoir que l'Eukodal en contient.

*** Dans la version initiale suédoise et norvégienne de son ouvrage, *Jeg var Himmlers Lege*, pp. 156 et 157, Kersten semble mélanger constamment les effets du gaz moutarde et ceux – supposés – de la syphilis. La version anglaise, qui reproduit directement des extraits de son journal, paraît plus fiable, même si les documents portés à la connaissance de Kersten ne le sont pas toujours.

possible. Kersten répond naturellement qu'il ne peut rien faire, à la fois parce qu'il n'a pas vu le patient et parce que le cas dépasse de beaucoup ses compétences ; toutefois, il demande à Himmler comment il peut rester au service d'un homme présentant des signes de paralysie et de dégénérescence mentale. À quoi *le Reichsführer* lui répond sans grande conviction qu'« on ne change pas de cheval au milieu du gué », puis que « les choses n'ont pas encore assez évolué. Je serai vigilant, et il sera toujours temps d'agir s'il apparaît que le rapport est exact »[37].

Tout cela pose plusieurs problèmes : la fin de l'entretien indique qu'Himmler n'est pas absolument sûr de ses propres informations, même si elles sont censées émaner d'un homme « dont l'intégrité est au-dessus de tout soupçon » ; du reste, Hitler ne se laissant examiner que par ses trois médecins personnels, l'homme intègre en question semble s'être contenté de collectionner quelques documents médicaux anciens et des bruits de couloir récents, pour en faire une synthèse très personnelle. D'autre part, on ne voit pas comment Hitler aurait contracté une maladie vénérienne, alors qu'il évitait soigneusement toute relation sexuelle avec les femmes – sans compter qu'un homme dont les résultats des tests de Wassermann, Kahn et Meinicke étaient tous négatifs en 1940 pouvait difficilement avoir de lourds antécédents syphilitiques[38]. En outre, les quelques symptômes mentionnés dans le rapport étaient aisément attribuables à d'autres causes, et personne parmi les médecins d'Hitler n'a jamais fait état d'une « paralysie progressive ». Enfin et surtout, on ne trouve absolument aucune allusion à la syphilis dans les notes détaillées du docteur Morell, qui est pourtant spécialisé dans la dermatologie et les maladies vénériennes*. Bref, comme

* Malgré tout, les tests effectués en 1940 prouvent que Morell avait au moins envisagé cette éventualité.

c'est souvent le cas, Himmler s'est laissé abuser par un de ses informateurs, pour se retrouver ensuite très perplexe quant à l'usage à faire des renseignements ainsi obtenus.

Si la piste de la syphilis peut donc être abandonnée sans regrets, il n'en reste pas moins que le Führer est dans un état physique passablement délabré au printemps de 1943. Le souvenir de Stalingrad et de son effet sur le moral des populations allemandes continue de le hanter, Berlin n'offre guère de repos du fait des bombardements alliés qui se succèdent de jour comme de nuit, la « Tanière du loup » de Rastenburg, enveloppée de brouillard presque en permanence, est froide, humide et oppressante, tandis qu'au-dessus de Berchtesgaden, l'altitude de l'Obersalzberg ne convient pas davantage à un patient ayant des problèmes coronariens. Cela explique sans doute les déplacements incessants d'Hitler, du nord au sud de l'Allemagne, mais aussi vers l'est, dans son QG ukrainien de Vinnitza, vers le sud-est, à Zaporojie, et vers le nord-est, à Smolensk. Le 17 février, lors de sa visite au maréchal von Manstein à Zaporojie, Alexandre Stahlberg, l'officer d'ordonnance du maréchal, aperçoit Hitler en pleine lumière dans la salle de conférences : « J'ai été effrayé par son apparence. Sa peau était jaunâtre et flasque ; il n'était pas rasé et les revers de sa jaquette d'uniforme grise étaient couverts de taches, visiblement des reliefs de repas. Son attitude corporelle m'a frappé : la tête semblait pendre en avant des épaules, tandis que le ventre ressortait énormément. Hitler paraissait épuisé, et même malade. […] Les muscles de sa mâchoire étaient animés d'un perpétuel mouvement de mastiquage, de plus en plus rapide, […] et son regard restait fixé sur un seul endroit, bien que le maréchal indiquât de nombreux points sur la carte[39]. » Stahlberg est stupéfait de retrouver Hitler en pleine forme à la conférence stratégique du lendemain, et il suppose à juste titre que le docteur Morell s'est surpassé dans l'intervalle[40]. Mais le gros médecin, engoncé dans son uniforme de fantaisie, exerce une magie notoirement éphémère…

De fait, lorsque le Führer déjeune avec les officiers supérieurs du groupe d'armées Centre à Smolensk le 13 mars, tous remarquent qu'il a beaucoup vieilli en peu de temps, et ceux qui ne le connaissaient pas observent avec étonnement qu'il fait goûter tous ses plats par le docteur Morell – la peur de l'empoisonnement, toujours*. Mais en coulisse, le stakhanoviste de l'aiguille creuse a une tâche bien plus prenante, et son journal porte pratiquement chaque jour cette inscription monotone : « *Injektion wie immer* » – « injection comme toujours »**. On en comptera près de huit cents pour la seule période 1941-1945[41], effectuées dans des conditions d'hygiène très relatives, avec à l'occasion des aiguilles qui cassent ou se tordent, ainsi que des réactions allergiques aux extraits de foie et à certains calmants.

Pourtant, les calmants vont être de plus en plus nécessaires, car entre le printemps et l'été, Hitler prépare fiévreusement la grande bataille de Koursk – qu'il va perdre à la mi-juillet, au moment précis où les Alliés progressent en Sicile. La conquête éclair de cette grande île provoque la chute de Mussolini et la défection consé-

---

* Sans le savoir, Hitler échappe deux fois à la mort durant ce séjour à Smolensk : les conjurés autour du général von Tresckow avaient décidé de l'abattre durant le déjeuner, mais ils y avaient renoncé en apprenant qu'Hitler portait un gilet pare-balles et qu'Himmler ne serait pas avec lui ; ensuite, il y a eu le paquet d'explosifs déposé dans la soute de son avion lors du voyage de retour (voir chapitre 7).

** L'inflation de titres en vigueur à l'époque avait valu à Morell le sobriquet de *Reichsinjektionsmeister* (maître des injections du Reich). Hoffmann, lui, était affublé du titre de *Reichstrunkbold* (poivrot officiel du Reich).

cutive des armées italiennes du camp de l'Axe, occasionnant au Führer de nouveaux tracas, suivis de longues insomnies, de pics de tension, de spasmes gastriques et intestinaux, de fortes bronchites, d'une cystite et d'une accentuation des tremblements de la main gauche. La pharmacopée va donc s'enrichir d'autant : Enterofagos pour les colopathies, Tonophosphan pour l'anémie et l'épuisement, Pervitine pour l'artériosclérose, Eupaverine pour les spasmes, Mitilax pour le météorisme, Septojod pour la désinfection des voies aériennes supérieures, Digilanid, Prostophanta et Sympatol comme cardiotoniques, Tempidorm pour les insomnies, etc., *ad infinitum*[42]. Mais le seul remède efficace, comme le notent tous les spécialistes consultés par le docteur Morell, ce serait un repos complet – exactement ce qu'Hitler ne peut se permettre, au vu de la charge qu'il a choisi d'assumer. « Voyez-vous, confie-t-il au docteur Giesing pour expliquer ses insomnies, j'aperçois toujours dans le noir les cartes d'état-major, et mon cerveau continue à travailler. [...] Lorsque j'allume la lumière, je peux dessiner exactement les cartes de chaque groupe d'armées, je sais précisément où se trouve chaque division, et cela continue ainsi pendant des heures, jusqu'à ce que je finisse par m'endormir vers 5 ou 6 heures du matin[43]. »

C'est évidemment malsain, d'autant qu'en cette fin de 1943, les cartes en question montrent une situation stratégique pour le moins inquiétante : en Italie, les armées alliées, après avoir pris Naples et franchi le Garigliano, avancent lentement en direction de Rome. À l'Est, la barrière du Dniepr n'a pas tenu et l'Armée rouge libère Kiev le 6 novembre, tandis qu'au Nord, six armées soviétiques vont occuper Novgorod, avant de dégager Leningrad au début de 1944. Et pourtant, le plus grave n'est pas indiqué sur les cartes : dans toute l'Europe occupée, depuis la Norvège jusqu'à la Grèce, la Résistance s'est considérablement développée, alors que les sous-marins allemands ont pratiquement perdu la bataille de l'Atlantique, et que les bombardements anglo-américains contre les usines d'aviation, de roulements à billes et d'essence synthétique ralentissent considérablement la production industrielle allemande. Hitler exige des bombardements de représailles contre l'Angleterre et prend violemment à partie le *Reichsmarschall* Goering, mais cela ne fait qu'aggraver son épuisement nerveux, sans pour autant améliorer la situation stratégique.

Le 23 février 1944, Hitler se décide enfin à quitter la Prusse-Orientale pour aller se reposer à Berchtesgaden*. Mais lorsqu'il arrive au Berghof, Eva Braun est effrayée par son apparence : ses cheveux grisonnent, il a de grosses poches sous les yeux et il avance voûté, comme plié en deux. « Comment va le Führer ? s'enquiert-elle auprès de la secrétaire Traudl Junge ; je ne veux pas demander à Morell, car je n'ai pas confiance en lui[44]. » Pourtant, Eva Braun aurait pu apprendre de Morell que son Führer avait également un léger épanchement sanguin dans l'œil droit, qui voilait partiellement sa vision. Depuis des années, il utilisait (discrètement) des lunettes ; à présent, il lui faut une loupe. Mais il y a beaucoup plus sérieux : si Morell semble avoir sous-estimé la gravité de l'artériosclérose des coronaires, le professeur Weber, une sommité en matière de cardiologie, a examiné les électrocardiogrammes et n'a nullement exclu la possibilité d'une crise cardiaque soudaine[45]. Pourtant, il y a *encore* autre chose, qui semble avoir entièrement échappé au docteur Morell, mais a été diagnostiqué au plus tard en 1944 par un

* En fait, il n'a pas le choix : Berlin est quotidiennement bombardé, et son bunker de Rastenburg doit être constamment renforcé pour le rendre plus résistant aux bombes de plus en plus puissantes. Le toit du bunker finira par atteindre huit mètres d'épaisseur !

neurologue averti, le professeur de Crinis – et amplement confirmé par son collègue, le docteur Schenk. Tous deux n'ont fait que voir Hitler aux actualités, mais à leurs yeux exercés, sa démarche traînante, sa posture voûtée et ses tremblements ont montré sans l'ombre d'un doute qu'il était atteint de la maladie de Parkinson[46].

Morell n'en dit rien dans son journal et ne le soupçonne sans doute même pas. Hitler non plus, bien sûr, mais il est parfaitement conscient de la détérioration de son état. À Josef Goebbels, qui lui demande (vainement) de prononcer une allocution au peuple allemand à l'occasion du 1er mai, le Führer confie qu'il ne dort plus que trois heures par nuit[47] – et encore n'est-ce que grâce à de puissants somnifères[48]. Son repos est sans doute plus bref encore au cours des semaines qui suivent, lorsqu'il apprend successivement la prise de Rome, les préparatifs de la grande offensive soviétique contre le groupe d'armées Centre, et surtout le débarquement de Normandie – qui va l'obliger à sortir de son repaire le 16 juin pour aller conférer à Margival avec Rommel et von Rundstedt. Leur pessimisme le met hors de lui et fait monter vertigineusement sa tension*, mais naturellement, ce sont ses maréchaux qui ont raison : avec le peu de moyens disponibles, il n'est plus possible de rejeter les Alliés à la mer. Du reste, lorsque le 22 juin, les Soviétiques lancent enfin leur grande offensive d'été *Bagration* contre le groupe d'armées Centre, Hitler lui-même comprend que l'Allemagne va être prise dans un étau. Mais il n'en laisse rien paraître devant son entourage, interdit toute retraite, limoge les commandants des groupes d'armées Centre et Nord, puis prend rudement

* Qui peut atteindre 180 mmHg. Assez curieusement pour un médecin, Morell néglige le plus souvent de relever le second chiffre, celui de la tension diastolique.

à partie le chef d'état-major Zeitzler, coupable d'avoir cherché à infléchir sa stratégie.

Lorsque le Führer réunit les responsables militaires à son QG de Rastenburg le 20 juillet 1944, les mauvaises nouvelles affluent de partout : en Normandie, Caen et Saint-Lô sont tombés, le Cotentin est isolé et les Britanniques progressent vers l'Orne ; en Italie, les Alliés ont pris Sienne, ils avancent sur Florence et approchent de la ligne Gothique, dernier barrage avant la plaine du Pô ; à l'Est, l'Armée rouge a repoussé les troupes allemandes en Estonie comme en Lituanie, et pénétré profondément en Pologne orientale – de sorte que le Reich est désormais menacé depuis le nord-est, l'est, le sud-est, le sud et le sud-ouest. C'est évidemment beaucoup, mais ce 20 juillet 1944, Hitler, négligeant sa santé chancelante, affiche un optimisme destiné à impressionner ses généraux et à encourager Mussolini, qui est attendu au *Wolfschantze* dans l'après-midi.

L'impression sera désastreuse ; car peu après 12 h 40, une bombe placée par le colonel von Stauffenberg explose dans le baraquement où se tient la conférence de situation, faisant trois morts et vingt blessés*. Hitler, lui, n'a que les deux tympans perforés, les cheveux roussis, un énorme hématome au coude droit, une centaine d'éclats de bois dans les jambes et un pantalon en lambeaux**. Sa chance a été insolente : les travaux de consolidation du bunker n'étant pas terminés, la réunion s'est tenue dans un baraquement provisoire, de construction très légère, toutes fenêtres ouvertes en raison de la chaleur d'été[49] ; le souffle de l'explosion a donc pu s'évacuer latéralement, au lieu d'être contenu dans les murs de

* Dont un, l'aide de camp militaire principal Schmundt, décédera de ses blessures deux mois plus tard.

** Mais le général SS Gottlob Berger assurera qu'il avait également subi un traumatisme crânien.

béton du bunker – ce qui aurait tué à coup sûr toutes les personnes présentes. D'autre part, le colonel Brandt, gêné par la sacoche contenant la bombe, l'avait écartée machinalement, en l'éloignant à deux mètres d'Hitler, derrière le pied de table. Ensuite, ce lourd socle d'un seul tenant a protégé le Führer de l'effet direct de la déflagration[50]. Enfin, un premier secouriste, voyant les oreilles d'Hitler saigner abondamment, s'apprêtait à y verser de l'eau sale – ce qui aurait sans doute déclenché une infection mortelle dans les tympans fissurés ; mais un officier plus avisé a retenu le geste *in extremis.* Hitler aura donc quelques raisons de répéter à l'envi qu'il a été préservé par la providence*.

De fait, sa santé ne semble même pas en être véritablement affectée ; au contraire, les tremblements convulsifs de sa main gauche disparaissent au cours des jours suivants, même si le Führer s'empresse de préciser qu'il « ne considère pas le traitement reçu comme étant le plus approprié[51] ». Il n'a pas tort, car les effets secondaires ne vont pas tarder à se manifester : désorientation, strabisme divergent, infection de l'oreille interne droite, surdité prononcée, vertiges, saignement continu des tympans, tremblement convulsif du bras droit. Les docteurs Brandt, Hasselbach, Giesing et von Eicken traitent en priorité les lésions ORL, mais ils doivent compter avec l'omniprésent Morell, qui poursuit ses injections de produits dont il refuse de leur communiquer la nature et la composition**. Voilà qui va bientôt déboucher sur un

* *Die Versehung*, qui semble lui tenir lieu de divinité, et qu'il évoquera maintes fois au cours de son existence.

** Ces produits, notamment le Vitamultin, l'Ultraseptyl, une variété de Mutaflor et la pénicilline, sont fabriqués artisanalement dans ses propres laboratoires d'Olmütz (Slovaquie) et de Hambourg – ce qui n'est pas exactement une garantie de qualité. Les médecins Brandt et Giesing conseillent vainement à Hitler de prendre des vitamines et des sulfonamides de marques plus fiables (Bayer, Sandoz, Knoll).

grand règlement de comptes, mais pour l'heure, le *Reichsmarschall* Goering pourra constater qu'« après l'attentat, Hitler avait beaucoup changé, il perdait l'équilibre, ses mains et ses pieds tremblaient, il n'arrivait plus à mettre de l'ordre dans ses idées. À partir de cette époque, il ne sortait plus de son bunker et ne prenait plus l'air frais, car la lumière de l'extérieur lui blessait les yeux. Il prononçait sans hésiter des condamnations à mort et ne faisait confiance à personne[52] ».

Il est vrai que l'échec de l'attentat ayant compromis fatalement le plan des conjurés, Hitler a exercé sur eux une vengeance impitoyable*. En outre, sa méfiance, déjà constamment en éveil, s'est accentuée au point de s'étendre à l'ensemble de ses généraux, de ses subordonnés et même de ses médecins – à l'exception du docteur Morell, naturellement. Mais au cours du mois d'août, alors qu'il passe ses après-midi et ses soirées en conférences pour suivre l'évolution de la situation à l'Ouest – où Paris a été libéré et les Alliés ont débarqué en Provence –, le Führer voit sa santé se dégrader chaque jour davantage : il maîtrise mal ses tremblements, mange le moins possible pour éviter les crampes d'estomac, éprouve de fortes sensations de soif, ne dort presque plus, supporte mal la lumière du jour, reste confiné dans son bunker glacial et contracte un rhume qui provoque à son tour une inflammation aiguë des sinus. Afin de calmer les douleurs insupportables qui en résultent, le docteur Giesing lui administre par voie nasale une solution de cocaïne à dix pour cent, avec un tel succès que Hitler ne cesse d'en redemander[53]. Mais Giesing, en médecin consciencieux, hésite à rendre son patient dépendant de la cocaïne, et il commence à s'intéresser aux cachets d'Ultraseptyl régulièrement prescrits par le

* 7 000 personnes seront arrêtées et 200 exécutées, le plus souvent par pendaison à des crochets de boucher.

docteur Morell. En fait, Giesing pousse la conscience professionnelle jusqu'à en absorber lui-même, ce dont il communique bientôt les résultats au Führer : « J'en ai pris pendant cinq jours, et ils m'ont causé des crampes d'estomac insupportables – alors que j'étais en bonne santé auparavant[54]. »

Mais Hitler, qui a une foi aveugle en Morell, choisit de n'en tenir aucun compte, et lors des conférences de situation, ses généraux sont embarrassés de le voir avaler constamment d'importantes quantités de comprimés ; encore ne voient-ils pas les séances quotidiennes d'injections… Et le vieux professeur von Eicken, qui croyait avoir tout connu en cinquante ans de pratique médicale, demande à ses collègues : « Où allons-nous, si cette orgie d'injections se poursuit[55] ? » Il obtient un début de réponse dès la fin du mois de septembre ; à ce moment, le docteur Giesing, qui rencontre Hitler à l'air libre*, remarque que son teint et le blanc de ses yeux ont viré au jaune. Giesing, qui soupçonne immédiatement une jaunisse, découvre simultanément les pilules noires « *Antigas* » dont Hitler semble consommer entre douze et seize par jour. Faisant immédiatement le rapprochement avec la jaunisse, il note subrepticement la composition des pilules telle qu'elle est indiquée sur la boîte : 0,5 gramme de strychnine, 0,5 gramme d'atropine, 1 gramme de gentiane. Mais dans sa hâte, Giesing n'a pas remarqué qu'il s'agissait de la composition totale des *120 pilules de la boîte*, non d'une seule[56]. Dans l'intervalle, Morell a aggravé son cas en niant qu'Hitler était atteint de jaunisse, pour être presque aussitôt contredit par les analyses sanguines et urinaires[57]. Par contre, le rapport avec les pilules semble difficile à établir : la

* Les consultations avaient lieu d'ordinaire sous la lumière artificielle du bunker, qui donnait depuis quelque temps à Hitler un teint rougeâtre.

jaunisse est endémique à l'époque, partout où des milliers d'hommes se trouvent concentrés durablement dans des conditions d'hygiène primitives – exactement comme à Rastenburg et à Vinnitsa.

Peu importe : le 30 septembre 1944, Giesing, Hasselbach et Brandt passent à l'offensive contre Morell : Brandt s'en ouvre à Hitler, tandis que Giesing informe Himmler, et Hasselbach en fait part au Reichsleiter Bormann. Mais ils vont se heurter à un mur : Hitler, qui consommait ces pilules bien avant de connaître Morell, assure qu'il doit y avoir un malentendu, Bormann prend l'affaire à la légère et se contente de dire qu'il en parlera à Morell, tandis qu'Himmler, qui aurait volontiers fait pendre Morell, sait bien qu'il ne peut rien faire contre le gros docteur tant qu'Hitler lui accorde ses faveurs. Pour qui connaît déjà les pratiques en vigueur au sein du IIIᵉ Reich, il n'y a là rien d'étonnant : Hitler récuse toutes les informations qui lui déplaisent, Himmler tremble devant son Führer, et Bormann intrigue ferme contre l'homme fort du moment, qui n'est autre que le ministre de l'Armement Albert Speer ; or, le docteur Brandt, commissaire du Reich à la Santé, est le subordonné direct de Speer, et si Morell est renvoyé, Speer aura un dangereux allié dans l'entourage immédiat du Führer. Cela, Bormann ne peut le permettre et, moyennant une alliance de circonstance avec Himmler, il obtient le renvoi de Brandt, de Hasselbach et de Giesing ! Morell restera donc maître du terrain, sous la surveillance du docteur Stumpfegger, le chirurgien particulier d'Himmler. C'est une solution fort peu médicale, mais typiquement nationale-socialiste – et au début d'octobre, Hitler reste cloué au lit par la jaunisse…

Il n'y reste pas inactif ; depuis plusieurs semaines déjà, un plan l'occupe à l'exclusion de tous les autres : c'est celui de l'opération *Herbstnebel*, une contre-attaque majeure destinée à écraser les Alliés dans les Ardennes et à reprendre le port d'Anvers. Le chef d'état-major Guderian tente bien d'attirer son attention sur les fortes concentrations de troupes soviétiques massées aux confins de la Haute-Silésie, mais Hitler ne veut rien entendre : lorsque ses 200 000 hommes et 600 panzers, surgis de l'Eifel, auront balayé les 80 000 soldats alliés pour atteindre la Meuse et Bruxelles, la coalition anglo-américaine sera rompue et il pourra ensuite se retourner vers l'Est pour vaincre l'Armée rouge ! On ignore jusqu'à quel point les effets de la jaunisse et les surdoses de vitamines, sulfanomides, cocaïne, hormones et autres toniques ont stimulé l'optimisme débridé du Führer, mais il entend remettre en branle l'énorme machine offensive de la Wehrmacht, et personne ne pourra l'arrêter.

Il est frappant de constater les effets du psychisme sur l'état physique : entre octobre et la mi-décembre 1944, alors que le plan de contre-offensive dans les Ardennes s'élabore et que l'avance ennemie semble marquer le pas sur tous les fronts, la plupart des maux dont souffre Hitler s'apaisent notablement : crampes d'estomac, météorisme, tremblements, acouphènes, insomnies, hypertension, inappétence et même inflammation des sinus régressent comme par enchantement. Les injections de Glyconorm, de Vitamultin et de Septojod* n'en continuent pas moins, même si le docteur Morell lui-même doit s'aliter avec des troubles du rythme cardiaque**. Bien sûr, le quotidien du Führer reste tout aussi malsain : vie de troglodyte dans un bunker humide au milieu des marécages de la Prusse-Orientale, aucun exercice, et conférences de situation pouvant se prolonger jusqu'à 7 heures du matin[58] ! Malgré tout cela, on

* Le docteur Morell estime que l'iode peut également constituer un traitement de la sclérose des coronaires.

** Grandement favorisés par un surpoids grotesque : 130 kilos pour 1,70 mètre.

trouve de plus en plus souvent dans le journal du docteur Morell cette brève inscription : « *Keine Behandlung !* » – « aucun traitement ». Le 20 novembre 1944, au grand soulagement de son entourage, Hitler quitte définitivement Rastenburg pour Berlin*.

C'est finalement le 16 décembre qu'est déclenchée la grande offensive des 5e, 6e et 7e armées en direction de Stavelot, Spa, Dinant et Neufchâteau. Tout se déroule comme prévu : la surprise est totale, les premières lignes américaines sont enfoncées et le mauvais temps paralyse l'aviation alliée. Le 22 décembre, alors que la 5e armée blindée est déjà en vue de la Meuse, la plus grande confusion semble régner dans le camp allié. Hitler, qui a établi son QG au « nid d'aigle » de Ziegenberg, près de Bad Nauheim, savoure déjà son triomphe, et Morell note ce jour-là : « Le Führer est bien-portant. [...] pouls 72, tension 145, ne se plaint toujours de rien, sommeil satisfaisant sans somnifères, l'appétit reste bon[59]. » Décidément, le meilleur remède à tous les maux reste une écrasante victoire...

Mais Hitler s'est réjoui trop tôt : la rareté, l'exiguïté et le mauvais état des routes, la destruction des ponts et le manque de carburant entravent le mouvement des renforts et de l'approvisionnement, ce qui compromet fatalement l'offensive de ses armées du Nord et du Centre. Sur leurs arrières, Stavelot, Spa et l'important carrefour routier de Bastogne résistent toujours ; le 24 décembre, les panzers sont repoussés à l'est de la Meuse, tandis qu'une contre-offensive américaine qui se développe au sud menace leur flanc gauche. Entre le 24 et le 25 décembre, le ciel s'éclaircit brusquement et les colonnes blindées, les concentrations de troupes et les lignes d'approvisionnement allemandes sont har-

* Il doit y subir deux jours plus tard l'ablation d'un polype sur les cordes vocales, comme en 1935.

celées sans interruption par 5 000 avions alliés. Le 26 décembre, lorsque la 3e armée du général Patton rompt l'encerclement de Bastogne, il est clair que l'offensive des Ardennes a échoué ; elle aura coûté à la Wehrmacht 100 000 soldats d'élite, 500 chars et 800 avions. Pourtant, Hitler lance une nouvelle opération en direction du nord-est de l'Alsace, dans l'espoir de prendre à revers les forces américaines engagées au sud des Ardennes. Déclenchée le jour de l'an 1945, elle sera arrêtée bien avant d'avoir atteint Strasbourg.

Malgré cela, le Führer refuse de reconnaître sa défaite ; pour superviser les quelques poches de résistance allemandes qui subsistent en Alsace et dans les Ardennes, il s'attarde au nid d'aigle – où les tremblements convulsifs le reprennent, en même temps que le météorisme et l'hypertension. Mais le 12 janvier 1945, tout cela passe au second plan, car on apprend que les Soviétiques ont lancé leur grande offensive d'hiver : sur 1 200 kilomètres, à partir de la Vistule et du Narew, 2,5 millions d'hommes et 7 000 blindés, couverts par 6 500 avions, s'élancent en direction de la Bohême-Moravie, de la Silésie, de la Poméranie et de la Prusse-Orientale. La Wehrmacht n'ayant plus qu'un minimum d'effectifs pour endiguer ce flot*, la progression de l'Armée rouge est foudroyante : au cœur du dispositif allemand va s'ouvrir une brèche de 320 kilomètres de large, par laquelle s'engouffrent plus de 200 divisions soviétiques.

Puisqu'il n'est plus possible de fuir les réalités stratégiques, Hitler rentre à Berlin le 16 janvier. Un pince-sans-rire de son entourage déclare au cours du voyage que le QG du Führer ne saurait être établi ailleurs qu'à Berlin, car c'est le seul endroit d'où l'on peut passer du

---

* 500 000 hommes, 500 panzers et 1 875 avions, dont seulement 360 chasseurs dispersés entre la Lituanie et la Slovénie.

front de l'Est au front de l'Ouest en prenant le métro ! Il anticipe, bien sûr, mais de très peu. En tout cas, les ordres donnés par Hitler à son retour manquent singulièrement de cohérence : aucune retraite n'est permise ; la 6e armée blindée de Sepp Dietrich, retirée du front de l'Ouest, ne sera pas dépêchée sur l'Oder, mais affectée à la défense de Budapest ; les 22 divisions allemandes immobilisées en Courlande doivent rester sur leurs positions, malgré le manque criant d'effectifs en Haute-Silésie, en Poméranie et en Prusse-Orientale. Hitler exige en outre la création immédiate d'une division de cyclistes armés de grenades et de *Panzerfaust** pour combattre les tanks soviétiques ! Enfin, les généraux coupables d'avoir ordonné des replis tactiques sont limogés, et le commandement du groupe d'armées Vistule est confié à Heinrich Himmler, un spécialiste de la répression policière sans la moindre expérience militaire**. La suite est prévisible : entre le 16 et le 31 janvier 1945, Varsovie, Cracovie et Radom sont perdus, Poznań est isolé, Königsberg est attaqué par le nord, et les avant-gardes des armées de Joukov et de Koniev atteignent les rives de l'Oder. À la fin de janvier, la plus grande partie de la Haute-Silésie est aux mains des Soviétiques, et l'on se bat désormais en territoire allemand. Pendant ce temps, les Anglo-Américains avancent lentement en direction du Rhin sur un large front allant de la Sarre aux Pays-Bas, et surtout ils bombardent en priorité la Ruhr et Berlin. Le 3 février, les avions américains effectuent même leur raid le plus dévastateur de la guerre sur la capitale allemande, et l'ancienne chancellerie est dévastée. Dès lors, Hitler transfère ses appartements pri-

* Sorte de bazooka rudimentaire.

** Ce chapitre sur la santé d'Hitler ne peut que mentionner incidemment les facteurs stratégiques. Pour plus de détails sur ce sujet, voir du même auteur : *Hitler*, Perrin, coll. « Maîtres de guerre », 2011.

vés dans le bunker enterré à près de huit mètres sous le parc de la Wilhelmstrasse, face au ministère des Affaires étrangères et à l'ancienne chancellerie ; il est naturellement suivi de ses aides de camp, de ses gardes SS, de Bormann… et de l'indispensable docteur Morell*, qui continue à lui prodiguer ses soins avec une régularité de métronome : injections de dextrose et de calcium, Betabion contre les névralgies, Gallestol pour le foie, Benerva (Fortis) pour compenser les carences du régime végétarien, Strophantin pour le cœur, Brom-Nervacit pour modérer les conséquences des crises de nerf, Profundol contre les insomnies, Homoseran contre les tremblements incontrôlés, Omnadin contre les rhumes et les grippes, gouttes à base de cocaïne pour traiter la conjonctivite, et même des saignées pour faire baisser sa tension[60] ! Les autres médicaments continuant à être administrés par intervalles – souvent à la demande du patient lui-même –, il est quasiment miraculeux que cet invraisemblable entassement pharmacologique n'ait pas produit d'interactions fatales.

Les conférences se déroulent encore pendant un temps dans la nouvelle chancellerie, moins atteinte par les bombes, et c'est là qu'Hitler reçoit ses gauleiters pour la dernière fois le 24 février 1945. « À l'entrée de la chancellerie, se souviendra le gauleiter de Vienne Baldur von Schirach, des officiers SS nous demandèrent nos ceinturons et nos pistolets. Depuis l'attentat du 20 juillet 1944, Hitler se méfiait même de ses plus anciens camarades du parti. Personne ne pouvait pénétrer armé dans son domaine. Nous attendîmes Hitler dans la salle des mosaïques. Nous étions une trentaine. Beaucoup de dirigeants, surtout des *Gaue* de l'Est, manquaient dans cette fantomatique et ultime réunion ; ils ne pouvaient plus

---

* Toujours assisté (et surveillé) par le médecin et *Obersturmbannführer* SS Stumpfegger.

arriver jusqu'à Berlin. L'une des immenses portes s'ouvrit, et Hitler entra dans la salle, accompagné de Bormann et de Goebbels. Un homme brisé. Avec peine, le dos voûté, il vint vers nous. Une jambe qui semblait être paralysée traînait sur le dallage de marbre. Son visage était d'un gris de cendre. D'une main tremblante, il serra la main de chacun d'entre nous. Dans l'intervalle, il tenait toujours la main droite avec la gauche pour cacher son tremblement. Nous n'avions plus devant nous celui qui avait été le Führer, avec son rayonnement magnétique, mais un spectre qui nous demandait un dernier effort pour prolonger un peu ses jours. Seule sa voix était encore ferme et grave comme autrefois, lorsqu'il se dirigea vers une petite table et s'adressa à nous : “Camarades du parti, ma main tremble, mais mon cœur ne tremble pas. De même qu'il n'a pas tremblé il y a vingt-cinq ans lorsque je me suis levé avec un petit groupe de fidèles pour réparer l'injustice faite à l'Allemagne… Nous avons été pendant douze ans au sommet du pouvoir. Si le destin veut que nous sombrions, nous pourrons quand même dire que nous avons tenté l'impossible pour notre peuple…” Cela sonnait comme un chant funèbre avant la chute finale. Mais Hitler sembla ne pas vouloir en rester là. Il dit soudain : “Mais si nous nous montrons tous, chacun à son poste, très braves, et si nous combattons jusqu'à la dernière limite, le destin peut encore tourner[61].” » Et le Führer de citer pêle-mêle les avions à réaction, les nouveaux sous-marins et les armes secrètes terrifiantes capables d'inverser *in extremis* le cours de la guerre[62]…

Certains membres de l'entourage ont affirmé que celui qui parlait ainsi – pratiquement plié en deux, incapable de retenir la bave qui lui coulait des lèvres, hors d'état même de porter un verre d'eau à sa bouche sans le renverser[63] – n'était qu'une victime de la médication forcenée d'un nouveau docteur Jekyll en la personne de

Theodor Morell. D'autres ont prétendu au contraire qu'un Führer aussi délabré par des années de surmenage nerveux, physique et psychologique qui parvenait encore à prononcer un discours enflammé pendant une heure et demie devait beaucoup aux vitamines, aux hormones et aux stimulants divers du bon docteur Morell. À moins, tout compte fait, que ce ne soit plutôt l'invraisemblable total de *quatre-vingt-dix médicaments différents* administrés à Hitler *huit années durant* qui lui ait donné les moyens de forcer la nature, de renoncer à tout repos et à toute existence saine, et en définitive d'endosser l'écrasante responsabilité de diriger un pays à tous les niveaux, en temps de paix comme en temps de guerre, sans déléguer ni partager son pouvoir ; dès lors, ce serait ce même arsenal pharmaceutique qui, en lui conférant artificiellement les moyens physiques d'accomplir une tâche écrasante avec un mode de vie aussi déréglé, aurait entraîné le vieillissement prématuré d'un corps déjà fragilisé et manifestement surmené*. Morell confortera lui-même cette thèse en déclarant fièrement à Hitler : « Mon Führer, si vous aviez été traité par un médecin ordinaire, il vous aurait soustrait si longtemps à votre tâche que le Reich s'en serait effondré[64]. » Certes…

Gerhard Boldt, premier officier d'ordonnance du chef d'état-major Guderian, est présenté à Hitler lors d'une conférence de situation : « Lentement, fortement voûté, à petits pas, le Führer s'avance au-devant de moi. […] Sa poignée de main est molle, sans force. Sa tête vacille légèrement, son bras gauche pend, comme paralysé, et la main est agitée par un tremblement continuel. Ses yeux ont un éclat indescriptible, qui donne une impression

* On songe au dopage des athlètes de haut niveau qui s'usent prématurément, même avec une meilleure constitution physique et des cocktails pharmaceutiques beaucoup plus réduits.

d'angoisse quasi inhumaine. Son visage et les poches sous les yeux indiquent la fatigue, l'épuisement. Ses mouvements sont ceux d'un vieillard[65]. » Mais enfin, cette accumulation de symptômes – tremblements des mains, raideur d'une jambe, importants troubles digestifs, position constamment penchée en avant, piétinement, bras inerte à la marche, écoulements de bave, yeux vifs dans un visage figé, insomnies, intolérance à la chaleur, maux de tête et œdèmes des membres inférieurs (qui ont réapparu) –, n'est-ce pas le tableau presque complet de la maladie de Parkinson ? À l'évidence, le neurologue de Crinis avait vu juste, même à distance ! On sait aujourd'hui que cette maladie peut être déclenchée par une intoxication prolongée avec des produits frelatés ; or, le Führer n'en a pas manqué depuis huit ans, ce qui nous ramène insensiblement à certaines concoctions artisanales du docteur Morell*.

La détérioration continue de la santé d'Hitler durant les ultimes mois de mars et d'avril 1945, alors qu'il s'est définitivement enterré dans son étroit bunker souterrain en compagnie d'Eva Braun et de ses derniers fidèles, va-t-elle affecter son jugement politique et stratégique ? Pendant que l'étau des armées soviétiques et anglo-américaines se referme inexorablement sur les ruines du Reich millénaire, Hitler continue jusqu'aux derniers jours à tenir des conférences de situation nocturnes, en déplaçant sur les cartes des armées squelettiques, encerclées ou déjà anéanties – dont le « corps d'armée Steiner », la 9e armée de Busse à l'est et la 12e armée de Wenck au sud-ouest. Comme toujours depuis les cinq dernières années, les officiers supérieurs participant à

* Bien entendu, la maladie de Parkinson peut avoir d'innombrables autres causes, et certains symptômes, comme les œdèmes, les insomnies et les troubles digestifs, étaient déjà présents bien avant l'arrivée du docteur Morell.

ces réunions – à commencer par le général Jodl et le maréchal Keitel – lui présentent un tableau très optimiste de l'évolution des combats et s'abstiennent prudemment de le contredire. Comme toujours aussi, et quel que soit son véritable état d'esprit, Hitler ne cesse d'affirmer sa foi en la victoire finale – même lorsque l'Armée rouge est déjà aux portes de Berlin. Enfin, rien n'a changé non plus dans sa confiance absolue en son instinct et en son génie militaire, dans sa recherche permanente de boucs émissaires, ainsi que dans son jugement péremptoire sur ses généraux : tous des incapables, des lâches ou des traîtres… Et comme il ne cesse de le faire depuis 1941, Hitler sous-estime considérablement les capacités opérationnelles des armées américaines et soviétiques, tout en se raccrochant à des chimères – telles que l'éventualité d'une confrontation américano-soviétique* en dépit des déclarations très explicites de Casablanca et de Yalta[66]. À tous ces égards, aucun changement n'est donc perceptible.

L'adjoint de l'amiral Dönitz, Walter Lüdde-Neurath, confirmera que physiquement, Hitler « donnait l'impression d'être brisé, bouffi, voûté, épuisé et nerveux », mais ajoutera qu'« il semblait avoir conservé toute son activité intellectuelle »[67]. De fait, la faculté de raisonnement et l'extraordinaire mémoire sont restées pratiquement intactes ; les seules évolutions mentales observables sont celles induites par la dégradation inexorable de la situation militaire et la désertion progressive de ses anciens acolytes. Hitler, apprenant que sa politique de la terre brûlée face à l'avance ennemie a été pratiquement sabotée par le ministre Albert Speer, ne prend aucune sanction et finit par s'en accommoder ; d'autre part, le Führer cède à deux reprises au découragement complet :

* D'où son invariable litanie au cours des dernières semaines : « Je veux gagner du temps ! »

une première fois le 22 avril, lorsqu'il comprend enfin que ses exercices de stratégie théorique devant les cartes sont devenus entièrement vains, et qu'il sera impossible d'arrêter 2,5 millions de soldats soviétiques avec moins de 200 000 hommes épuisés et sous-équipés* ; d'après l'aide de camp Schaub, « sa foi presque inimaginable en une providence qui, ayant permis son ascension, ne pouvait donc l'abandonner, s'écroula d'un seul coup. [...] "La guerre est perdue, dit-il... J'abandonne... Mes généraux m'ont menti et m'ont trahi... Tout cela n'a plus de sens"[68] ». C'est à ce moment qu'il ordonne à Schaub de brûler tous ses papiers, à Berlin comme à Berchtesgaden.

Après une courte période d'accalmie dans la nuit, deuxième accès de rage le lendemain, lorsque Hitler reçoit un télégramme de Goering lui proposant très servilement d'assumer la succession en cas de vacance du pouvoir ; cette fois encore, la crise de nerfs finit par déboucher sur une prostration presque complète. Mais au fond, les réactions de fureur meurtrière d'Hitler, suivies d'abattement, d'autoaffliction et d'allusions au suicide, ne sont que des manifestations très amplifiées de tendances déjà perceptibles quinze ans plus tôt. Il y a aussi ces hésitations continuelles sur le transfert des centres de commandement : devant la menace de voir l'Allemagne coupée en deux par les offensives en provenance de l'Est et de l'Ouest, Hitler a confié l'autorité militaire suprême dans le nord de l'Allemagne à l'amiral Dönitz, mais il a longtemps donné l'impression qu'il commanderait lui-même dans le sud, sans doute à partir

* Et attaqués en outre sur leurs arrières par la puissante coalition anglo-américano-franco-canadienne commandée par le général Eisenhower. La cause immédiate de la prise de conscience d'Hitler a été la disparition du corps d'armée SS de Felix Steiner (en fait trois divisions de réserve), qui devait percer en direction de Berlin par le nord.

de l'Obersalzberg. Il changera plusieurs fois d'avis et donnera à ses subordonnés des indications contradictoires, avant de décider fermement le 22 avril de rester dans sa « forteresse », pour « diriger la défense de Berlin » et « mourir en combattant ». Ce n'est là encore que la continuation quelque peu dramatisée d'habitudes très anciennes : irrésolution, procrastination, lamentations, aspirations contradictoires, le tout suivi d'une décision aussi brusquée qu'irrévocable. Qu'y a-t-il de vraiment changé depuis la Nuit des longs couteaux une décennie auparavant ? Et lorsqu'à la fin du mois d'avril, Hitler dictera son testament politique, en quoi ce sinistre document différera-t-il des élucubrations de *Mein Kampf* rédigées vingt ans plus tôt ? À l'évidence, ni l'effondrement de son régime, ni l'anéantissement de ses forces armées, ni son propre délabrement physique, ni la pharmacopée du docteur Morell n'ont sensiblement transformé la mentalité d'Adolf Hitler…

Depuis sa pièce minuscule près de la sortie de secours, au milieu des poussières de béton, des effluves de sueur, de tabac*, de soufre, de diesel et de toilettes bouchées, au son des terribles explosions qui secouent sans cesse le bunker, Theodor Morell a continué à soigner un Führer de plus en plus diminué ; les médicaments sont devenus difficiles à obtenir, mais devant l'aggravation marquée des tremblements de son patient, le docteur a décidé le 15 avril d'en introduire un de plus : c'est l'anticholinergique Homburg 680**, ce qui semble indiquer que Morell a finalement admis la possibilité d'une maladie

* L'entourage s'est mis à fumer ouvertement dans le bunker, sans qu'Hitler y prête désormais la moindre attention.

** Le seul traitement connu à l'époque : il freine l'action de l'acétylcholine, afin de rétablir l'équilibre avec la dopamine, déficitaire chez les parkinsoniens. Ce remède a été largement abandonné depuis la mise au point dans les années soixante de la Levodopa, une dopamine de synthèse.

de Parkinson[69]. Pendant une semaine, il a porté progressivement les doses de une à cinq gouttes, couplées à un somnifère et à une injection de Strophantin pour soigner l'insuffisance cardiaque*. Mais au soir du 21 avril, rien ne s'est passé comme prévu : « Je voulais lui faire une nouvelle injection, se souviendra le docteur, mais il m'a retenu, s'est mis en colère et m'a dit qu'il savait bien que je voulais lui administrer de la morphine. Il était bien conscient, m'a-t-il dit, du fait que ses généraux voulaient l'endormir pour l'amener de force jusqu'à Berchtesgaden. » Morell l'ayant assuré en tremblant qu'il ne savait rien d'un quelconque complot, Hitler s'est mis à crier : « Vous me prenez pour un idiot ? » et a menacé de le faire fusiller. Après quoi il l'a congédié définitivement par ces mots : « Faites comme si vous ne m'aviez jamais vu. Enlevez votre uniforme, mettez-vous en civil, et vous serez à nouveau le médecin du Kurfürstendamm[70] ! »

Le surlendemain, Morell, effondré, quitte définitivement le bunker et parvient à gagner Munich. Il laisse derrière lui un patient tour à tour dépressif, surexcité, menaçant et suicidaire, au gré des rares nouvelles qui parviennent encore jusqu'à son repaire souterrain. Le 25 avril, Berlin est entièrement encerclé par l'Armée rouge, tandis qu'Américains et Soviétiques ont fait leur jonction sur l'Elbe, à Torgau. Depuis des semaines, Hitler assure qu'il ne tombera jamais vivant aux mains des Soviétiques, et il a déjà prévu ce qu'il fera pour se soustraire à la capture le moment venu**. Le docteur Stumpfegger a pris le relais de Morell pour administrer

* D'ailleurs inutile, car Hitler ne souffre pas d'insuffisance cardiaque, mais d'artériosclérose coronaire. À ce stade, Morell lui-même a des palpitations cardiaques et tremble en faisant les injections.

** Il avait toujours parlé de mourir au front, mais comprenant qu'il est bien trop faible pour combattre, il veut surtout éviter d'être capturé vivant.

le Homburg 680, porté à sept, neuf et enfin douze gouttes, sans effets notables sur les tremblements spasmodiques d'un Führer qui ne peut plus marcher que quelques minutes, le haut du corps poussé en avant, une jambe traînant en arrière, avec un équilibre instable qui l'oblige à s'asseoir tous les trente mètres. Goebbels s'est installé dans la petite pièce qu'occupait Morell, et il forme avec Bormann, Axmann et le chef d'état-major Krebs le dernier carré des fidèles du Führer : tous les autres hiérarques du Reich se sont dispersés – en service commandé comme Keitel, Jodl ou Dönitz, ou bien pour se mettre en sûreté, comme Rosenberg, Goering ou Himmler.

C'est la révélation des tentatives de négociations de ce dernier avec les Alliés le 28 avril* qui porte au Führer le coup de grâce : « C'est la plus honteuse trahison de l'histoire de l'humanité[71] ! » hurle-t-il, et sa paranoïa s'en trouve décuplée : si même le tout dévoué « Heini » s'est mis à trahir, tout le monde autour de lui devient suspect ; Hermann Fegelein, le représentant d'Himmler au QG d'Hitler, est fusillé dans les vingt-quatre heures**. Et ce docteur Stumpfegger lui-même, n'est-il pas *Obersturmbannführer* dans la SS ? Il va désormais être tenu soigneusement à l'écart. Himmler ne médite-t-il pas de prendre son Führer vivant pour le livrer à l'ennemi ? Les petites fioles de poison qu'il a lui-même fournies aux occupants du bunker pourraient alors ne contenir que de l'eau colorée[72]... Comment savoir ? Et Hitler, qui a

* Par l'intermédiaire du comte suédois Folke Bernadotte. La nouvelle, annoncée ce jour-là par la radio suédoise et reprise par la BBC, vient d'être captée dans le bunker. On apprend peu après que le général SS Karl Wolff a conclu un armistice avec les Américains sur le front italien.

** Ce sinistre gredin (et époux de la sœur d'Eva Braun) avait tenté de fuir Berlin, et sa valise contenait des documents prouvant qu'il était au courant des tractations d'Himmler avec les Alliés.

craint toute sa vie d'être empoisonné, redoute à présent de ne pas l'être* ! De toute façon, il a déjà prévu une autre porte de sortie…

On sait à peu près tout des dernières quarante-huit heures d'existence souterraine du Führer, avec le mariage improvisé qui l'unit à Eva Braun, les ultimes dispositions testamentaires, le message qu'il adresse au soir du 29 avril à Jodl pour s'enquérir de la progression des 9e et 12e armées, la réponse de Keitel à 3 heures au matin du 30 avril, indiquant que plus aucune force de secours n'est en mesure d'avancer vers Berlin, et la dernière conférence de situation à midi, lorsque le général Weydling, responsable de la défense de Berlin, annonce que l'Armée rouge ayant déjà investi le Reichstag, la bataille pour la capitale sera sans doute terminée le soir même[73]. Hitler semble parfaitement calme, il ordonne la destruction de tous ses effets personnels, puis donne à son aide de camp Günsche les dernières instructions pour la disposition de sa dépouille et de celle de son épouse, qui doivent être brûlées pour éviter qu'elles « soient exposées dans un musée de cire à Moscou**[74] ».

Après un bref repas en compagnie des deux secrétaires Gerda Christian et Traudl Junge, il prend congé de son personnel et des derniers fidèles – Goebbels et son épouse, Bormann, Axmann, les aides de camp Burgdorf et Günsche, le chef d'état-major Krebs, « Gestapo » Müller, l'ambassadeur Hewel, le chef de la garde rapprochée Rattenhuber et les généraux Weidling et Mohnke***. Toujours penché en avant, le bras gauche dissimulé derrière le dos, le regard vide, il tend à tous une main

* On fait donc avaler le contenu d'une ampoule à la chienne d'Hitler, Blondi, qui tombe foudroyée.

** La nouvelle de la désecration du corps de Mussolini, parvenue la veille, a dû renforcer la résolution d'Hitler à cet égard.

*** Commandant la défense du bunker.

molle, dévisage chacun mais ne voit plus personne[75]. À 15 h 30, alors que les tanks soviétiques ne sont plus qu'à cent mètres de la « forteresse », Hitler s'enferme dans son bureau en compagnie de son épouse. Celle-ci absorbe une des ampoules de cyanure*, tandis qu'Hitler porte un pistolet 7.65 à sa tempe – réglant ainsi définitivement ses lourds problèmes de santé**.

* Apparemment une ultime préoccupation esthétique, puisqu'elle avait confié à la secrétaire Traudl Junge : « Je veux faire un beau cadavre, alors je prendrai du poison. [...] Je veux bien mourir héroïquement, mais il faut au moins que ce soit sans douleur. » (Junge, Traudl, *Bis zur letzten Stunde*, *op. cit.*, p. 196.) Les fioles contenaient une dilution d'acide cyanhydrique, ou bleu de prusse, dont les effets étaient pratiquement instantanés.

** Le docteur Schenk, présent au même moment dans le bunker supérieur, affirmera qu'Hitler « avait absorbé simultanément une capsule de cyanure » – deux précautions valant mieux qu'une. Ce sera également la version de l'aide de camp Otto Günsche, mais la chose n'a jamais été confirmée.

Notes

1. Le mystère des origines

1. Hitler, Adolf, *Mein Kampf*, Eher Verlag, Munich, 1942, p. 2.

2. Jetzinger, Franz, *Hitlers Jugend*, Europa, Vienne, 1956, pp. 22 et 23.

3. Langer, William C., *The Mind of Adolf Hitler*, Basic Books, New York, p. 107.

4. « Mon Oncle Adolf », *Paris Soir*, 5 août 1939, pp. 4 et 5.

5. Hitler, Bridget, *The Memoirs of Bridget Hitler*, Duckworth, Londres, 1979, p. 82. Ce curieux ouvrage est issu d'un document de 225 pages non daté et inachevé, qui a été découvert au début des années soixante-dix dans la section des manuscrits de la New York Public Library. Il comporte nombre d'informations que seuls des membres de la famille comme Bridget Hitler et son fils pouvaient connaître, mais aussi bien des allégations fantaisistes, telles que celles concernant le séjour d'Hitler à Londres en 1912 ou les déclarations belliqueuses de Paula Hitler contre son frère. Tout cela a pu être ajouté par un nègre ou par un journaliste, afin de rendre le manuscrit plus aisément publiable. L'autre hypothèse est que Bridget Hitler – ou son fils – aurait fait quelques confidences à un romancier en mal de sensationnel.

6. Frank, Hans, *Im Angesicht des Galgens*, Beck Verlag, Munich, 1953, p. 330.

7. *Idem*, p. 331.

8. Hitler, Adolf, *Mein Kampf*, *op. cit.*, p. 54.

9. Dietrich, Otto, *Hitler*, Regnery, Chicago, 1955, p. 221 ; Schroeder, Christa, *Er war mein Chef*, Herbig, Munich, 1985, p. 65.

10. Schroeder, Christa, *Er war mein Chef*, *op. cit.*, pp. 63 et 64.

11. Hitler, Bridget, *The Memoirs of Bridget Hitler*, *op. cit.*, pp. 117 et 118.

12. Köhler, Hansjürgen, *Inside the Gestapo*, Pallas, Londres, 1940, pp. 142 et 143.

13. *Idem*, pp. 144-148.

14. *Idem*, p. 149.

15. *Idem*, pp. 161-164.

16. Boeselager, Philipp Freiherr von, *Nous voulions tuer Hitler*, Perrin, coll. « Tempus », Paris, 2008, p. 31.

17. Papen, Franz von, *Memoirs*, Andre Deutsch, Londres, 1952, p. 407.

18. Jetzinger, Franz, *Hitlers Jugend*, *op. cit.*, p. 287.

19. Weinberg, Gerhard, *Hitlers Zweites Buch*, IFZ, Munich/Stuttgart, 1961, chapitre VIII, p. 81.

20. Waite, Robert G., *Adolf Hitler, the Psychopathic God*, Da Capo, New York, 1993, p. 128.

21. Speer, Albert, *Erinnerungen*, Propyläen Verlag, Berlin, 1969, pp. 111 et 112.

22. Jetzinger, Franz, *Hitlers Jugend*, *op. cit.*, p. 291.

2. L'éloquence conquérante

1. Kubizek, August, *Adolf Hitler, mein Jugendfreund*, Leopold Stocker Verlag, Graz, 1995, p. 22.

2. Waite, Robert G., *Adolf Hitler, the Psychopathic God*, Da Capo, New York, 1993, p. 190.

3. Toland, John, *Adolf Hitler*, Ballantine, New York, 1976, p. 60.

4. Joachimsthaler, Anton, *Korrektur einer Biographie*, Herbig, Munich, 1989, p. 158.

5. Wiedemann, Fritz, *Der Mann, der Feldherr werden wollte*, Blick & Bild Verlag., Dortmund, 1964, pp. 27 et 29.

6. *Current History*, novembre 1941, vol. 1, p. 193. « *I was Hitler's Boss.* » Karl Mayr y est seulement présenté comme « *a former officer of the Reichswehr* ».

7. Waite, Robert G., *Adolf Hitler, the Psychopathic God*, *op. cit.*, p. 207.

8. Hitler, Adolf, *Mein Kampf*, *op. cit.*, p. 235.

9. *Ibid.*

10. *Idem*, p. 237.

11. Lüdecke, Kurt, *I Knew Hitler*, *op. cit.*, pp. 22, 344.

12. Strasser, Otto, *Hitler et moi*, Grasset, Paris, 1940, p. 19.

13. Schirach, Baldur von, *J'ai cru en Hitler*, Plon, Paris, 1968, pp. 38-40.

14. Hanfstaengl, Ernst, *Hitler, the Missing Years*, Arcade, New York, 1974, pp. 34-45, 68.

15. Langer, Walter C., *The Mind of Adolf Hitler*, Basic Books, New York, 1972, p. 129.

16. Hanfstaengl, Ernst, *Hitler, the Missing Years*, *op. cit.*, p. 70.

17. Linge, Heinz, *Bis zum Untergang*, Herbig, Munich, 1980, p. 113.

18. Wiedemann, Fritz, *Der Mann, der Feldherr werden wollte*, *op. cit.*, p. 55.

19. Lüdecke, Kurt, *I Knew Hitler*, *op. cit.*, p. 78.

20. Bullock, Alan, *Hitler, a Study in Tyranny*, Odhams, Londres, 1952, pp. 115-117.

21. Lüdecke, Kurt, *I Knew Hitler*, *op. cit.*, pp. 216 et 217 ; Hanfstaengl, Ernst, *Hitler, the Missing Years*, *op. cit.*, pp. 114 et 115.

22. Strasser, Otto, *Hitler et moi*, *op. cit.*, p. 64.

23. Frank, Hans, *Im Angesicht des Galgens*, *op. cit.*, p. 45.

24. Hanfstaengl, Ernst, *Hitler, the Missing Years*, *op. cit.*, pp. 176, 177, 181.

25. Lüdecke, Kurt, *I Knew Hitler*, *op. cit.*, p. 94.

26. Schramm, Percy E., *Hitler, the Man and the Military Leader*, Quadrangle, Chicago, 1971, p. 71.

27. Linge, Heinz, *Bis zum Untergang*, *op. cit.*, p. 112.

28. Schirach, Baldur von, *J'ai cru en Hitler*, *op. cit.*, pp. 37 et 38.

29. Picker, Henry, *Hitlers Tischgespräche*, *op. cit.*, p. 432.

30. Schirach, Baldur von, *J'ai cru en Hitler*, *op. cit.*, pp. 37 et 38.

31. Strasser, Otto, *Hitler et moi*, *op. cit.*, pp. 78 et 79.

32. Hanfstaengl, Ernst, *Hitler, the Missing Years*, *op. cit.*, pp. 265-267.

33. Rauschning, Hermann, *Hitler m'a dit*, Somogy, Paris, 1979, p. 237.

34. *Idem*, pp. 286 et 287.

35. Schramm, Percy Ernst, *Hitler, the Man and the Military Leader*, *op. cit.*, p. 35.

36. Rauschning, Hermann, *Hitler m'a dit*, *op. cit.*, pp. 286 et 287.

37. Strasser, Otto, *Hitler et moi*, *op. cit.*, p. 78.

38. Schirach, Baldur von, *J'ai cru en Hitler*, *op. cit.*, p. 40.

3. Une boîte de scorpions

1. Schmidt, Paul, *Statist auf diplomatischer Bühne*, Athenäum Verlag, Bonn, 1953, p. 478.

2. Voir en particulier : Schirach, Baldur von, *J'ai cru en Hitler*, *op. cit.*, pp. 136-143.

3. BA-MA, Lw 104, *Bericht über die Befragung des Generalfeldmarschalls Milch*, 13 septembre 1955, pp. 1 et 2.

4. Wiedemann, Fritz, *Der Mann, der Feldherr werden wollte*, Blick & Bild Verlag, Dortmund, 1964, p. 196.

5. Frank, Hans, *Im Angesicht des Galgens*, *op. cit.*, p. 165.

6. Schacht, Hjalmar, *My First Seventy-Six Years*, Allan Wingate, Londres, 1955, p. 457.

7. Schirach, Baldur von, *J'ai cru en Hitler*, *op. cit.*, p. 213.

8. A. Bullock *in* Schellenberg, Walter, *The Labyrinth*, Da Capo, Londres, 2000, p. VIII.

9. Lüdecke, Kurt, *I Knew Hitler*, *op. cit.*, p. 211.

10. *Idem*, p. 474.

11. Rauschning, Hermann, *Hitler m'a dit*, *op. cit.*, pp. 112 et 113.

12. Köhler, Hansjürgen, *Inside Information*, Pallas, Londres, 1940, pp. 75 et 76.

13. *Idem*, pp. 218-220.

14. *Idem*, p. 206.

15. *Idem*, p. 207.

16. Schirach, Baldur von, *J'ai cru en Hitler*, *op. cit.*, p. 238.

17. Fest, Joachim C., *Les Maîtres du IIIe Reich*, Grasset, Paris, 1965, pp. 69 et 70.

18. Speer, Albert, *Errinerungen*, Propyläen Verlag, Berlin, 1971, pp. 342 et 343.

19. Müllern-Schönhausen, Johannes von, *Die Lösung des Rätsels Adolf Hitler*, VFWF, Vienne, non daté, p. 174. Voir également Gordon, Mel, *Hitler's Jewish Clairvoyant*, Feral House, Los Angeles, 2001.

20. Köhler, Hansjürgen, *Inside Information*, *op. cit.*, pp. 209, 221.

21. Hanfstaengl, Ernst, *Hitler, the Missing Years*, *op. cit.*, pp. 247 et 248.

22. Wiedemann, Fritz, *Der Mann, der Feldherr werden wollte*, *op. cit.*, p. 196.

23. Hanfstaengl, Ernst, *Hitler, the Missing Years*, *op. cit.*, p. 216.

24. Lüdecke, Kurt, *I Knew Hitler*, *op. cit.*, p. 265.

25. Wiedemann, Fritz, *Der Mann, der Feldherr werden wollte*, *op. cit.*, p. 79.

26. Hanfstaengl, Ernst, *Hitler, the Missing Years*, *op. cit.*, p. 222.

27. Heiden, Konrad, *Der Fuehrer*, Houghton Mifflin, Boston, 1944, p. 325.

28. Wiedemann, Fritz, *Der Mann, der Feldherr werden wollte*, *op. cit.*, p. 174.

29. Hanfstaengl, Ernst, *Hitler, the Missing Years*, *op. cit.*, p. 222.

30. Weizsäcker, Ernst von, *Erinnerungen*, Paul List Verlag, Munich, 1950, p. 199.

31. Rauschning, Hermann, *Hitler m'a dit*, *op. cit.*, p. 153.

32. Kersten Felix, *The Kersten Memoirs*, Macmillan, New York, 1957, p. 132.

33. Schmidt, Paul, *Statist auf diplomatischer Bühne*, *op. cit.*, p. 585. Constatation identique dans Dietrich, Otto, *Hitler*, *H.* Regnery, Chicago, 1955, p. 126.

34. Strasser, Otto, *Hitler et moi*, *op. cit.*, p. 19.

35. Rauschning, Hermann, *Hitler m'a dit, op. cit.*, p. 99.
36. Dietrich, Otto, *Hitler, op. cit.*, pp. 16 et 17.
37. Schacht, Hjalmar, *My First Seventy-Six Years, op. cit.*, p. 368.
38. Interview du contre-amiral Karl Jesko von Puttkamer par l'auteur, Munich, 4 juin 1974.
39. Lüdecke, Kurt, *I Knew Hitler, op. cit.*, pp. 603-605.
40. Spitzy, Reinhard, *So haben wir das Reich verspielt*, Langen Müller, Munich, 1988, p. 479.

4. La Nuit des longs couteaux

1. Hanfstaengl, Ernst, *Hitler, the Missing Years, op. cit.*, p. 246.
2. Irving, David, *Hess, the Missing Years*, Macmillan, Londres, 1987, p. 22.
3. Lüdecke, Kurt, *I Knew Hitler, op. cit.*, p. 597.
4. Rauschning, Hermann, *Hitler m'a dit, op. cit.*, pp. 174 et 175.
5. *Idem*, p. 178.
6. Lüdecke, Kurt, *I Knew Hitler, op. cit.*, pp. 428 et 429.
7. *Völkischer Beobachter*, 4 janvier 1934.
8. Rauschning, Hermann, *Hitler m'a dit, op. cit.*, p. 179.
9. *Idem*, p. 115.
10. Toland, John, *Adolf Hitler, op. cit.*, p. 452 ; Kershaw, Ian, *Hitler, op. cit.*, vol. I, p. 505.
11. Höhne, Heinz, *Mordsache Röhm*, Reinbek, Hambourg, 1984, p. 206.
12. Schirach, Baldur von, *J'ai cru en Hitler, op. cit.*, pp. 150 et 151.
13. Strasser, Otto, *Hitler et moi, op. cit.*, p. 197.
14. *Völkischer Beobachter*, 26 juin 1934.
15. Kershaw, Ian, *Hitler, op. cit.*, vol. I, pp. 511 et 512.
16. Köhler, Hansjürgen, *Inside the Gestapo, op. cit.*, p. 115.
17. *Frankfurter Rundschau*, 14 mai 1957.
18. Holborn, H. (éd.), *Republic to Reich*, Pantheon, New York, 1972, p. 235.
19. Gisevius, Hans Bernd, *Bis zum bittern Ende*, Fretz & Wasmuth Verlag, Zurich, 1946, pp. 184 et 185.

20. Baur Hans, *Hitler's Pilot*, Frederick Muller, Londres, 1958, p. 62.

21. Toland, John, *Adolf Hitler*, *op. cit.*, p. 462.

22. Baur Hans, *Hitler's Pilot*, *op. cit.*, p. 64.

23. *Frankfurter Rundschau*, 14 mai 1957.

24. Strasser, Otto, *Hitler et moi*, *op. cit.*, p. 209.

25. Höhne, Heinz, *The Order of the Death's Head*, Pan Books, Londres, 1972, p. 105 ; Gallo, Max, *La Nuit des longs couteaux*, Paris, Tallandier, 2007, p. 295.

26. Papen, Franz von, *Memoirs*, *op. cit.*, p. 315.

27. *Idem*, p. 316.

28. Bross, Werner, *Gespräche mit Göring*, Arndt Verlag, Kiel, 2003, p. 18.

29. Heiden, Konrad, *Der Führer*, Houghton Mifflin, Boston, 1944, pp. 766 et 767.

30. Gisevius, Hans Bernd, *Bis zum bittern Ende*, *op. cit.*, pp. 142-144.

31. Irving, David, *The Rise and Fall of the Luftwaffe*, Little, Brown, Boston, 1973, p. 41.

32. Gisevius, Hans Bernd, *Bis zum bittern Ende*, *op. cit.*, p. 145.

33. Sommerfeldt, Hans Martin, *Ich war dabei*, Drei Quellen Verlag, Darmstadt, 1949, p. 76.

34. Gisevius, Hans Bernd, *Bis zum bittern Ende*, *op. cit.*, pp. 149 et 150.

35. *Idem*, p. 154.

36. Seraphim, Hans Günther (éd.), *Das Politische Tagebuch Alfred Rosenbergs*, Musterschmidt, Göttingen, 1956, p. 46 (7 juillet 1934).

37. Köhler, Hansjürgen, *Inside the Gestapo*, *op. cit.*, p. 121.

38. Seraphim, Hans Günther (éd.), *Das Politische Tagebuch Alfred Rosenbergs*, *op. cit.*, p. 46.

39. Toland, John, *Adolf Hitler*, *op. cit.*, p. 469.

40. Gisevius, Hans Bernd, *Bis zum bittern Ende*, *op. cit.*, pp. 152-154.

41. *Idem*, pp. 155 et 156.

42. *Idem*, pp. 156 et 157.

43. Gallo, Max, *La Nuit des longs couteaux*, *op. cit.*, p. 373 ; Kershaw, Ian, *Hitler*, *op. cit.*, vol. I, p. 516.

44. Fromm, Bella, *Blood and Banquets*, Carol, New York, 1990, p. 175.

45. Speer, Albert, *Erinnerungen*, Propyläen, Berlin, 1971, p. 65.

46. Rauschning, Hermann, *Hitler m'a dit, op. cit.*, pp. 191 et 192.

47. *Idem*, pp. 193-195.

5. L'homme à femmes

1. Jetzinger, Franz, *Hitler's Youth*, Hutchinson, Londres, 1958, p. 71.

2. *Idem*, p. 107.

3. *Idem*, p. 121, interview d'August Kubizek.

4. Kubizek, August, *Adolf Hitler, mein Jugendfreund*, Leopold Stocker Verlag, Graz, 1995, p. 229.

5. *Idem*, p. 239.

6. Hitler, Adolf, *Mein Kampf, op. cit.*, pp. 269 et 270.

7. Waite, Robert G., *Adolph Hitler, the Psychopathic God*, Da Capo, New York, 1993, p. 233.

8. Schroeder, Christa, *Er war mein Chef*, Herbig, Munich, 1985, p. 40.

9. Kubizek, August, *Adolf Hitler, mein Jugendfreund, op. cit.*, p. 230.

10. Joachimsthaler, Anton, *Korrektur einer Biographie*, Herbig, Munich, 1989, p. 162.

11. *Der Spiegel*, n° 46, 1977, p. 127 ; Maser, Werner, *Adolf Hitler, Legende, Mythos, Wirklichkeit*, Bechtle, Munich, 1974, p. 528.

12. Hanfstaengl, Ernst, *Hitler, the Missing Years*, Arcade, New York, 1974, pp. 34-45, 68.

13. Lüdecke, Kurt, *I Knew Hitler, op. cit.*, p. 99

14. Strasser, Otto, *Hitler et moi, op. cit.*, pp. 83 et 84.

15. Picker, Henry, *Hitlers Tischgespräche im Führerhauptquartier*, Ullstein, Berlin, 1989, p. 124.

16. *Ibid.*

17. Hanfstaengl, Ernst, *Hitler, the Missing Years, op. cit.*, p. 137.

18. Hoffmann, Heinrich, *Hitler was my Friend*, Frontline Books, Londres, 2011, p. 145.

19. Picker, Henry, *Hitlers Tischgespräche im Führerhauptquartier*, *op. cit.*, p. 89.

20. Schroeder, Christa, *Er war mein Chef*, Herbig, Munich, 1985, p. 157.

21. Knopp, Guido (éd.), *Geheimnisse des Dritten Reichs*, Bertelsmann, Munich, 2011, pp. 286-289.

22. Strasser, Otto, *Hitler et moi*, *op. cit.*, pp. 84 et 85.

23. Köhler, Hansjürgen, *Inside Information*, Pallas, Londres, 1940, pp. 13, 23.

24. Hanfstaengl, Ernst, *Hitler, the Missing Years*, *op. cit.*, p. 162.

25. Strasser, Otto, *Hitler et moi*, *op. cit.*, p. 85.

26. Heiden, Konrad, *Der Fuehrer*, *op. cit.*, pp. 384 et 385.

27. Hanfstaengl, Ernst, *Hitler, the Missing Years*, *op. cit.*, p. 163.

28. Baur Hans, *Hitler's Pilot*, Frederick Muller, Londres, 1958, pp. 36 et 37.

29. Gun, Nerin, *Eva Braun – Hitler, Leben und Schicksal*, Blick & Bild Verlag, 1968, p. 54.

30. Schirach, Baldur von, *J'ai cru en Hitler*, *op. cit.*, p. 107.

31. Hoffmann, Heinrich, *Hitler Was My Friend*, *op. cit.*, p. 162.

32. Schroeder, Christa, *Er war mein Chef*, *op. cit.*, p. 156.

33. Gun, Nerin, *Eva Braun – Hitler, Leben und Schicksal*, *op. cit.*, p. 75.

34. Schroeder, Christa, *Er war mein Chef*, *op. cit.*, p. 129.

35. Interview de Rochus Misch par A. Dauer et F. Delpla, Berlin, 28 octobre 2006, p. 3. Misch, Rochus, *Der letzte Zeuge*, Pendo, Zürich, 2008, p. 111.

36. Speer, Albert, *Erinnerungen*, *op. cit.*, p. 60.

37. *Idem*, p. 106.

38. Hanfstaengl, Ernst, *Hitler, the Missing Years*, *op. cit.*, p. 273.

39. Kersten, Felix, *Jeg var Himmlers Lege*, Gyldendal, Oslo, 1947, p. 158.

40. *Ibid.* Voir également du même auteur : *Klerk en Beul, Himmler van Nabij*, J. M. Meulenhoff, Amsterdam, 1948, p. 42.

D'après les deux versions, ce rapport affirmait catégoriquement qu'Hitler n'était pas homosexuel.

41. Schroeder, Christa, *Er war mein Chef, op. cit.*, p. 167.

42. Hoffmann, Heinrich, *Hitler was my Friend, op. cit.*, p. 165.

43. Rauschning, Hermann, *Hitler m'a dit, op. cit.*, p. 291.

44. Hanfstaengl, Ernst, *Hitler, the Missing Years, op. cit.*, p. 169.

45. Schirach, Baldur von, *J'ai cru en Hitler, op. cit.*, p. 85.

46. Wagener, Otto, *Hitler aus nächster Nähe, op. cit.*, p. 358.

47. Pour une description plus détaillée, voir par exemple Schroeder, Christa, *Er war mein Chef, op. cit.*, p. 160 ; Wagener, Otto, *Hitler aus nächster Nähe, op. cit.*, p. 196 ; Hanfstaengl, Ernst, *Hitler, the Missing Years, op. cit.*, p. 194 ; Knopp, Guido (éd.), *Geheimnisse des Dritten Reichs, op. cit.*, pp. 292 et 293 ; Gun, Nerin, *Eva Braun – Hitler, Leben und Schicksal, op. cit.*, pp. 65, 152.

48. Dietrich, Otto, *Hitler, op. cit.*, pp. 218 et 219.

49. Hanfstaengl, Ernst, *Hitler, the Missing Years, op. cit.*, p. 241.

50. Köhler, Hansjürgen, *Inside Information, op. cit.*, p. 25.

51. Schellenberg, Walter, *The Labyrinth*, Da Capo, Londres, 2000, p. 94.

52. Langer, Walter C., *The Mind of Adolf Hitler*, Basic Books, New York, 1972, p. 171. (Interview de A. Zeissler, 24 juin 1943.)

53. Dans le cas de Gretl Slezak, voir Gun, Nerin, *Eva Braun – Hitler, Leben und Schicksal, op. cit.*, p. 151.

6. L'affaire Rudolf Hess

1. Hess, Ilse, *England – Nürnberg – Spandau, Ein Schicksal in Briefen*, Druffel Verlag, Leoni, 1967, p. 45.

2. Frank, Hans, *Im Angesicht des Galgens, op. cit.*, pp. 46 et 47.

3. Sereny, Gitta, *Albert Speer, his Battle with Truth*, Picador, Oxford, 1996, p. 623.

4. Irving, David, *Hess, the Missing Years*, Macmillan, Londres, 1987, pp. 16 et 17.

5. Padfield, Peter, *Hess, Flight for the Führer*, Weidenfeld & Nicolson, Londres, 1991, p. 61.

6. Krosigk, Schwerin von, *Es geschah in Deutschland*, Rainer Wunderlich, Tübingen, 1951, p. 240.

7. Frank, Hans, *Im Angesicht des Galgens*, *op. cit.*, p. 165.

8. Padfield, Peter, *Hess, Flight for the Führer*, *op. cit.*, pp. 74 et 75.

9. Irving, David, *Hess, the Missing Years*, *op. cit.*, p. 31.

10. Padfield, Peter, *Hess, Flight for the Führer*, *op. cit.*, pp. 34, 82 et 83.

11. Schirach, Baldur von, *J'ai cru en Hitler*, *op. cit.*, p. 205.

12. Hanfstaengl, Ernst, *Hitler, the Missing Years*, *op. cit.*, p. 71.

13. Speer, Albert, *Erinnerungen*, *op. cit.*, p. 190.

14. IWM, GHS 2, Shakespeare Papers, *Secret Memo to secretary of State*, 14 mai 1941.

15. Weizsäcker, Ernst von, *Erinnerungen*, Paul List, Munich, 1948, p. 171.

16. Krosigk, Schwerin von, *Es geschah in Deutschland*, *op. cit.*, p. 240.

17. Müllern-Schönhausen, J. von, *Die Lösung des Rätsels Adolf Hitler*, VFWF, Vienne, 1959, p. 165.

18. Schmidt, Rainer F., *Rudolf Hess, « Botengang eines Toren » ?*, Econ Verlag, Düsseldorf, 1997, p. 62.

19. Wiedemann, Fritz, *Der Mann der Feldherr werden wollte*, *op. cit.*, pp. 191 et 192.

20. Irving, David, *Hess, the Missing Years*, *op. cit.*, p. 43.

21. Padfield, Peter, *Hess, Flight for the Führer*, *op. cit.*, p. 70.

22. Speer, Albert, *Erinnerungen*, *op. cit.*, p. 190.

23. Dietrich, Otto, *Hitler*, *op. cit.*, p. 31.

24. *Idem*, p. 148.

25. Speer, Albert, *Erinnerungen*, *op. cit.*, p. 152.

26. Schroeder, Christa, *Er war mein Chef*, Herbig, Munich, 1985, p. 33.

27. Irving, David, *Hess, the Missing Years*, *op. cit.*, p. 25.

28. Hitler, Adolf, *Mein Kampf*, *op. cit.*, p. 755.

29. Lüdecke, Ernst, *I Knew Hitler*, *op. cit.*, p. 267.

30. Schroeder, Christa, *Er war mein Chef*, *op. cit.*, p. 192.

31. Hitler, Adolf, *Hitler's Second Book*, Enigma, New York, 2003, p. 173.

32. Rauschning, Hermann, *Hitler m'a dit*, *op. cit.*, pp. 137 et 138.

33. Frank, Hans, *Im Angesicht des Galgens*, *op. cit.*, p. 216.

34. Padfield, Peter, *Hess, Flight for the Führer*, *op. cit.*, p. 89.

35. CCAC, Christie Papers, CHRS 1/5, *Notes from a conversation with Goering*, 3 février 1937, et *Report of a meeting with Goering*, 28 juillet 1937.

36. Winterbotham, Frederick W., *The Ultra Spy*, Papermac, Londres, 1991, pp. 137-139.

37. *Idem*, pp. 127 et 128.

38. Bird, Eugene K., *Prisoner # 7, Rudolf Hess*, Viking Press, New York, 1974, p. 217. Mais ils ont sans doute assisté à la même réception ; voir : James, R. R. (éd.), *The Diaries of Sir Henry Channon*, Weidenfeld & Nicolson, Londres, 1967, p. 304.

39. IMT, vol. XXV, doc. 386-PS ; DGFP, Series D, vol. 1, pp. 29-39, doc. 19, Hossbach Minutes, 5 novembre 1937.

40. Lossberg, Bernhard von, *Im Wehrmachtsführungsstab*, Nölke Verlag, Hambourg, 1950, pp. 31 et 32.

41. Hamilton, James Douglas, *Motive for a Mission*, Londres, 1972, pp. 91 et 92.

42. Irving, David, *Hess, the Missing Years*, *op. cit.*, p. 45.

43. *Idem*, p. 49.

44. Seraphim, Hans Günther, *Tagebuch Alfred Rosenbergs*, *op. cit.*, p. 67.

45. FRUS 1940, Bd. 1, p. 50, 3 mars 1940.

46. Kersten, Felix, *The Kersten Memoirs*, Macmillan, New York, 1957, p. 89.

47. Baur, Hans, *Hitler's Pilot*, Frederick Muller, Londres, 1958, p. 114.

48. Kersten, Felix, *The Kersten Memoirs*, *op. cit.*, p. 88.

49. BA-MA, HC 832, *Streng Geheim, Albrecht Haushofer Memorandum*, 15 septembre 1940.

50. Schmidt, Rainer F., *Rudolf Hess, « Botengang eines Toren » ?*, *op. cit.*, pp. 121-123.

51. *Idem*, p. 121.

52. Padfield, Peter, *Hess, Flight for the Führer*, *op. cit.*, p. 140.

53. Hess, Ilse, *England – Nürnberg – Spandau*, Druffel Verlag, Leoni, 1967, p. 42.

54. *Idem*, p. 14.

55. Schmidt, Rainer F., *Rudolf Hess, « Botengang eines Toren » ?*, *op. cit.*, p. 157.

56. Baur, Hans, *Hitler's Pilot*, *op. cit.*, pp. 125 et 126.

57. Kempner, Robert, *Das Dritte Reich im Kreuzverhör*, Bechtle, Munich, 1969, p. 104.

58. Hassel, Ulrich von, *Vom Andern Deutschland*, Atlantis Verlag, Zurich, 1946, p. 204.

59. Masterman, J. C., *The Double-Cross System*, Yale University Press, New Haven, 1972, p. 85 ; Popov, Dusko, *Spy Counterspy*, Fawcett, London, 1975, pp. 75, 76 et 117.

60. Schmidt, Rainer F., *Rudolf Hess, « Botengang eines Toren » ?*, *op. cit.*, p. 170.

61. Irving, David, *Hess, the Missing Years*, *op. cit.*, pp. 60 et 61.

62. Kersten, Felix, *The Kersten Memoirs*, *op. cit.*, p. 89.

63. Krosigk, Schwerin von, *Es geschah in Deutschland*, *op. cit.*, p. 241.

64. Irving, David, *Hess, the Missing Years*, *op. cit.*, p. 60.

65. NA, RG 238, Jackson papers, Box 180, « *Hess* », Wolfgang Bechtold statement, 30 avril 1946.

66. Hess, Ilse, *England – Nürnberg – Spandau*, *op. cit.*, pp. 19 et 128.

67. *Idem*, p. 31.

68. *Idem*, p. 32.

69. *Idem*, p. 35.

70. Speer, Albert, *Erinnerungen*, *op. cit.*, p. 189.

71. Schmidt, Rainer F., *Rudolf Hess, « Botengang eines Toren » ?*, *op. cit.*, p. 189.

72. Dietrich, Otto, *Hitler*, *op. cit.*, p. 62.

73. Speer, Albert, *Erinnerungen*, *op. cit.*, p. 189.

74. Engel, Gerhard, *Heeresadjutant bei Hitler 1938-1943*, DVA, Stuttgart, 1974, p. 103.

75. Below, Nicolaus von, *At Hitler's Side*, Greenhill, Londres, 2001, p. 98.

76. Schmidt, Paul, *Statist auf Diplomatischer Bühne*, Athenäum Verlag, Bonn, 1953, p. 549.

77. Gilbert, G. M., *Nuremberg Diary*, Da Capo, New York, 1995, p. 146.

78. Schellenberg, Walter, *The Labyrinth*, *op. cit.*, p. 184.

79. Spitzy, Reinhard, *So haben wir das Reich verspielt*, Langen Müller, Munich, 1988, p. 420.

80. Dietrich, Otto, *Hitler*, *op. cit.*, pp. 62 et 63.

81. Hess, Ilse, *England – Nürnberg – Spandau*, *op. cit.*, p. 27.

82. Speer, Albert, *Erinnerungen*, *op. cit.*, p. 189.

83. Schaub, Julius, *In Hitlers Schatten*, *op. cit.*, p. 219.

84. Benoist-Méchin, Jacques, *À l'épreuve du temps*, Perrin, Paris, 2011, p. 377.

85. *Idem*, p. 388.

86. Engel, Gerhard, *Heeresadjutant bei Hitler 1938-1943*, *op. cit.*, p. 105.

87. Benoist-Méchin, Jacques, *À l'épreuve du temps*, *op. cit.*, p. 397.

88. Engel, Gerhard, *Heeresadjutant bei Hitler 1938-1943*, *op. cit.*, p. 105.

89. Dietrich, Otto, *Hitler*, *op. cit.*, p. 63.

90. Fröhlich, Elke (éd.), *Die Tagebücher von Joseph Goebbels*, Teil II Bd. 4, p. 640, Munich, 1993.

91. Schirach, Baldur von, *J'ai cru en Hitler*, *op. cit.*, p. 208.

92. Frank, Hans, *Im Angesicht des Galgens*, *op. cit.*, p. 411.

93. Longerich, Peter, *Himmler*, Héloïse d'Ormesson, Paris, 2010, p. 505.

94. Engel, Gerhard, *Heeresadjutant bei Hitler 1938-1943*, *op. cit.*, p. 105.

95. Baur, Hans, *Hitler's Pilot*, *op. cit.*, p. 126.

96. Picker, Henry (éd.), *Hitlers Tischgespräche im Führerhauptquartier*, Ullstein Verlag, Hambourg, 1989, p. 228.

97. Interview du contre-amiral Karl Jesco von Puttkamer par l'auteur, 4 août 1974.

98. Speer, Albert, *Erinnerungen*, *op. cit.*, p. 191.

99. Schellenberg, Walter, *The Labyrinth*, *op. cit.*, p. 187.

100. Kemper, Robert M. (éd.), *Das Dritte Reich im Kreuzverhör*, Munich, 1969, p. 103.

101. Linge, Heinz, *Bis zum Untergang*, Herbig, Munich, 1980, p. 142.

102. Schwarzwäller, Wulf, *Rudolf Hess, der Stellvertreter*, Delphin Verlag, Munich, 1987, p. 184.

103. *Der Spiegel*, 30 mai 2011.

104. Patzöld, Kurt, *et al*, *Rudolf Hess, der Mann an Hitlers Seite*, *op. cit.*, p. 276 ; Irving, David, *Hess, the Missing Years*,

op. cit., p. 92, 133, 135 ; Kelley, Douglas M., *22 Cells in Nuremberg*, W. H. Allen, Londres, 1947, p. 21 ; Hess, Wolf Rüdiger, *My Father Rudolf Hess*, Star, Londres, 1987, p. 113 ; Padfield, Peter, *Hess, Flight for the Führer*, *op. cit.*, p. 226 ; Hess, Ilse, *England – Nürnberg – Spandau*, *op. cit.*, pp. 25 et 128 ; etc.

105. Bird, Eugene K., *Prisoner # 7, Rudolf Hess*, *op. cit.*, p. 210.

7. Canaris et la guerre des services secrets

1. Brissaud André, *Canaris*, Perrin, Paris, 1970, p. 59.

2. Mueller, Michael, *Canaris, Hitlers Abwehrchef*, List Verlag, Berlin, 2007, pp. 56-58.

3. Leverkuehn, Paul, *German Military Intelligence*, Weidenfeld & Nicolson, Londres, 1954, p. 196.

4. Gehlen Reinhard, *Der Dienst*, Hase, Mayence, 1971, p. 46.

5. Höhne, Heinz, *Canaris, Patriot im Zwielicht*, Bertelsmann, Munich, 1976, pp. 152-158.

6. Abshagen, Karl-Heinz, *Canaris, Patriot und Weltburger*, UDV, Stuttgart, 1955, pp. 110 et 230.

7. *Idem*, p. 147.

8. *Idem*, p. 148.

9. Schellenberg, Walter, *The Labyrinth*, Da Capo, Londres, 2000, p. 193 (dans l'édition anglaise seulement, voir note 51) ; Brissaud André, *Canaris*, *op. cit.*, p. 511.

10. Höhne, Heinz, *Canaris, Patriot im Zwielicht*, *op. cit.*, p. 243.

11. NA, Kv 2/173, Lahousen interrogation, 7 août 1945.

12. IMT, vol. II, p. 444, 30 novembre 1945 ; Abshagen, Karl-Heinz, *Canaris, Patriot und Weltburger*, *op. cit.*, p. 182.

13. DDI, *Documenti Diplomatici Italiani*, vol. VIII, p. 46, Magistrati au ministre des Affaires étrangères Ciano, Berlin, 16 août 1939.

14. Gisevius, Hans Bernd, *Bis zum bittern Ende*, Fretz & Wasmuth, Zurich, 1946, p. 408.

15. Müller, Josef, *Bis zur letzten Konsequenz*, Süddeutscher Verlag, Munich, 1976, p. 17.

16. Spitzy, Reinhard, *So haben wir das Reich verspielt*, *op. cit.*, pp. 388-389.

17. IFZ, Nuremberg, doc. PS-3047, Serie II, Blatt 2 ; Müller, Josef, *Bis zur letzten Konsequenz*, *op. cit.*, p. 103.

18. IMT, vol. II, p. 446, 30 novembre 1945.

19. Brissaud André, *Canaris*, *op. cit.*, p. 312.

20. Müller, Josef, *Bis zur letzten Konsequenz*, *op. cit.*, pp. 110 et 111.

21. Brissaud André, *Canaris*, *op. cit.*, pp. 525-527 ; Dulles, Allen W., *Germany's Underground*, Macmillan, New York, 1947, pp. 90-92.

22. Höhne, Heinz, *Canaris, Patriot im Zwielicht*, *op. cit.*, p. 343.

23. Gisevius, Hans Bernd, *Bis zum bittern Ende*, *op. cit.*, p. 470.

24. Weizsäcker, Ernst von, *Erinnerungen*, Paul List Verlag, Munich, 1950, p. 297 ; Gisevius, Hans Bernd, *Bis zum bittern Ende*, *op. cit.*, p. 470.

25. Müller, Josef, *Bis zur letzten Konsequenz*, *op. cit.*, p. 16.

26. *Idem*, pp. 14, 15 et 99.

27. Mueller, Michael, *Canaris, Hitlers Abwehrchef*, *op. cit.*, pp. 323 et 324.

28. Popov, Dusko, *Spy Counter-Spy*, Fawcett, Greewich, 1974, pp. 67 et 68.

29. Mueller, Michael, *Canaris, Hitlers Abwehrchef*, *op. cit.*, p. 381.

30. Höhne, Heinz, *Canaris, Patriot im Zwielicht*, *op. cit.*, pp. 463 et 464.

31. Colvin, Ian, *Chief of Intelligence*, Victor Gollancz, Londres, 1954, p. 163.

32. Brissaud, André, *Canaris*, *op. cit.*, p. 570.

33. Spitzy, Reinhard, *So haben wir das Reich verspielt*, *op. cit.*, p. 413.

34. Dulles, Allen W., *Germany's Underground*, Macmillan, New York, 1947, p. 157.

35. Abshagen, Karl-Heinz, *Canaris, Patriot und Weltburger*, *op. cit.*, p. 312.

36. IFZ, FD 47, *Auszug aus Tagebuch Canaris*, 7 mars 1943, pp. 128-130.

37. Schlabrendorff, Fabian von, *The Secret War Against Hitler*, Hodder Stoughton, Londres, 1966, p. 235.

38. Gersdorff, Rudolf von, *Soldat im Untergang*, Ullstein, Berlin, 1977 ; Boeselager, Philipp von, *Nous voulions tuer Hitler*, Perrin, coll. « Tempus », Paris, 2008 ; Schlabrendorff, Fabian von, *The Secret War Against Hitler*, *op. cit.*

39. Buchheit, Gert, *Der Deutsche Geheimdienst*, *op. cit.*, p. 245.

40. Charles Wighton, *Les Espions de Hitler*, Fayard, Paris, 1965, p. 16 ; André Brissaud, *Canaris*, Perrin, Paris, 1970, pp. 588-591.

41. DNTC, Office of US chief of Counsel for Prosecution of Axis crimes, IDS, vol. IX, 18 septembre 1945 et 10 novembre 1945 ; Höhne, Heinz, *Canaris, Patriot im Zwielicht*, *op. cit.*, pp. 453 et 471.

42. Gisevius, Hans Bernd, *Bis zum bittern Ende*, *op. cit.*, p. 470.

43. Stahlberg, Alexander, *Die verdammte Pflicht*, Ullstein, Berlin, 1990, pp. 314 et 315.

44. Laqueur, Walter, *The Terrible Secret*, Little, Brown, Boston, 1980, pp. 209 et 210. Brissaud, André, *Canaris*, *op. cit.*, p. 645.

45. Gisevius, Hans Bernd, *Bis zum bittern Ende*, *op. cit.*, p. 467.

46. Masterman, J. C., *The Double-Cross System in the War*, Yale University Press, 1972, pp. 36-59, 164-185.

47. Höhne, Heinz, *Canaris, Patriot im Zwielicht*, *op. cit.*, p. 493.

48. *Idem*, pp. 492-494.

49. *Idem*, p. 485.

50. *Ibid.*

51. Schlabrendorff, Fabian von, *The Secret War Against Hitler*, *op. cit.*, p. 273.

52. Mueller, Michael, *Canaris, Hitlers Abwehrchef*, *op. cit.*, p. 399.

53. Brissaud André, *Canaris*, *op. cit.*, p. 630.

54. Schellenberg, Walter, *Aufzeichnungen des letzten Geheimdienstchefs unter Hitler*, Moewig Verlag, Rastatt, 1981, p. 396.

55. Schellenberg, Walter, *The Labyrinth*, Da Capo, Londres, 2000, pp. 355-356. Ce passage n'apparaît pas dans l'édition allemande. Schellenberg avait laissé des éléments de Mémoires

en désordre, et les divers éditeurs y avaient opéré leur propre sélection.

56. Schellenberg, Walter, *Aufzeichnungen*, *op. cit.*, pp. 334-339.

57. Hassel, Ulrich von, *Vom Andern Deutschland*, Atlantis Verlag, Zurich, 1946, p. 290 ; 332. Spitzy, Reinhard, *So haben wir das Reich verspielt*, Langen Müller, Munich, 1988, pp. 440-444 ; Kersten, Felix, *The Kersten Memoirs*, Macmillan, New York, 1957, pp. 192-197 ; Schellenberg, Walter, *Aufzeichnungen*, *op. cit.*, p. 352.

58. Spitzy, Reinhard, *So haben wir das Reich verspielt*, *op. cit.*, pp. 455 et 456.

59. Schlabrendorff, Fabian von, *The Secret War Against Hitler*, *op. cit.*, p. 273.

60. Brissaud André, *Canaris*, *op. cit.*, p. 639.

61. Reile, Oskar, *Der Deutsche Geheimdienst – Westfront*, Westbild, Augsbourg, 1990, p. 351.

62. Kersten, Felix, *The Kersten Memoirs*, Macmillan, New York, 1957, p. 202.

63. Mueller, Michael, *Canaris, Hitlers Abwehrchef*, *op. cit.*, pp. 14-18.

64. Müller, Josef, *Bis zur letzten Konsequenz*, *op. cit.*, pp. 213 et 220.

65. SUA, HP 39 F, *Trosamemorandum Schellenberg* ; HP 1 An, Kersten – Günther, 24-25 avril 1945.

66. Buchheit, Gert, *Der Deutsche Geheimdienst*, *op. cit.*, p. 445.

67. *Idem*, p. 444.

68. Müller, Josef, *Bis zur letzten Konsequenz*, *op. cit.*, p. 256.

69. Brissaud André, *Canaris*, *op. cit.*, p. 326.

70. Gisevius, Hans Bernd, *Bis zum bittern Ende*, *op. cit.*, p. 471.

71. *Ibid.*

72. Kordt, Erich, *Wahn und Wirklichkeit*, UDV, Stuttgart, 1948, p. 392.

8. La santé d'Hitler

1. Jetzinger, Franz, *Hitler's Youth, op. cit.*, pp. 86, 90 et 95.

2. Hitler, Adolf, *Mein Kampf, op. cit.*, p. 16.

3. Picker, Henry, *Hitlers Tischgespräche*, Ullstein, Berlin, 1989, p. 126 ; Kubizek, August, *Adolf Hitler, mein Jugendfreund, op. cit.*, p. 161.

4. Joachimsthaler, Anton, *Korrektur einer Biographie, op. cit.*, p. 29.

5. Wiedemann, Fritz, *Der Mann, der Feldherr werden wollte, op. cit.*, p. 29.

6. Schroeder, Christa, *Er war Mein Chef*, Herbig, Munich, 1985, p. 70.

7. Schirach, Baldur von, *J'ai cru en Hitler, op. cit.*, p. 88.

8. Irving, David (éd.), *Die geheimen Tagebücher des Dr. Morell*, Wilhelm Goldmann, Munich, 1983, p. 33.

9. Schlabrendorff, Fabian von, *The Secret War Against Hitler*, Hodder & Stoughton, Londres, 1966, p. 234.

10. Hanfstaengl, Ernst, *Hitler, the Missing Years, op. cit.*, p. 66.

11. Schaub, Julius, *In Hitlers Schatten*, Druffel & Vowinckel, Stegen-Ammersee, 2010, p. 115 ; Schirach, Baldur von, *J'ai cru en Hitler, op. cit.*, p. 88.

12. Speer, Albert, *Erinnerungen, op. cit.*, p. 118.

13. Irving, David, *Wie krank war Hitler wirklich ?*, Heyne, Munich, 1980, p. 31.

14. Irving, David (éd.), *Die geheimen Tagebücher des Dr. Morell, op. cit.*, pp. 27-29.

15. *Idem*, p. 29.

16. Kershaw, Ian, *Hitler*, vol. II, Penguin, Londres, 2001, p. 37.

17. IMT, t. XXV, doc. 386-PS ; DGFP, Series D, vol. I, pp. 29-39, doc. 19, *Hossbach minutes*, 5 novembre 1937.

18. Gun, Nerin, *Eva Braun – Hitler, Leben und Schicksal*, Blick & Bild, Baden, 1968, p. 138.

19. DGFP, Series D, vol. VII, p. 204 ; ADAP, D, VII n° 192, p. 170, *Aufzeichnung der ersten Hitler-Ansprache am 22 Aug. 1939*.

20. *Idem*.

21. MGFA, KTB der SKL, Teil B, 1005/2, 1er avril 1940.

22. Kersaudy, François, *1940 – La Guerre du Fer*, Tallandier, Paris, 1987, pp. 212-214.

23. Irving, David, *Wie krank war Hitler wirklich ?, op. cit.*, pp. 35 et 36.

24. Loringhoven, Bernd Freytag von, *Dans le bunker de Hitler*, Perrin, Paris, 2005, p. 88.

25. Burdick, Charles et Jacobsen, Hans-Adolf (éd.), *The Halder War Diary*, Londres, 1988, pp. 241-245.

26. Schaub, Julius, *In Hitlers Schatten, op. cit.*, p. 230.

27. Gilbert, G. M., *Nuremberg Diary*, Da Capo, New York, 1995, p. 130 ; Irving, David, *Wie krank war Hitler wirklich ?, op. cit.*, p. 37.

28. Fröhlich, Elke (éd.), *Die Tagebücher von Josef Goebbels* (TJG), Saur, Munich, 1995, Teil II, bd.1, p. 258, 19 août 1941.

29. Irving, David, *Wie krank war Hitler wirklich ?, op. cit.*, p. 39.

30. Below, Nicolaus von, *At Hitler's Side, op. cit.*, p. 109.

31. Kotze, Hildegard von, *Heeresadjutant bei Hitler 1938-1943*, DVA, Stuttgart, 1974, p. 143.

32. Linge, Heinz, *Bis zum Untergang*, Herbig, Munich, 1980, p. 160.

33. IFZ, ED 100, Irving Sammlung, *Traudl Junge, Erinnerungen*, fol. 79.

34. Kersten, Felix, *The Kersten Diaries, op. cit.*, p. 167.

35. Kersten, Felix, *Jeg var Himmlers Lege*, Gyldendal, Oslo, 1947, p. 157 ; du même auteur : *Klerk en Beul*, Meulenhoff, Amsterdam, 1948, p. 42.

36. Kersten, Felix, *The Kersten Diaries, op. cit.*, pp. 165 et 166.

37. *Idem*, pp. 168 et 170.

38. Irving, David (éd.), *Die geheimen Tagebücher des Dr. Morell, op. cit.*, p. 41.

39. Stahlberg, Alexander, *Die verdammte Pflicht*, Ullstein, Berlin, 1990, pp. 296 et 297.

40. *Idem*, p. 302.

41. Schenck, Ernst Günther, *Patient Hitler, eine medizinische biographie*, Bechtermüntz Verlag, Augsbourg, 2000, p. 183.

42. *Idem*, p. 203.

43. Irving, David, *Wie krank war Hitler wirklich ?, op. cit.*, p. 49.

44. Irving, David (éd.), *Die geheimen Tagebücher des Dr. Morell, op. cit.*, p. 158.

45. Schenck, Ernst Günther, *Patient Hitler, eine medizinische biographie, op. cit.*, pp. 334, 335 et 456.

46. *Idem*, p. 414-415 ; également Schellenberg, Walter, *Aufzeichnungen, op. cit.*, p. 120, qui affirme que de Crinis avait déjà établi ce diagnostic entre 1942 et 1943.

47. TJG, *op. cit.*, Teil II, bd. 12, pp. 129-132, 18 avril 1944.

48. Schaub, Julius, *In Hitlers Schatten, op. cit.*, p. 240.

49. *Idem*, p. 252.

50. *Idem*, p. 266.

51. Irving, David, *Wie krank war Hitler wirklich ?, op. cit.*, p. 66.

52. *Voïenno Istoritcheskii Journal*, 1963/9, p. 87. (Audition du maréchal Goering par une commission soviétique, 17 juin 1945.)

53. Schenck, Ernst Günther, *Patient Hitler, eine medizinische biographie, op. cit.*, p. 202.

54. Irving, David, *Wie krank war Hitler wirklich ?, op. cit.*, p. 83.

55. *Idem*, p. 85.

56. Schenck, Ernst Günther, *Patient Hitler, eine medizinische biographie, op. cit.*, p. 200.

57. Irving, David (éd.), *Die geheimen Tagebücher des Dr. Morell, op. cit.*, p. 193.

58. *Idem*, p. 257.

59. *Idem*, p. 262.

60. *Idem*, p. 270.

61. Schirach, Baldur von, *J'ai cru en Hitler, op. cit.*, pp. 228 et 229.

62. Jordan, Rudolf, *Erlebt und erlitten*, Druffel Verlag, Leoni, 1971, pp. 251-258.

63. Kershaw, Ian, *Hitler, op. cit.*, vol. II, p. 780.

64. Schenck, Ernst Günther, *Patient Hitler, eine medizinische biographie, op. cit.*, p. 193.

65. Boldt, Gerhard, *La Fin de Hitler*, Correa, Paris, 1949, pp. 20 et 21.

66. Dulles, Allen W., *Germany's Underground, op. cit.*, p. 166.

67. Lüdde-Neurath, Walter, *Les Derniers jours du Troisième Reich*, Berger-Levrault, Paris, 1963, p. 24.

68. Schaub, Julius, *In Hitlers Schatten, op. cit.*, p. 291.

69. Irving, David (éd.), *Die geheimen Tagebücher des Dr. Morell, op. cit.*, p. 281.

70. *Idem*, pp. 276 et 277.

71. IFZ, ED 100, Irving Sammlung, *Traudl Junge Erinnerungen*, fol. 152 et 153.

72. Junge, Traudl, *Bis zur letzten stunde, op. cit.*, p. 200.

73. Kershaw, Ian, *Hitler, op. cit.*, vol. II, p. 827.

74. *Ibid.*

75. Junge, Traudl, *Bis zur letzten stunde, op. cit.*, p. 198.

Archives et recueils de documents

Allemagne

AA (Auswärtiges Amt), ministère des Affaires étrangères, Berlin.

BAK (Bundesarchiv, Koblenz), Archives fédérales, Coblence.

BA-MA (Bundesarchiv/Militärarchiv, Freiburg), Archives militaires, Fribourg.

IFZ (Institut für Zeitgeschichte, München), Institut d'histoire contemporaine, Munich.

États-Unis

LC (Library of Congress, Washington).

NARA (National Archives & Records Administration, Washington).

DNTC (Donovan Nuremberg Trial Collection, Cornell Law Library).

Grande-Bretagne

CCAC (Churchill College Archive Centre), Cambridge.

FO (Foreign Office), The National Archives, Kew.

IWM (Imperial War Museum), Londres.

PREM (Prime Minister's Papers), The National Archives, Kew.

WO (War Office), The National Archives, Kew.

Suède

SUA (Svenska Utrikesdepartementets Arkiv), ministère suédois des Affaires étrangères, Stockholm.

ADAP : *Akten zur deutschen auswärtigen Politik*, série C, 1933-1937, Göttingen, 1971 ; série D, 1937-1941, Baden-Baden/Göttingen, 1950 ; série E, Bd. I-II, Göttingen, 1969.

DBFP : *Documents on British Foreign Policy*, 2nd series, vol. 4-18 ; 1930-1937 ; 3rd series, vol. 1-9, E.L. Woodward & R. Butler edit., HMSO, Londres, 1946-1982.

DDI : *Documenti Diplomatici Italiani*, Ser. 8-9, 1935-1943, Ministero degli Affari esteri, Rome, 1954.

DGFP : *Documents on German Foreign Policy*, 1918-1945, series C, vol. 1-6 ; series D, 1-13, HMSO, Londres, 1949-1964.

IMT : International Military Tribunal, American edition, *« Blue Set »*, vol. I & II, Nuremberg, 1947.

KAG : *Keesings Archiv der Gegenwart*, 1931-1945, Vienne/Essen, 1932-1949.

Bibliographie sélective

Seuls sont répertoriés ici les ouvrages les plus utiles à ce récit ; les autres se trouvent dans les notes.

ABSHAGEN, Karl-Heinz, *Canaris, Patriot und Weltbürger*, UDV, Stuttgart, 1955.

BAUR Hans, *Hitler's Pilot*, Frederick Muller, Londres, 1958.

BELOW, Nicolaus von, *At Hitler's Side*, Greenhill, Londres, 2001.

BENOIST-MÉCHIN, Jacques, *À l'épreuve du temps*, Perrin, Paris, 2011.

BIRD, Eugene K., *Prisoner # 7, Rudolf Hess*, Viking Press, New York, 1974.

BOESELAGER, Philipp Freiherr von, *Nous voulions tuer Hitler*, Perrin, coll. « Tempus », Paris, 2008.

BRISSAUD André, *Canaris*, Perrin, Paris, 1970.

BROSS, Werner, *Gespräche mit Göring*, Arndt Verlag, Kiel, 2003.

BROSZAT, Martin, *L'État hitlérien*, Paris, Fayard, 1985.

BUCHHEIT, Gert, *Der Deutsche Geheimdienst*, Paul List Verlag, Munich, 1966.

BULLOCK, Alan, *Hitler, a Study in Tyranny*, Odhams, Londres, 1952.

BURDICK, Charles et JACOBSEN, Hans-Adolf (éd.), *The Halder War Diary*, Greenhill, Londres, 1988.

COLVIN, Ian, *Chief of Intelligence*, Victor Gollancz, Londres, 1954.

DIETRICH, Otto, *Hitler*, Regnery, Chicago, 1955.

DULLES, Allen W., *Germany's Underground*, Macmillan, New York, 1947.

ENGEL, Gerhard, *Heeresadjutant bei Hitler 1938-1943*, DVA, Stuttgart, 1974.

FRANK, Hans, *Im Angesicht des Galgens*, Beck Verlag, Munich, 1953.

FRÖHLICH, Elke (éd.), *Die Tagebücher von Joseph Goebbels*, t. II, Saur, Munich, 1993-1995.

FROMM, Bella, *Blood and Banquets*, Carol, New York, 1990.

GALLO, Max, *La Nuit des longs couteaux*, Paris, Tallandier, 2007.

GEHLEN Reinhard, *Der Dienst*, Hase, Mayence, 1971.

GERSDORFF, Rudolf von, *Soldat im Untergang*, Ullstein, Berlin, 1977.

GILBERT, G. M., *Nuremberg Diary*, Da Capo, New York, 1995.

GISEVIUS, Hans Bernd, *Bis zum bittern Ende*, Fretz & Wasmuth Verlag, Zurich, 1946 (*Jusqu'à la lie*, t. I et t. II, Calmann-Lévy, Paris, 1948).

GUN, Nerin, *Eva Braun – Hitler, Leben und Schicksal*, Blick & Bild Verlag, 1968.

HAMILTON, James Douglas, *Motive for a Mission*, Londres, 1972.

HANFSTAENGL, Ernst, *Hitler, the Missing Years*, Arcade, New York, 1974.

HASSEL, Ulrich von, *Vom Andern Deutschland*, Atlantis Verlag, Zurich, 1946.

HEIDEN, Konrad, *Der Fuehrer*, Houghton Mifflin, Boston, 1944.

HESS, Ilse, *England – Nürnberg – Spandau, Ein Schicksal in Briefen*, Druffel Verlag, Leoni, 1967.

HITLER, Adolf, *Mein Kampf*, Eher Verlag, Munich, 1926 (*Mon Combat*, Nouvelles Éditions latines, Paris, 1934).

HÖHNE, Heinz, *The Order of the Death's Head*, Pan Books, Londres, 1972.

HÖHNE, Heinz, *Canaris, Patriot im Zwielicht*, Bertelsmann, Munich, 1976.

HÖHNE, Heinz, *Mordsache Röhm*, Reinbek, Hamburg, 1984.

HOLBORN, H. (éd.), *Republic to Reich*, Pantheon, New York, 1972.

HUSSON, Édouard, *Heydrich et la solution finale*, Perrin, Paris, 2008.

IRVING, David, *Hess, the Missing Years*, Macmillan, Londres, 1987.

IRVING, David, *The Rise and Fall of the Luftwaffe*, Little, Brown & Co, Boston, 1973.

IRVING, David, *Wie krank war Hitler wirklich ?*, Heyne, Munich, 1980.

IRVING, David (éd.), *Die geheimen Tagebücher des Dr. Morell*, Wilhelm Goldmann, Munich, 1983.

JETZINGER, Franz, *Hitlers Jugend*, Europa, Vienne, 1956.

JOACHIMSTHALER, Anton, *Korrektur einer Biographie*, Herbig, Munich, 1989.

JORDAN, Rudolf, *Erlebt und erlitten*, Druffel Verlag, Leoni, 1971.

JUNGE, Traudl, *Bis zur letzten Stunde*, List, Munich, 2003.

KERSHAW, Ian, *Hitler*, t. I et t. II, Penguin, Londres, 1998 et 2000 (*Hitler*, t. I et t. II, Flammarion, Paris, 1999 et 2000).

KERSTEN, Felix, *Jeg var Himmlers Lege*, Gyldendal, Oslo, 1947 ; *Klerk en Beul, Himmler van Nabij*, J. M. Meulenhof, Amsterdam, 1948 ; *Totenkopf und Treue*, R. Mölich, Hambourg, 1952 ; *The Kersten Memoirs*, Macmillan, New York, 1957 (les quatre versions sont différentes, mais complémentaires).

KÖHLER, Hansjürgen, *Inside the Gestapo*, Pallas, Londres, 1939.

KÖHLER, Hansjürgen, *Inside Information*, Pallas, Londres, 1940.

KORDT, Erich, *Wahn und Wirklichkeit*, UDV, Stuttgart, 1948.

KOTZE, Hildegard von, *Heeresadjutant bei Hitler 1938-1943*, DVA, Stuttgart, 1974.

KROSIGK, Schwerin von, *Es geschah in Deutschland*, Rainer Wunderlich, Tübingen, 1951.

KUBIZEK, August, *Adolf Hitler, mein Jugendfreund*, Leopold Stocker Verlag, Graz, 1995.

LANGER, Walter C., *The Mind of Adolf Hitler*, Basic Books, New York, 1972.

LAQUEUR, Walter, *The Terrible Secret*, Little, Brown & Co, Boston, 1980.

LEVERKUEHN, Paul, *German Military Intelligence*, Weidenfeld & Nicolson, Londres, 1954.

LINGE, Heinz, *Bis zum Untergang*, Herbig, Munich, 1980.

LONGERICH, Peter, *Himmler*, Héloïse d'Ormesson, Paris, 2010.

LORINGHOVEN, Bernd Freytag von, *Dans le bunker de Hitler*, Perrin, Paris, 2005.

LOSSBERG, Bernhard von, *Im Wehrmachtsführungsstab*, Nölke Verlag, Hambourg, 1950.

LÜDDE-NEURATH, Walter, *Les Derniers Jours du Troisième Reich*, Berger-Levrault, Paris, 1963.

LÜDECKE, Kurt, *I Knew Hitler*, Jarrolds, Londres, 1938.

MASTERMAN, J. C., *The Double-Cross System in the War*, Yale University Press, New Haven, 1972.

MISCH, Rochus, *Der letzte Zeuge*, Pendo, Zürich, 2008.

MUELLER, Michael, *Canaris, Hitlers Abwehrchef*, List Verlag, Berlin, 2007.

MÜLLER, Josef, *Bis zur letzten Konsequenz*, Süddeutscher Verlag, Munich, 1976.

PADFIELD, Peter, *Hess, Flight for the Führer*, Weidenfeld & Nicolson, Londres, 1991.

PAPEN, Franz von, *Der Wahrheit eine Gasse*, List, Munich, 1952

PAPEN, Franz von, *Memoirs*, Andre Deutsch, Londres, 1952.

PICKER, Henry (éd.), *Hitlers Tischgespräche im Führerhauptquartier*, Ullstein, Berlin, 1989.

POPOV, Duško, *Spy Counterspy*, Fawcett, London, 1975.

RAUSCHNING, Hermann, *Hitler m'a dit*, Somogy, Paris, 1979.

REILE, Oskar, *Der Deutsche Geheimdienst – Westfront*, Westbild, Augsbourg, 1990.

SCHACHT, Hjalmar, *My First Seventy-Six Years*, Allan Wingate, Londres, 1955.

SCHELLENBERG, Walter, *Aufzeichnungen des letzten Geheimdienstchefs unter Hitler*, Moewig Verlag, Rastatt, 1981 (*The Labyrinth*, Da Capo, Londres, 2000).

SCHENCK, Ernst Günther, *Patient Hitler, eine medizinische Biographie*, Bechtermüntz Verlag, Augsbourg, 2000.

SCHIRACH, Baldur von, *Ich glaubte an Hitler*, Mosaik, Munich, 1967 (*J'ai cru en Hitler*, Plon, Paris, 1968).

SCHLABRENDORFF, Fabian von, *The Secret War Against Hitler*, Hodder Stoughton, Londres, 1966.

SCHMIDT, Paul, *Statist auf diplomatischer Bühne*, Athenäum Verlag, Bonn, 1953.

SCHMIDT, Rainer F., *Rudolf Hess, « Botengang eines Toren » ?*, Econ Verlag, Düsseldorf, 1997.

SCHRAMM, Percy E., *Hitler, the Man and the Military Leader*, Quadrangle, Chicago, 1977.

SCHROEDER, Christa, *Er war mein Chef*, Herbig, Munich, 1985.

SCHWARZWÄLLER, Wulf, *Rudolf Hess, der Stellvertreter*, Delphin Verlag, Munich, 1987.

SERAPHIM, Hans Günther (éd.), *Das politische Tagebuch Alfred Rosenbergs*, Musterschmidt, Göttingen, 1956.

SERENY, Gitta, *Albert Speer, his Battle with Truth*, Picador, Oxford, 1996.

SOMMERFELDT, Hans Martin, *Ich war dabei*, Drei Quellen Verlag, Darmstadt, 1949.

SPEER, Albert, *Errinerungen*, Propyläen Verlag, Berlin, 1971 (*Au cœur du Troisième Reich*, Fayard/Pluriel, 2011).

SPITZY, Reinhard, *So haben wir das Reich verspielt*, Langen Müller, Munich, 1988.

STAHLBERG, Alexander, *Die verdammte Pflicht*, Ullstein, Berlin, 1990.

STRASSER, Otto, *Hitler et moi*, Grasset, Paris, 1940.

TOLAND, John, *Adolf Hitler*, Ballantine, New York, 1976 (*Hitler*, t. I et II, Pygmalion, Paris, 2011 ; t. I et II, Perrin, coll. « Tempus », Paris, 2012).

TREVOR-ROPER, Hugh R., *The Last Days of Hitler*, Macmillan, Londres, 1947.

WAITE, Robert G., *Adolf Hitler, the Psychopathic God*, Da Capo, New York, 1993.

WEIZSÄCKER, Ernst von, *Erinnerungen*, Paul List Verlag, Munich, 1950.

WIEDEMANN, Fritz, *Der Mann, der Feldherr werden wollte*, Blick & Bild Verlag, Dortmund, 1964.

WINTERBOTHAM, Frederick W., *The Ultra Spy*, Papermac, Londres, 1991.

Index

Le nom d'Adolf Hitler apparaissant presque à chaque page, il n'est pas répertorié dans l'index.

Table

collection tempus
Perrin

DÉJÀ PARU

354. *Staline, la cour du tsar rouge,* tome I, *1929-1941* – Simon Sebag Montefiore.
355. *Staline, la cour du tsar rouge,* tome II, *1941-1953* – Simon Sebag Montefiore.
356. *Le 18 Brumaire* – Thierry Lentz.
357. *Louis XVI,* tome I, *1754-1786* – Jean-Christian Petitfils.
358. *Louis XVI,* tome II, *1786-1793* – Jean-Christian Petitfils.
359. *Histoire de la cuisine et de la gastronomie françaises* – Patrick Rambourg.
360. *L'Amérique des néo-conservateurs, l'illusion messianique* – Alain Frachon, Daniel Vernet.
361. *Du fascisme* – Pascal Ory.
362. *Histoire de la gendarmerie* – Éric Alary.
363. *Clemenceau* – Michel Winock.
364. *Le modèle suisse* – François Garçon.
365. *Une journée dans l'affaire Dreyfus, « J'accuse », 13 janvier 1898* – Alain Pagès.
366. *Ribbentrop* – Michael Bloch.
367. *Voyage au cœur de l'OAS* – Olivier Dard.
368. *Splendeurs et misères du fait divers* – Louis Chevalier.
369. *Christianisme et paganisme du IVe au VIIIe siècle* – Ramsay MacMullen.
370. *Mihailović, héros trahi par les Alliés (1893-1946)* – Jean-Christophe Buisson.
371. *La guerre civile européenne. National-socialisme et bolchevisme, 1917-1945* – Ernst Nolte.
372. *Rome et Jérusalem* – Martin Goodman.
373. *La chute de Saigon* – Olivier Todd.
374. *Les secrets du Vatican* – Bernard Lecomte.
375. *Madame de Staël* – Ghislain de Diesbach.
376. *L'irrésistible ascension de l'argent* – Niall Ferguson.
377. *Erwin Rommel* – Benoît Lemay.
378. *Histoire des Espagnols,* tome II – Bartolomé Bennassar.
379. *Les généraux allemands parlent* – Basil H. Liddell Hart.

380. *Google et le nouveau monde* – Bruno Racine.
381. *Histoire de France* – Jacques Bainville.
382. *Après le déluge* – Nicolas Baverez.
383. *Histoires de la Révolution et de l'Empire* – Patrice Gueniffey.
384. *Mille ans de langue française*, tome I, *Des origines au français moderne* – Alain Rey, Frédéric Duval, Gilles Siouffi.
385. *Mille ans de langue française*, tome II, *Nouveaux destins* – Alain Rey, Frédéric Duval, Gilles Siouffi.
386. *Juliette Gréco, une vie en liberté* – Bertrand Dicale.
387. *Le grand jeu de dupes* – Gabriel Gorodetsky.
388. *Des cendres en héritage. L'histoire de la CIA* – Tim Weiner.
389. *La Bastoche. Une histoire du Paris populaire et criminel* – Claude Dubois.
390. *Les Mitterrand* – Robert Schneider.
391. *L'étrange voyage de Rudolf Hess* – Martin Allen.
392. *Le monde post-américain* – Fareed Zakaria.
393. *Enquête sur les béatifications et les canonisations* – Yves Chiron.
394. *Histoire des paradis* – Pierre-Antoine Bernheim, Guy Stavridès.
395. *Margaret Thatcher* – Jean-Louis Thiériot.
396. *L'art de la guerre* – Nicolas Machiavel.
397. *Caligula* – Pierre Renucci.
398. *L'épopée du Normandie-Niémen* – Roland de la Poype.
399. *Stefan Zweig* – Dominique Bona.
400. *Louise de La Vallière* – Jean-Christian Petitfils.
401. *La saga des Grimaldi* – Jean des Cars.
402. *Jacques Pilhan, le sorcier de l'Élysée* – François Bazin.
403. *François-Joseph* – Jean-Paul Bled.
404. *La gauche à l'épreuve 1968-2011* – Jean-Pierre Le Goff.
405. *La vie élégante* – Anne Martin-Fugier.
406. *Le mur de Berlin* – Frederick Taylor.
407. *Naissance de la police moderne* – Jean-Marc Berlière.
408. *La guerre du Mexique* – Alain Gouttman.
409. *Les conflits du Proche-Orient* – Xavier Baron.
410. *L'Action française* – François Huguenin.
411. *Le duel, une passion française* – Jean-Joël Jeanneney.
412. *La bataille de Moscou* – Andrew Nagorski.
413. *Jean-Jacques Rousseau* – Monique et Bernard Cottret.
414. *Louis Massignon* – Christian Destremau, Jean Moncelon.
415. *Histoire politique de la Ve République* – Arnaud Teyssier.

416. *Le peuple de la nuit* – Diana Cooper-Richet.
417. *François-Ferdinand d'Autriche* – Jean-Louis Thiériot.
418. *Les dossiers secrets du XXe siècle* – Alain Decaux.
419. *Histoire de la papauté* – Yves Bruley.
420. *Anti*-Prince – François Sauzey.
421. *Jeanne d'Arc, vérités et légendes* – Colette Beaune.
422. *Heydrich et la solution finale* – Édouard Husson.
423. *Sainte Geneviève* – Joël Schmidt.
424. *Malesherbes* – Jean des Cars.
425. *Histoire de la Méditerranée* – John Julius Norwich.
426. *La guerre secrète*, tome I, *Origines des moyens spéciaux et premières victoires alliées* – Anthony Cave Brown.
427. *La guerre secrète*, tome II, *Le jour J et la fin du IIIe Reich* – Anthony Cave Brown.
428. *La droite, hier et aujourd'hui* – Michel Winock.
429. *L'obsession des frontières* – Michel Foucher.
430. *L'impardonnable défaite* – Claude Quétel.
431. *Le dernier empereur* – Jean Sévillia.
432. *Lucie Aubrac* – Laurent Douzou.
433. *Le déclin de Rome et la corruption du pouvoir* – Ramsay MacMullen.
434. *Le donjon et le clocher* – Éric Mension-Rigau.
435. *Histoire de l'Atlantique* – Paul Butel.
436. *Skorzeny, chef des commandos de Hitler* – Glenn B. Infield.
437. *Une histoire du XXe siècle*, tome I – Raymond Aron.
438. *Une histoire du XXe siècle*, tome II – Raymond Aron.
439. *Versailles après les rois* – Franck Ferrand.
440. *Précis de l'histoire de France* – Jules Michelet.
441. *L'assassinat d'Henri IV* – Jean-Christian Petitfils.
442. *De l'esprit de cour* – Dominique de Villepin.
443. *Figures de proue* – René Grousset.
444. *La saga des Hachémites* – Rémi Kauffer.
445. *Jacques et Raïssa Maritain* – Jean-Luc Barré.
446. *La chevalerie* – Dominique Barthélemy.
447. *Histoire de Rome* – Jean-Yves Boriaud.
448. *De Gaulle et l'Algérie française* – Michèle Cointet.
449. *Le clan des Médicis* – Jacques Heers.
450. *Histoire des grands-parents* – Vincent Gourdon.
451. *Histoire des grands scientifiques français* – Éric Sartori.
452. *Bir Hakeim* – François Broche.

453. *La mort de Napoléon* – Thierry Lentz.
454. *L'épopée de l'archéologie* – Jean-Claude Simoën.
455. *L'Égypte ancienne au jour le jour* – Christian Jacq.
456. *Histoire de Beyrouth* – Samir Kassir.
457. *Vaincre ou mourir à Stalingrad* – William Craig.
458. *Franklin D. Roosevelt* – André Kaspi.
459. *Louis-Philippe et sa famille* – Anne Martin-Fugier.
460. *Dans la Grèce d'Hitler* – Mark Mazower.
461. *Malaise dans la civilité ?* – Claude Habib, Philippe Raynaud (dir.).
462. *Comprendre la guerre. Histoire et notions* – Laurent Henninger, Thierry Widemann.
463. *Le guide des élections américaines* – Nicole Bacharan, Dominique Simonnet.
464. *Malaparte* – Maurizio Serra.
465. *L'Algérie des passions, 1870-1939* – Pierre Darmon.
466. *Le roman de Marrakech* – Anne-Marie Corre.
467. *René Char* – Laurent Greilsamer.
468. *Marie-Thérèse d'Autriche* – Jean-Paul Bled.
469. *La synarchie, le mythe du complot permanent* – Olivier Dard.
470. *Le Versailles de Louis XIV* – Mathieu Da Vinha.
471. *Norbert Elias et le XXe siècle* (dir. Quentin Deluermoz).
472. *La reine Astrid* – Pascal Dayez-Burgeon.
473. *Le Chemin des Dames* (dir. Nicolas Offenstadt).
474. *Encyclopédie de la Grande Guerre*, tome I (dir. Stéphane Audoin-Rouzeau et Jean-Jacques Becker).
475. *Encyclopédie de la Grande Guerre*, tome II (dir. Stéphane Audoin-Rouzeau et Jean-Jacques Becker).
476. *Hitler*, tome I, *20 avril 1889-octobre 1938* – John Toland.
477. *Hitler*, tome II, *Novembre 1938-30 avril 1945* – John Toland.
478. *Jacques Cœur* – Jacques Heers.
479. *Les maréchaux soviétiques parlent* (prés. Laurent Henninger).
480. *La vie des Huns* – Marcel Brion.
481. *Histoire de Belgrade* – Jean-Christophe Buisson.
482. *Allemagne IIIe Reich* – Mathilde Aycard, Pierre Vallaud.
483. *Le Moyen Age, ombres et lumières* – Jean Verdon.
484. *La saga des Habsbourg* – Jean des Cars.
485. *Aimé Césaire* – Romuald Fonkoua.
486. *L'art du commandement* – John Keegan.
487. *L'histoire des papes, de 1789 à nos jours* – Bernard Lecomte.

488. *Vercingétorix* – Paul M. Martin.
489. *Le défilé des réfractaires* – Bruno de Cessole.
490. *Hitler parle à ses généraux* (prés. Helmut Heiber).
491. *Hermann Goering* – François Kersaudy.
492. *L'affaire des Poisons* – Jean-Christian Petitfils.
493. *Les trente glorieuses chinoises* – Caroline Puel.
494. *La résistance allemande à Hitler* – Joachim Fest.
495. *Histoire des auteurs* – Isabelle Diu, Elisabeth Parinet.
496. *Madame du Barry* – Jacques de Saint Victor.
497. *Dominique de Roux* – Jean-Luc Barré.
498. *Thierry Maulnier* – Étienne de Montety.
499. *Tocqueville* – Jean-Louis Benoît.
500. *Combattant de la France Libre* – Jean-Mathieu Boris.
501. *Himmler*, tome I, *1900-septembre 1939* – Peter Longerich.
502. *Himmler*, tome II, *septembre 1939-mai 1945* – Peter Longerich.
503. *Portraits-souvenirs* – Alain Duhamel.
504. *Le complexe de l'autruche* – Pierre Servent.
505. *L'abbé Mugnier* – Ghislain de Diesbach.
506. *Le Prince* – Nicolas Machiavel.
507. *La traque d'Eichmann* – Neal Bascomb.
508. *Churchill et Hitler* – François Delpla.
509. *Histoire de la Corse et des Corses* – Jean-Marie Arrighi, Olivier Jehasse.
510. *De la guerre en Amérique* – Thomas Rabino.
511. *Histoire du Japon médiéval* – Pierre-François Souyri.
512. *1492, un monde nouveau ?* – Bartolomé et Lucile Bennassar.
513. *Napoléon et la guerre d'Espagne* – Jean-Joël Brégeon.
514. *Bismarck* – Jean-Paul Bled.
515. *La Lorraine des ducs* – Henry Bogdan.
516. *Morts pour Vichy* – Alain Decaux.
517. *La duchesse de Chevreuse* – Denis Tillinac.
518. *Histoire intellectuelle des droites* – François Huguenin.
519. *Les crimes de la Wehrmacht* – Wolfram Wette.
520. *L'exode* – Éric Alary.
521. *Les soldats de la honte* – Jean-Yves Le Naour.
522. *Histoire des États-Unis,* tome I, *L'ascension, 1865-1974* – Pierre Melandri.
523. *Histoire des États-Unis,* tome II, *Le déclin ?, Depuis 1974* – Pierre Melandri.

524. *Talleyrand* – Louis Madelin.
525. *Histoire des murs* – Claude Quétel.
526. *Les miscellanées d'un Gallo-Romain* – Lucien Jerphagnon.
527. *Anne de Bretagne* – Philippe Tourault.
528. *Charlemagne* – Georges Minois.
529. *Diên Biên Phu* – Pierre Pellissier.
530. *La dernière chance* – Yves-Marie Bercé.
531. *À la recherche du temps sacré* – Jacques Le Goff.
532. *Les Hohenzollern* – Henry Bogdan.
533. *Paris révolutionnaire* – G. Lenotre.
534. *L'homme Napoléon* – Louis Chardigny.
535. *Hitler chef de guerre* – Philippe Masson.
536. *Histoire du Consulat et de l'Empire* – Jean-Paul Bertaud.
537. *Hitler et le Vatican* – Peter Godman.
538. *Souvenirs de la campagne de France* – Baron Fain.
539. *Les derniers secrets du Vatican* – Bernard Lecomte.
540. *Dictionnaire des fascismes et du nazisme*, tome I, *A-M* – Serge Berstein, Pierre Milza.
541. *Dictionnaire des fascismes et du nazisme*, tome II, *N-Z* – Serge Berstein, Pierre Milza.
542. *Ciano* – Michel Ostenc.
543. *Histoire de la marine allemande* – François-Emmanuel Brézet.
544. *Kang Sheng* – Roger Faligot, Rémi Kauffer.
545. *Histoire du Maroc* – Michel Abitbol.
546. *La naissance du capitalisme au Moyen Age* – Jacques Heers.
547. *De Gaulle, la République et la France Libre* – Jean-Louis Crémieux-Brilhac.
548. *Charles Péguy* – Arnaud Teyssier.
549. *La saga des Windsor* – Jean des Cars.
550. *Berty Albrecht* – Dominique Missika.
551. *Histoire du football* – Paul Dietschy.
552. *Stauffenberg* – Jean-Louis Thiériot.
553. *Requiem pour un empire défunt* – François Fejtö.
554. *Histoire anecdotique de la Première Guerre mondiale* – Gérard Guicheteau, Jean-Claude Simoën.
555. *Paris libéré, 1944-1949* – Antony Beevor, Artemis Cooper.
556. *La guerre totale* – Erich Ludendorff.
557. *La cour de France* – Jean-François Solnon.
558. *La grande fracture* – Michel Winock.
559. *Histoire de la Prusse* – Christopher Clark.

560. *Le Monde. Les grandes crises politiques françaises, 1958-2014* (dir. Gérard Courtois).
561. *Alésia* – Jean-Louis Voisin.
562. *La première guerre d'Hitler* – Thomas Weber.
563. *Les guerres de Louis XIV* – John A. Lynn.
564. *Monarchies et royautés de la préhistoire à nos jours* – Roland Mousnier.
565. *La Waffen-SS*, tome I – Jean-Luc Leleu.
566. *La Waffen-SS*, tome II – Jean-Luc Leleu.
567. *Louis XIII*, tome I – Jean-Christian Petitfils.
568. *Louis XIII*, tome II – Jean-Christian Petitfils.
569. *Sigmaringen* – Jean-Paul Cointet.
570. *Colbert* – François d'Aubert.
571. *Marignan, 1515* – Didier Le Fur.
572. *Grandeur et misère de l'Armée rouge* – Jean Lopez, Lasha Otkhmezuri.
573. *A la recherche de Winston Churchill* (dir. Pierre Assouline).
574. *Le Régent* – Philippe Erlanger.
575. *Azincourt, 1415* – Dominique Paladilhe.
576. *Sept générations d'exécuteurs. Mémoires des Sanson* (prés. François-Henri Désérable).
577. *Napoléon à Sainte-Hélène* – Paul Ganière.
578. *Le nazisme, régime criminel* (dir. Marie-Bénédicte Vincent).
579. *Madame de Maintenon* – Jean-Paul Desprat.
580. *Le Moyen-Orient pendant la Seconde Guerre mondiale* – Christian Destremau.
581. *Le grand tournant* – Paul Kennedy
582. *Madame Roland, une femme en Révolution* – Pierre Cornut-Gentille.
583. *Néfertiti et Akhénaton* – Christian Jacq.
584. *Montesquieu* – Alain Juppé.
585. *Le fil de l'épée* – Charles de Gaulle.
586. *Histoire du Mont-Saint-Michel* – Patrick Sbalchiero.
587. *De Gaulle/Pétain, règlements de comptes* – Herbert Lottman.
588. *Russie, révolutions et stalinisme* – Mathilde Aycard, Pierre Vallaud.
589. *Journal politique*, tome I, 1937-1939 – Galeazzo Ciano.
590. *Journal politique*, tome II, 1939-1943 – Galeazzo Ciano.
591. *Les secrets du IIIe Reich* – François Kersaudy.

Composition et mise en pages
Nord Compo à Villeneuve-d'Ascq

Impression réalisée par

CPI
BRODARD & TAUPIN

La Flèche (Sarthe), le 31-03-2015

N° d'impression : 3010039
Dépôt légal : avril 2015
Imprimé en France